浙江省教科规划2011年度重点研究课题
"国学教育与社会主义核心价值观教育研究"成

国学

我们共同对话

徐卫东⊙著

浙江大学出版社
ZHEJIANG UNIVERSITY PRESS

图书在版编目(CIP)数据

国学:我们共同对话 / 徐卫东著. —杭州:浙江
大学出版社,2013.6(2018.12 重印)
ISBN 978-7-308-11761-6

Ⅰ.①国… Ⅱ.①徐… Ⅲ.①国学 Ⅳ.①Z126

中国版本图书馆 CIP 数据核字(2013)第 141999 号

国学:我们共同对话

徐卫东 著

责任编辑 吴伟伟 weiweiwu@zju.edu.cn

封面设计 续设计

出版发行 浙江大学出版社

(杭州市天目山路 148 号 邮政编码 310007)

(网址:http://www.zjupress.com)

排　版 浙江时代出版服务有限公司

印　刷 杭州日报报业集团盛元印务有限公司

开　本 710mm×1000mm 1/16

印　张 16.25

字　数 287 千

版印次 2013 年 6 月第 1 版 2018 年 12 月第 4 次印刷

书　号 ISBN 978-7-308-11761-6

定　价 35.00 元

自　序

两年前,我主持了浙江省教科规划重点课题"国学教育与社会主义核心价值观教育研究",接着又主持了"国学素养提升""国学经典与交往智慧"等浙江省中小学教师培训项目,每年平均为中小学教师开办 6 期国学培训班。我承担的培训课程,主体内容就是本书所呈现的这 32 堂国学与国学教育课。

"国学"与"国学教育"是两个很宽泛的概念,也是一个特宏大的研究课题,其博大精深,绝不是我的学识能力所能及的,更不是 32 堂课所能容纳得了的。鉴于每期培训时间只有 4 天,学员又多为中小学语文教师,因而我的国学培训课程,在内容上就比较特殊。首先是选讲自以为比较擅长或熟知的,其次是选择中小学教师,尤其是语文教师感兴趣的和对他们的教育教学有实用价值的。于是,国学中资料性知识和我自己不甚明了的内容就不讲或少讲,增加了一般国学书中没有的古诗读诵吟唱艺术和诗歌、戏曲、小说的特性解读等。教学过程重思辨轻常识,重感悟轻记忆。因此,书中所写,只不过是我对国学与国学教育的一点体会而已,恰如"鹪鹩巢于深林,不过一枝;偃鼠饮河,不过满腹"(《庄子·逍遥游》)。

在教学方法上,貌似也有些特别。我喜欢围绕专题与学员互动对话,随性发挥;不喜欢照本宣科,在讲台上唱独角戏;并窃窃自喜,以为这样的课堂既鲜活灵动,又能及时知晓学员的真实需求,使教学更有趣味性和针对性。本书主要是我根据国学培训课程的备课资料、讲授课件和讲课录音整理、追记的,从中,大家可能仍会感觉到我讲课的自由、跳跃、不甚严谨。之所以将与学员互动对话的形式也呈现在书中,既是想展示教学的实情,也是受到余秋雨先生《中华文化四十七堂课:从北大到台大》一书的启示。

但本书并非国学培训课堂实录。这几年,我应邀做客宁波文化百科大讲堂、宁波图书馆天一讲堂、宁波社科联社科讲坛等,为社会各界作讲座,内容也多为国学与国学教育。比如,"对话经典阅读""国学中的人际交往智慧""国学经典导读""古诗吟诵""诸葛亮的人格魅力""曹雪芹:中国女性的伯乐"等。同时，近十年来在高校主要承担"先秦两汉散文专题""古代文学""中国文学""大学语文"等课程的教学，内容都离不开中国传统文化。所以，本书中也有少许社科讲座和日常教学内容的移植。另外，部分培训时的讲课内容，如诸葛亮、林冲、贾宝玉等人物形象鉴赏这些偏文学欣赏的部分也并未收录在本书中。

原以为将自己上课时说的话写出来应该不难，可真的动笔需要深入浅出地表述时，才发现这是多么的不易。如果不是学员们的"催逼"，这写作计划怕是早被我搁置起来了。尤其促动我的是，有一天，我办公室来了一位89岁高寿的陈老先生，给我送来一罐新茶，说是听了我在天一讲堂"对话经典阅读"的讲座后，很想买一本我写的书。知道我没有专著后，他坚持要复印我的几篇论文。临走，他留下地址和电话，要我以后再有什么讲座一定要告诉他，出书了一定要卖给他一本。这让我汗颜。为了不辜负老先生和学员们的殷切期待，所以，明知道自己功力不够，还是坚持着把书写完了。

尽管在准备国学培训、讲座和日常教学中，已吸纳了很多专家学者的高见宏论，撰写中对前人的国学研究成果也颇多掠美，但是，关于国学与国学教育，本书肯定不是最全面的，更不会是最权威的。唯一可以肯定的是，它对中小学教师的教育教学一定是有帮助的，对大家提升传统文化素养一定是有裨益的。

本书之所以没有按学术专著或培训教材的规范撰写，而是选择了通俗的文字和体例，目的也是希望这本书不仅能作为国学培训的教材，更能给喜爱国学的朋友们带去阅读的快乐。

最后，借国学班培训学员王惠娟的一首感言诗作结：

> 是什么有如此大的号召力，
> 是什么让这些人如此心动，
> 温州江山金华丽水……
> 相约——缘聚宁波。
> 是——
> 是国学经典，她
> ——古老而现代
> ——伟大而神圣
> ——源远而流长
> ——博大而精深！
>
> 难忘——

卫东教授，儒雅风范；
直言不讳，读书现状；
谆谆教诲，博览群书；
深入浅出，传经送宝。
……

感恩——
国学经典，
是您，
使我们感悟；
是您，
让我们感动；
是您，
教我们感怀。

您是纽带，连接你我他；
您是阳光，沐浴你我他；
您是大地，滋润你我他。

徐卫东

2013 年 4 月 2 日于宁波

目　　录

拨开迷雾 话国学

第一课

雾里看花:国学和国学教育的内涵

徐卫东:随着经济的迅速发展,中国进入了前所未有的新阶段,在经济全球化、文化多元化的今天,国学教育呈现出"复兴"态势:开国学院、办读经班、建孔子学院、搞国学讲座、营造校园"国学味"等等,搞得不亦乐乎。但是,据我观察,在很多中小学校、幼儿园和民间机构,国学教育是在不亦乐乎又不知所云的随心所欲之中前行。因为你若问那些热衷者何谓国学,何谓国学教育,能清楚地说出个一二三来的,却是寥寥。这貌似简单的问题,同样让我纠结。因为对于国学和国学教育,就像是雾里看花,其朦胧之美仿佛只可意会而不能言传。尽管学者、专家阐述者众多,但是学术界至今并未达成共识。那么,你们眼里的国学又是什么呢?

学员1:我查过《辞海》,里面有两条解释。一条说国学就是国故,指本国固有的学术文化。还有一条说,在古代是指什么学校之类。呵呵,有点记不清了。

徐卫东:嗯,古代的"国学",早期主要指设于王城及诸侯国都的学校,专供上层贵族子弟读书;后世的国学为京城官学的统称,尤指太学和国子监。据《大戴礼记》以及《周礼》记载,西周国学是由前代学制发展而成的,分为小学和大学两级。贵族子弟入学年龄,分为三种情况:王太子,8岁进入小学,7年读完小学,15岁升入大学;公、卿的长子,大夫、元士的嫡子,13岁进入小学,7年读完小学,20岁升入大学;嫡子以外的诸子,包括大夫、元士妾所生之子,即余子,也称众子,15岁始进小学,7年读完小学,23岁升入大学。可见,当时虽同为贵族子弟，却是子随父贵，尊卑有别，在入学的年龄上，也是等级森严。

王室和诸侯各国所办的小学，其名称和规模大小，都差不多；而所办的大学，不但名称各不相同，而且规模大小也相差很多。首先，在名称上，王室京畿的大学，是天子之学，由王室直接管理，叫作辟雍；诸侯国都的大学，是诸侯之学，由国君直接管理，称为泮宫。其次，在建筑规模上，辟雍修建在形似圆璧的土台上，四周有水，如同在一个小岛上建起一座学校；泮宫修建在形似半璧的土台上，东、西、南三面有水，如同在一处半岛上建起一座学校。泮宫的规模只有辟雍的一半，以示其诎于天子。教育内容上，小学以书、数为主，大学以礼、乐、射、御为主。礼、乐、射、御、书、数，即所谓"六艺"。

至于第一条解释"国学，指本国固有的学术文化"尽管简要，但本人认为恰是说到了点子上的。我们等会再一起讨论。还有别的定义吗？

学员2:"国学"一说，产生于西学东渐、文化转型的历史时期。国粹派邓实在1906年撰文说："国学者何？一国所有之学也。有地而人生其上，因以成国焉，有其国者有其学。学也者，学其一国之学以为国用，而自治其一国者也。"就是说，国学，即一个国家全部的学术。

徐卫东:哈，刚从手机上百度的吧。

（学员笑）

确实，近现代所谓的"国学"，产生于清末民初。随着"西学东渐"的展开，为了有别于所谓"新学""西学"的欧美学术，人们就称中国固有的学术文化为"旧学""中学"或"国学"等。

20世纪初，国学大师章太炎著《国故论衡》，将国学认同于国故。所谓国故，即本国古代文献之意。它只能代表研究对象，而不代表研究这种对象的学问，所以有人改称其为国故学。胡适1923年在《国学季刊·发刊词宣言》中说："国学在我们的心眼里，只是'国故学'的缩写……'国故'包含'国粹'，但它又包含'国渣'。'国故学'的使命是整理中国一切文化历史。"

邓实说"一国所有之学"为国学。这个概念很广泛，对此，汤志钧作过进一步阐释："国学"为一国固有之学，爱国就要爱一国之学的国学。中国是有悠久历史、灿烂文明的国家，《史记》记录了自黄帝以来的历史。此后，尧、舜、禹、汤、文、武、周公历代相传，至孔子而集国学之大成。这种传统思想文化，也就是所谓"国学"。

学员3:我比较赞同中国人民大学校长纪宝成对"国学"的新界定。纪宝成在其《重估国学的价值》一文中说："我们认为，国学可以理解为是参照西方学术对以儒学为主体的中华传统文化与学术进行研究和阐释的一门学问。它有广义与狭义之分。广义的国学，即胡适所说的'中国的一切过去的历史文化'，思想、学术、文学艺术、数术方技均包括其中；狭义的国学，则主要指意识形态层面的传统思想文化，它是国学的核心内涵。"纪宝成还进一步加以阐释，"就形式而言，国学是中华文明的主要载体"，"就内涵而言，国学是中华民族精神的集中体现"，"就文化的承继性而言，国学是走向新的时代的起点，建设新型文明的资源"。

学员4：因为学校要搞国学特色，最近我也看了一些资料，发现对国学的定义很乱。除了刚才大家提到的以外，又如，因为"国学"被西方人称为"中国学"或"汉学"，于是，有人把"国学"定义为汉代人研究经、史、名物、训诂、考据之学或以儒家哲学为主流的汉民族之学；因为随着"爱我中华"之风日炽和"中国崛起"口号之响起，尤其是孔子学院在海外的遍布和祭孔大典在国内的连续上演，"国学"在海内外以前所未有的热度火起来，所以，有人将"国学"新定义为中国传统文化中与当代文化精华相融的学术精髓；甚至有学者认为"国学"概念的内涵和外延不宜确定，因此这个概念是不科学的。余秋雨先生在回答北大学生的相关提问时，也明确表示："我不敢说'国学'，是发现有一些逻辑上的麻烦，一时解决不了。"例如，"国学"是不是也应该包括契丹文化、突厥文化、西夏文化、蒙古文化、南诏文化？影响中国民众两千年的佛教算不算"国学"？徐老师，为什么国学的概念会这么乱呢？

徐卫东：现在，你们是不是也有点雾里看花的味道了？所以，我一开始就说自己很纠结，现在被你们一问，我还感到有点囧。由于国学在不同人眼里的内涵不尽相同，所以对它的界定也就百花齐放了。凭我的学识、能力和影响，是根本无法下一个定义来终结这种乱象的。但是，我还是有这么几点看法，供你们思考：

1. "国学"乃中国之学，非汉族、汉代或儒家之学。西方人所谓的"汉学"，并非狭义地指汉代或汉民族，而是西方人对中国称呼的指代。尽管儒学是中国传统多元文化的重要根基，但断不可只将国学聚焦在一些汉学典籍和孔孟之学上。

2. "国学"乃中华传统思想文化，非古代哲学、史学、文学、礼俗学、考据学、伦理学、版本学、医学、农学、天文、历法、算法、术数等几门学科知识；也不宜涵盖现当代新有的学术思想文化，不然，概念太泛，那真是云里雾里的，混沌不堪了。

3.国学乃"国粹"和"国渣"并存,非经过提纯和重释的精髓。如果将国学的核心内涵或核心价值观替代了国学概念,那么,在国学教育中,就会误导大众对传统文化全盘接受,而不辨精华与糟粕。

4.国学是本土的,但又是多元和开放的。它不仅融合了蒙、满、藏、回、苗等各少数民族的文化,也吸取了佛教等外来文化。以儒、释、道为主体的诸学成为了国学的核心组成部分。

至此,我们是否可以尝试着这么理解,所谓"国学",简言之,就是中国固有的有着中国特色的历史悠久的多元学术文化。它以中国一切传统学术文化为研究对象,以意识形态层面的传统思想文化为核心内涵,以优良的民族精神、民族品质和民族礼仪为重要内容。这是中华民族之魂,是国学本质属性的集中体现,是我们今天所要认识、继承、弘扬的。

明晰国学内涵,把握国学的核心内容,目的在于有效推进国学教育。对于国学教育,你们又是怎么理解的?

学员5:国学教育就是中国传统文化的教育。通过对国学经典的学习研究,传承中华民族的优秀文化,培养具有民族精神和传统文化素养的人。

学员6:我以为国学教育是人格养成教育。通过诵读和感悟,学会如何做人,如何把自己修炼成道德品行高尚的君子。它是素质教育的一个组成部分。

学员7:国学教育概念比较大,如果单就学校的国学教育来说,主要是根据学校教育目标,按计划组织学生诵读国学经典,学习国学知识,开展国学实践,培养民族精神,提高人文素养,促进学生的健康发展。

徐卫东:大家从不同的角度解读了国学教育的概念,尤其是最后一位学员对学校国学教育作了比较全面、清晰的概括。基于我们前面对国学内涵的探讨和刚才大家的发言,我们可以这么认为:国学教育是以国学为主要内容和载体,通过有目的、有计划、有组织地开展各类教育活动,普及和弘扬中华民族的优秀传统文化,重点培养以爱国主义为核心的优良民族精神,提升以自强不息为核心的优秀民族品质,养成以尊老爱幼为核心的良好民族礼仪。当今的国学教育,应将其作为社会主义核心价值体系教育的重要组成部分,融入到国民教育、精神文明建设的全过程。

由于对国学、国学教育的内涵认识不清,所以,眼下国学教育存在本末倒置、孤芳自赏的倾向。现如今,国学教育从国外到国内,从官方到民间,从高校到幼儿园,可谓风生水起,热闹非凡。"孟母堂""童学馆"等私塾、国学培训班在各地纷纷成立,部分大中小学校也推出了自己的国学课程,增加了对中国传统文化的学习内容。成果不容置疑,但问题也显而易见:有的学校进行国学教育就是让学生单调刻板地反复诵读、记忆《三字经》《弟子规》等古代幼学启蒙读物,学生不知就里,不明其义。有的地方诵读国学经典要求学生穿古装,见面行作揖礼,甚至有人扮成手拿戒尺摇头晃脑的老师模样,只重形式上的复古,忽视对国学核心价值观的学习。更为普遍的是,国学教育缺乏与社会主义先进文化的有机结合,将中华文化等同为中华传统文化,把国学当成做人明理的唯一理论,陷入自以为是、孤芳自赏的误区。

这里需要强调的是:第一,国学教育无须单独成为一个教育体系,它应该纳入社会主义核心价值体系教育的范畴,是国民教育的一个组成部分。从学校来讲,国学教育就是学校教育的一个组成部分。第二,国学教育不能重形式轻内容搞花架子,国学教育的宗旨必须是普及弘扬中华民族的优秀传统文化,重点是培养国人的爱国、自强、文明的民族精神和品质。第三,国学教育不仅仅是人格教育,还应该是包括政治、历史、文学、艺术、军事、科技等在内的一切中华民族优秀传统文化的教育。

至此,我们对国学和国学教育的内涵应该已有所明晰,那么,国学的特性又是什么呢?或者换言之,如果基督教文化讲的是"天学",佛教讲的是"鬼学",那么中华传统文化讲的又是什么?下一课,我们一起来探讨。

学员培训感言选录

史旭东:徐老师睿智、幽默,又博学。能充分调动课堂气氛,深入浅出,旁征博引,让学员们开开心心听一堂课,认认真真学一堂课,完完整整接受一堂课,达到极好的效果。

郑方方:说实话,在鼠标点击到这个培训班的时候,内心挺迷茫,就连"国学"它是什么东西都迷迷糊糊的。但是徐老师的第一课,让我有一丝拨开云雾的悸动。在这里要特别感谢徐老师的辛勤付出,他的渊博、幽默、多才多艺,让我们开始认识国学,感悟国学,欣赏国学,赞美国学,寄情国学……

杨瑶芬:说来可笑,当时为了凑足学分,无意中点了国学培训班,想不到一节课下来,就被徐卫东老师的妙语连珠和深厚底蕴深深吸引,课堂上不时传来阵阵掌声。

第二课

兰竹与玫瑰:国学的特性

徐卫东:国学的特性是什么？将一些研究者的观点归纳起来,大概有以下"八性":

一是永恒性。优秀的传统文化是一个民族永恒的精神财富,这种财富可以跨越时空界线。国学文化,上下五千年,代代相传,已经成为中华民族凝聚力特有的纽带,也是鼓励无数炎黄子孙振兴国家的强大精神力量。直至今日,国学文化在生活中仍然随处可见,仍然具有其现实意义。

二是变异性。作为中华民族的精神财富,它是永恒的,具体到某种学说思想,它又是不断发展、变异的。比如,老子的学说从一开始就承认客观存在,里面有很多唯物的、辩证的思想。而到了庄周、淮南子之后,慢慢把这种辩证变成诡辩了,搞成不可知论了。再到了魏晋南北朝,随着社会的动荡、政治的腐败,空谈玄理更盛行了,片面理解和强调"无",以致后来道家更发展到神仙家一派。

三是包容性。我们中华民族是包容性很强的民族。我们自己没有的,就拿过来为我所用,比如扬琴、二胡、琵琶等很多乐器都是从西域等地传来的,但现在有谁会说这不是我们的民族器乐呢？或是拿来之后,打上我们民族文化的烙印,成为我们自己的东西。如佛学传到我国中原地区之后,跟中华民族文化和社会心理一结合,便成了有中华特色的佛教宗派——禅宗。

四是交融性。国学当中,专门的哲学书籍很少,但它是散落在我们的医学、史学、兵法和文学的散文诗话、画论、词评等当中。中国传统的书画,往往是诗书画印交相辉映的。像苏东坡、董其昌、郑板桥等书画大家,都是以画法入书,以书法入画。

五是主观性。比如西方的油画,通过色块、光影和透视,告诉观众这是什么。而中国的国画呢?它通过线条和感情的宣泄,创作一个意境出来,让你看是什么就是什么,主观色彩非常浓。包括我们的传统戏曲,也是用具象的动作来进行抽象的表达,让你主观地感悟它。还有我们的中医、诗词、书画、音乐,都是这样的。它的优点是给了我们很大的再创造空间和想象空间,缺点是不稳定性、不确实性,没有数据可寻。

六是时代性。不同的时代有不同的特性,不同的潮流。从文学上来看,从先秦的散文到汉代的赋体,再到唐诗、宋词、元曲、明清小说,它们都代表了一个时代的文化潮流和高峰。我们现在谈国学,也要注意它的时代性,不能再回到国学的故纸堆里去。我们现在所说的社会主义核心价值观,很多东西都体现了传统文化的色彩,我们现代的理念,也跟传统儒、道的思想相吻合,传统的忠、孝、仁、勇、礼、义、廉、耻等的精华,也是社会主义社会的美德,这是一脉相传的。

此外,还有思想性、历史性等,在此略过。

以上这些都不是我们这堂课要展开讲的。我们重点要探讨的特性是,国学究竟在讲些什么。它是和基督教文化一样在讲"天学"?还是和佛教一样在讲"鬼学"?还是和它们讲的都不一样呢?

众学员:都不一样。

徐卫东:那国学讲的是什么?

部分学员(小心翼翼地):"人学"?

徐卫东:我们的答案和季羡林先生的想法一样——"人学"。国学的重点在人的修养和人伦关系上,解决怎样修身、怎样与人相处的问题。我们的传统文化非常重视现实的人生。重视人的道德修养,强调正直、善良、诚实、守信,倡导尊老爱幼、礼让宽容等,这些都是国学中最具特性的内容。

因此,国学的精髓在做人之道。国学是与道德教化紧密结合的,具有道德优先、重"道"轻"器"的倾向。孔子早就说过:"君子不器。"又说:"君子喻于义,小人喻于利。"一切实用的、物质的层面都不在学术首先考虑的范围之列。《大学》开篇即说:"大学之道,在明明德,在亲民,在止于至善。"所以中国传统学术一直强调"做学问"与"做人"的统一,甚至将"做人"放在"做学问"之前,以为"做学问"是为了更好地"做人",是为了修身养性,培养完美的人格。可见,在中国传统文化的宝库中,中国传统道德应该是最为重要的一部分内容。现在请说说,对你影响较深的传统道德都有哪些呢?有一说一,不必拘谨哦。

学员 1:修身。只有先把自身修炼好了,才能齐家、治国、平天下。

学员 2:孝悌。要尊老爱幼。

学员 3:人要有骨气。就像孟子说的:富贵不能淫,贫贱不能移,威武不能屈。

······

徐卫东:国学还承载着更多的传统美德和高尚情感。诸如尊师、好学、崇尚节俭、爱护自然、遵循规律、重视实践、任人唯贤、珍惜友情、乐观开朗等等,这些都是中华民族传统道德中宝贵的精神遗产。尤其是以下三个方面,对于今天国人思想感情的熏陶、感染和对人格的塑造,对于建立和谐美好的社会人伦关系,具有不可忽视的重要作用。

一是以爱国主义为核心的优良民族精神。爱国主义是中华民族最深厚的思想传统,今天依然是最能感召中华儿女团结奋进的。屈原"长太息以掩涕兮,哀民生之多艰"的爱国忧民和"路漫漫其修远兮,吾将上下而求索"的不屈不挠;贾谊"国而忘家,公而忘私"的"天下为公"思想;范仲淹"先天下之忧而忧,后天下之乐而乐"的爱国情怀;文天祥"唯有以死报国,我一无所求"的浩然正气;岳飞、史可法的同仇敌忾,抗御外侮;荆轲等下层士民"天下兴亡,匹夫有责",为了国家和民族的利益,义无反顾,勇于蹈死。他们的爱国主义精神,光耀千秋。

我们许多小学语文老师还兼任着书法课。大家知道颜真卿是一位国魂级的书法大师,却不一定知道,面对安史之乱,第一个举起讨伐大旗、跃上马背、奔赴沙场的英雄就是颜真卿。在几乎全家喋血的情况下,颜真卿仍坚持抗击叛军。他那份祭祀侄子颜季明的《祭侄帖》,余秋雨先生评价为"在长叹和哭泣中,傲然筋骨又毕现无遗,足以顶天立地。这是中国文化史上唯一用生命符号勾勒最伟大人格的一幅作品。这种最伟大的人格,刻画了一个英雄的时代、英雄的家庭、英雄的文人"。最后,74岁高龄的颜真卿为了国家的统一和安宁,又毅然赴狼窝,阻止李希列谋反,劝诫近两年后被缢死。对于颜真卿的壮烈事迹,欧阳修在《新唐书》中赞道:"呜呼,虽千五百岁,其英烈言言,如严霜烈日,可畏而仰哉!"

这些都是我们进行爱国主义教育的范本。爱国主义既是我们成长的人格基石,又是我们人格凝聚的核心,所以,要广泛开展民族精神教育,大力弘扬爱国主义,增强民族自尊心、自信心、自豪感,激励人民把爱国热情化作振兴中华的实际行动,以热爱祖国和贡献自己全部力量建设祖国为最大光荣,以损害祖国利益和尊严为最大耻辱。

二是以自强不息为核心的优秀民族品质。"自强不息"一词,出自《周易》中的"天行健,君子以自强不息"。意即人们应该具备自然界那样的刚毅坚卓、永不停息的优秀品质,发愤图强,永不气馁。传统文化凝聚着中华民族自强不息的精神追求。

司马迁在《报任安书》中谈道:"文王拘而演《周易》;仲尼厄而作《春秋》;屈原放逐,乃赋《离骚》;左丘失明,厥有《国语》;孙子膑足,《兵法》修列;不韦迁蜀,世传《吕览》;韩非囚秦,《说难》《孤愤》;《诗》三百篇,大抵圣贤发愤之所为作也。"司马迁本人虽身受宫刑,但忍辱负重、发愤著书,终成《史记》。祖逖"闻鸡起舞""中流击楫"。蒲松龄落第不落志,以"有志者,事竟成,破釜沉舟,百二秦关终属楚;苦心人,天不负,卧薪尝胆,三千越甲可吞吴"为自勉联,终成《聊斋志异》。再如勾践卧薪尝胆,汉宣帝励精图治,孙敬悬梁,苏秦刺股,凿壁偷光,囊萤映雪等。这些话和事例都是先人自强不息、永不言败的生动写照,是中华民族自强不息优秀品质的典型反映。千百年来,正是这种精神品质激励了历代无数仁人志士,克服一切艰难险阻,勇敢向前,中华民族才能在饱经沧桑、历经曲折之后,仍然自强自立,生息繁衍,不断强大。今天我们每个国人也应该具有这种精神品质,因为,它是发展社会主义先进文化的深厚基础,是建设中华民族共有精神家园的重要支撑。

三是以尊老爱幼为核心的良好民族礼仪。《中共中央关于深化文化体制改革的决定》在阐述如何树立和践行社会主义荣辱观时强调:要弘扬中华传统美德,倡导爱国、敬业、诚信、友善等道德规范,形成男女平等、尊老爱幼、扶贫济困、扶弱助残、礼让宽容的人际关系。

孔子把君子人格的养成,看成社会理想的核心,提出正心、诚意、修身、齐家、治国、平天下的主张。孔子提倡"仁者爱人","己欲立而立人,己欲达而达人","己所不欲,勿施于人"。孟子提出"老吾老以及人之老,幼吾幼以及人之幼"。要求用"仁爱"之心去尊重人、理解人、关心人、爱护人、帮助人。正是国学思想中对这种至诚至善的高尚道德情操和崇高人格修养的不懈追求,才使中国历史上出现了无数品德高尚的贤人君子,铸就了中华民族特有的人文精神。

学员 4:老师说到"己所不欲,勿施于人",让我想起曾经看到一位外国学者说,孔子从反面提出人与人交往的最基本原则是"己所不欲,勿施于人",从正面则是提倡"己之所欲,施之于人"。是这样的吗?

徐卫东:"己所不欲,勿施于人"是应该成为人与人交往的基本原则。对这句话,大家很熟悉,也不难理解,可是,要真正做到这一点,似乎不容易。我们有些老师,看到学生上课睡觉、讲空话就辱骂,而自己在开会或听报告时却打瞌睡、聊天、玩手机;看到学生作业抄袭、考试偷看就严厉处罚,而自己在继续教育学习时却抄作业、作弊不亦乐乎;看到别人教学认真、业绩突出,自己不仅不虚心学习,反而冷嘲热讽,甚至诽谤打击……如果我们在与人交往中能牢记孔子的这条基本原则,多由己及人地为别人着想,就能够最大限度地理解别人,从而找到与人相处的最佳途径、解决问题的恰当方法。

至于"己之所欲,施之于人",这话孔子肯定没讲过,那么,是否可以倡导这样做呢?我们不妨来看看《庄子》的这个寓言故事:

> 南海之帝为儵,北海之帝为忽,中央之帝为浑沌。儵与忽时相与遇于浑沌之地,浑沌待之甚善。儵与忽谋报浑沌之德,曰:"人皆有七窍以视听食息,此独无有,尝试凿之。"日凿一窍,七日而浑沌死。

大家都能看明白吧,儵和忽出于报恩,将"己之所欲"的"七窍",施之于没有七窍的浑沌,结果七窍凿成而浑沌被害死。为什么?因为浑沌的本性就是没有七窍,一片模糊,而儵和忽违背其本性,强行改变之,结果只能是好心办坏事。

这个寓言故事,原是用来宣扬道家"自然无为"思想的,却也给了我们另外的启示:人与人之间是有差异性的,一味地把自己的喜好强加给别人,是会害死人的,因此,我们在教育中必须遵循因材施教的原则。可现实情况又是如何呢?我们每个人都可以反思一下,如果你没有做过"己所不欲,施之于人"的事情,那你在与人交往和学校、家庭、社会教育中,是不是犯过"己之所欲,施之于人"的错误呢?我估计是不少的。

呵呵,话题有点沉重了。我们回到轻松的气氛中来。现在请大家来思考,我们中国人和西方人的美学思想是不是不太一样?形象点说,我们中国人是更喜欢兰竹呢,还是喜欢玫瑰?为什么?

众学员:喜欢兰竹。因为兰竹象征人的气质、品位、人格……

徐卫东:嗯。对此,日本学者岩山三郎也看出来了。他说,西方人看重美,中国人看重品。西方人喜欢玫瑰,因为它看起来美;中国人喜欢兰竹,并不是因为它们看起来美而是因为它们有品。它们是人格的象征,是某种精神的表现。这种看重品的美学思想，是中国精神价值的表现，这样的精神价值是高贵的。

确实，这是中华民族传统道德、礼仪中一笔宝贵的精神遗产，它对于今天国人思想感情的熏陶、感染和对人格的塑造，对于建立和谐美好的社会人伦关系，具有不可忽视的重要作用。社会主义道德不是无源之水、无本之木，而是植根于民族文化的沃土，是传统美德的延续和升华。承接中华传统美德，就是要以中华传统道德的背景为基础，把传统道德中的这些符合时代要求、有助于经济社会协调发展的内容承接下来，推广到全体人民中去。

国学的特性既明，国学教育的现实价值和意义也就不言而喻了，下堂课请大家畅所欲言。

学员培训感言选录

王立飞：感叹主讲老师的学识渊博，感叹传统文化的博大精深，也感叹现代年轻人的精神荒芜。现代社会的生活节奏越来越快，人与人之间的关系也越来越功利化，因此人们失去的是快乐，增加的是压力。这时，如果我们能静下心来，读读圣贤书，对我们思考自己的人生会有极大的帮助。

周红飞：本以为国学知识性的内容会很枯燥，但是徐老师生动风趣的讲解，让我们学来意犹未尽、妙趣横生。希望以后能再组织这种后续更深入的培训。

华慧春：国学，它有超越时代的永恒价值。重振国学，对于唤起文化自觉，恢复文化自信，实现文化认同，增强民族凝聚力，具有重要的意义；学习国学，可以提高国人的道德水准，提高个人的文化素养，提高国民的精神生活水平，对建设和谐社会具有重要的意义；认识国学，对于治国理政具有重要的借鉴意义；宣传国学，对于提升中国的国际影响具有重要意义；此外，研究国学，古为今用，借鉴中华文明汲取中华智慧对形成马克思主义中国化，完善中国特色的社会主义理论体系也具有重要意义。所以，国学非学不可，非学好不可。

第三课

传统与传承:国学教育的意义

徐卫东:在深化社会主义核心价值体系教育的今天,还要不要国学教育?支持者认为,国学教育可以修身养性,可以传承民族精神,可以提高民族凝聚力;反对者认为,让今天的孩子再去读经诵经,是在毒害青少年的心灵;折中者对国学教育采取不提倡不反对的态度,认为想学国学的便去学,不想学的别强求,一切任其自由。之所以认识各异,其中一个重要的原因是对国学和国学教育的内涵和特性不甚清晰。我们通过前面的讨论,对今天是否还需要国学教育这个问题,应该不会再有异议了吧?那好,在现代文化视野下,国学教育,尤其是对中小学生进行国学教育的价值和意义又何在呢?

学员1:老师提倡将国学教育与社会主义核心价值体系教育有机融合。我的理解是,这样做的意义,不仅是可以引领国学教育走出孤芳自赏的误区,而且能够有效促进社会主义核心价值体系教育。

学员2:我的担心是,国学教育与社会主义核心价值体系教育能融合到一起吗?

徐卫东:我们先来重温一下,什么是社会主义核心价值体系。

党的十六届六中全会第一次明确提出建设社会主义核心价值体系的问题,《中共中央关于构建社会主义和谐社会若干重大问题的决定》明确指出:"马克思主义指导思想,中国特色社会主义共同理想,以爱国主义为核心的民族精神和以改革创新为核心的时代精神,社会主义荣辱观,构成社会主义核心价值体系的基本内容。"2011 年 10 月 18 日党的十七届六中全会通过了《中共中央关于深化文化体制改革 推动社会主义文化大发展大繁荣若干重大问题的决定》，进一步要求"推进社会主义核心价值体系建设，巩固全党全国各族人民团结奋进的共同思想道德基础"。

当前，各地都在进行价值观大讨论。那么，什么又是社会主义核心价值观呢？对此，学界也是各抒己见。或认为，社会主义核心价值观是人们对社会主义的最根本、最核心的观点和看法，贯穿于社会主义的学说、运动、制度和形态之中，是人类社会发展的最终价值驱使和内在要求，是一个相对稳定的概念。或认为，社会主义核心价值观是社会主义社会对人类未来社会价值诉求的基本看法和总体要求。有的从价值观和社会主义价值观的比较中得出，社会主义核心价值观是指那些在社会主义核心价值体系中居统治地位、起指导作用、能从最深层次科学回答"什么是社会主义"这一问题，并在马克思主义理论体系中占据核心地位的价值理念。也有人通过与社会主义核心价值体系的关系比较得出，社会主义核心价值观是社会主义核心价值体系的内核和最高抽象，体现社会主义的价值本质，决定社会主义核心价值体系的基本特征和基本方向，引领社会主义核心价值体系的建构。

综合研究者的观点，我们认为社会主义核心价值体系是社会主义意识形态的本质体现，社会主义核心价值观则是社会主义核心价值体系中最基础、最核心、居统治地位和支配作用的核心理念。具体而言，社会主义核心价值观就是指：在以马克思主义为指导思想、以中国特色社会主义为共同理想、以爱国主义为核心的民族精神和以改革创新为核心的时代精神、以社会主义荣辱观为道德规范的科学社会主义理论体系中占有重要地位的价值观。爱国、敬业、改革、创新、和谐、诚信、公平、正义是社会主义核心价值观的本质内容，这是"兴国之魂"，是社会主义先进文化的精髓，决定着中国特色社会主义发展方向。

国学中有着丰富的体现爱国情感、民族精神、道德荣辱、民族礼仪等思想文化的内容，入选中小学语文教材和读本的古诗文均是文质兼美的中华民族传统文化的典范之作，承载着爱国主义、天人和谐、仁者爱人、自强不息、关注生命、乐观开拓、厚德载物、以人为本、尊老爱幼、尊师重道、节俭朴素、居安思危、诚实守信、努力践行、和而不同、天下大同等中华民族优秀传统文化的核心价值观，而这与爱国、敬业、和谐、公正、仁爱、共享等社会主义核心价值观都是相契合的。因而，将国学教育与社会主义核心价值体系教育有机融合是可行的，而且不仅能纠正国学教育的乱象，还能切实促进社会主义核心价值体系教育的认同感和实效性。

◎ 第一讲 拨开迷雾话国学

学员3：说实话，社会主义核心价值体系教育往往让我们有大而空的感觉，对中小学生来讲更是如此，容易搞成形式主义，走过场。而国学中的孝顺、诚信、礼仪、廉耻、忠义等故事性强，学生比较乐于接受。

徐卫东：因为社会主义核心价值体系具有高度的抽象性、指导性、概括性。这种系统化、理论化、规范化的理论呈现与青少年的感性化、具体化、现实化特点形成鲜明反差。受到青少年的知识结构、心理条件、道德水平、认知能力的制约，不管是对其理论阐释、逻辑论证还是思想引导、行为示范，都存在一定难度，因此在教育中青少年往往会感觉社会主义核心价值体系大、空、高，对核心价值体系的认识和接受粗浅、表面，流于形式。另外，如果经常采用单调、乏味的灌输式的教育方式，就会造成青少年一定的逆反心理，也影响教育的成效。如果能在国学教育这种人文氛围浓郁的环境里，来结合社会主义核心价值观念的教育，就既能够增加学生对社会主义核心价值观的认同感，又能使思想政治教育的方式灵活易接受，从而增强社会主义核心价值观教育的有效性。青少年在这种相得益彰的浓郁的人文环境中经受长期的熏陶感染、潜移默化，就一定能具有体现社会主义核心价值观念的思想、情感和行动。

总之，中华民族的新道德必须与中国人意识和潜意识中的传统美德相承接，才能生根成活，才能持续发展。因此，要把弘扬优秀传统文化作为社会主义核心价值体系教育的一个重要切入口，以国学教育丰富和深化社会主义核心价值体系教育，推进社会主义核心价值体系教育健康、持续地进行。

学员4：国学中蕴涵着具有一定理论价值和社会价值的思想，因此，国学教育对于构建学生的价值观、伦理道德观能起到重要的作用，如忠、义、理、德、孝、让、自强、勤劳等思想都容易激发起青年学生的道德情感。国学教育还有助于学生更加了解自己的祖国，培养他们的爱国情感，对培养他们的健康人格和良好的心态也有着积极的意义。

徐卫东：国学教育在这方面的作用和意义，我们在讨论国学特性的时候也阐述过。通过国学学习，培养学生忠诚奉献、克己为公的爱国精神，孜孜以求、永不言败的优秀品质，脚踏实地、求真务实的实干作风，严于律己、宽以待人的交际之道，尊老爱幼、扶弱助残的民族礼仪。因此，国学教育，能促进青少年健康成长。

学员5：国学教育，可以引导国人阅读传统经典，厚实文化底蕴。现在快餐文化泛滥，优秀的中华传统经典被许多人遗忘甚至抛弃，感觉人变得越来越功利、浮躁和迷茫。物质生活丰富了，精神生活却空虚了。如果一个人经常诵读经典,他的心灵会越来越丰富,我们的学生更是如此,从小培养他们读圣贤书,给他们的心灵注入丰富的营养,对于他们今后的人生有很强的指导意义。

徐卫东:说到国学经典的阅读现状我也很有同感。我觉得在阅读行为上目前普遍存在四大问题:

一是没兴趣阅读。在很多人眼中,经典"魅力"不敌麻将扑克、电视节目、网络游戏等。现在很多大学生除了上课,基本上就是上网打游戏、聊天,甚至上课也手机上网。不要说《论语》这类诸子散文没读过,就是《红楼梦》等小说也不愿意读。每年上"大学语文"时,我让读过四大古典名著的大学生举手,结果,举手者不会超过5%。

二是阅读行为平面化。卡通漫画、娱乐休闲类"轻阅读"读物"打赢"经典。图文并茂、轻松时尚的口袋书备受学生追捧,阅读活动出现轻读文重读图的倾向。一味重图轻文会妨碍学生思维的逻辑性、理解力和思考力的发展。另外,网络玄幻小说"打赢"经典。这类网络书籍往往情节离奇、惊险、刺激、冗长,吸引了不少学生。但这些书一般都是胡编乱想,时空穿越,人物混乱,一些"斗士""英雄"等形象,出现在通篇混乱打斗、打情骂俏等情节之中,玷污了孩子的纯净心灵。把课外仅有的一点时间"奉献"给了这些很肤浅但又可以让他们所谓"快乐"的东西,这是一个非常值得忧虑的问题。现在出版商也过度迎合浅阅读,书店里大量的是多娱乐性、少思考性的快餐式图书,导致整个编书、出版和阅读环节都出现不利于经典阅读氛围培养的问题。

三是阅读内容越来越狭窄化。学生中,多数人只根据爱好阅读,有的专读卡通、童话类,有的只读武侠类,有的非言情类不读;不少女生对当红主持人写的自传类书籍很着迷。

四是阅读目的越来越功利化。因为在中小学阶段,大量的阅读并不能给学生的升学带来多少看得见的好处,重点学校录取只会看学生是否拿过各种赛事的奖项,根本不会问这个学生读过哪些名著。因此,作文不好,就多买几本作文辅导用书;数学不好,就多买几本数学辅导教材……在我们的周围,"缺啥补啥"的功利性阅读成了家长、学校对孩子阅读的要求。由于阅读带有强烈的功利色彩,中小学生的阅读兴趣一点一点地被消磨掉。同时,受应试教育影响,包括许多教师,常把学科性学习之外的书籍斥之为"闲书",并认为阅读"闲书"就会干扰对课内"正书"的学习,会直接影响学业成绩。于是,教师在学校不倡导读课外书,家长在家里不允许读课外书,学生也无闲暇读课外书,久而久之,课外阅读活动就淡出了学生的日常生活。

你们都是老师,很多又是家长,觉得情况是不是像我说的这样?

学员6:是的。其实我们也很矛盾、很无奈。我们知道让学生多读点书肯定是件好事,这有利于他们的知识储备和心灵成长。但是应试教育和对教师的评价标准又让我们心有余悸。

徐卫东:嗯,我也做过中小学老师,对你们的难处深表理解和同情啊。其实,开展国学教育,倡导诵读国学经典,在建设学习型社会和大力倡导素质教育的今天,尤为必要。其意义,正如习近平同志指出的,优秀传统文化书籍包括历史经典、文学经典、哲学经典、伦理经典等多个方面。领导干部要通过研读历史经典,看成败、鉴是非、知兴替,起到'温故而知新''彰往而察来'的作用;通过研读文学经典,陶冶情操、增加才情,做到'腹有诗书气自华';通过研读哲学经典,改进思维、把握规律,增强哲学思考和思辨能力;通过研读伦理经典,知廉耻、明是非、懂荣辱、辨善恶,培养健全的道德品格。总之,要通过研读优秀传统文化书籍,吸收前人在修身处事、治国理政等方面的智慧和经验,养浩然之气,塑高尚人格,不断提高人文素养和精神境界。① 领导干部是如此,教师、学生是如此,我们每一位国人都是如此。

国学教育还有助于全面建设和谐社会。"和谐社会"这一理念包含了人与人的和谐、人与自然的和谐。中国自古以来就十分重视人与人的和谐关系,孔子言"礼之用,和为贵""君子和而不同,小人同而不和";孟子言"天时不如地利,地利不如人和";墨子提出"兼爱"。华夏祖先在上古就形成了顺应自然、与自然和谐相处的天人观。可以说,我国古代思想家认为"和"乃是宇宙万物存在的根本,中国古代哲学以"天人合一""与天地万物为一体"为最高境界。要建设和谐社会,作为中国人应该传承中华民族传统思想中顺应自然、与自然和谐相处的天人观,树立人与文化、人与人、人与自然相和谐的可持续发展的文化理念。

温家宝同志说过,中国传统文化塑造了中华民族醇厚中和、刚健自强的人文品格和道德标准,不仅对中国的经济和社会发展发挥着巨大影响,也为中国人的世界观和行为方式的形成奠定了基础。② 《中共中央关于深化文化体制改革的决定》也明确指出:"优秀传统文化凝聚着中华民族自强不息的精神追求和历久弥新的精神财富,是发展社会主义先进文化的深厚基础,是建设中华民族共有精神家园的重要支撑。"开展国学教育,就是要全面认识祖国传统文化,

---

① 习近平同志在中央党校进修班暨专题研讨班开学典礼上的讲话,2009年5月31日。

② 温家宝总理在塞万提斯学院与西班牙文化界人士、青年学生座谈时的谈话,2009年1月31日。

取其精华、去其糟粕,古为今用、推陈出新,使优秀传统文化成为新时代鼓舞人民前进的精神力量。

学员培训感言选录

王微微:这次培训,让我对国学有了进一步的认识。最重要的是感觉整个人都轻松起来,感觉心灵得到了净化。还有,此次培训为我打开了国学大门,今后我将慢慢沿着这条道路前进。

胡雪雁:老师精彩的讲座令我身心愉悦,受益匪浅。国学之光启迪了我的思想,开阔了我的视野,让我懂得了修身是一切的根本。

林建耀:老师平易近人,和蔼可亲。特别是幽默风趣的语言、满腹经纶的才华,深深折服了我。我想,以后有机会还要到宁波教育学院来培训学习。

第四课

明理与塑形：学习国学的途径和方法

徐卫东：我们今天该如何学习国学？让我们先听听国学大师章太炎的建议。如果你们有什么疑问，可及时提出。

第一，要辨别书籍的真伪。

学习、研究国学，你得确定自己手上读的这本书是真的。如果不能辨别其真伪就学习、研究，那就容易使我们走入迷途。经、史、子、集四部，除了集部很少有假的外，经、史、子部都包含着很多伪书，其中子部更多。

学员1：经、史、子、集四部具体是指哪些书籍呀？

徐卫东：古代国学的分类法很多，到《隋书·经籍志》开始表明经、史、子、集四部，此后多以此分类。清代《四库全书》所收的书就分为经、史、子、集四部。

经部，收录的是儒家经典。主要包括称之为十三经的《周易》《尚书》《诗经》《周礼》《仪礼》《礼记》《春秋左传》《春秋公羊传》《春秋穀梁传》《论语》《孝经》《尔雅》《孟子》，以及解释经书的著作等。

史部，主要是各种体式的史书，如纪传体、编年体、纪事本末体、别史、杂史等。其中以"二十四史"为代表，它们都是官修的正史。史部还包括地理著作、政书、目录书等。

子部，收集先秦以来诸子百家及释道宗教的著作。此部范围广，收书也比较复杂，有哲学书，也包括算术、天文、生物、医学、农学、军事、艺术、宗教的著作，也包括笔记小说和类书。子部中也有一些带有迷信色彩的书籍，如相宅、相墓、占卜、命书、相书等及其有关书籍。

集部，收历代诗文集、文学评论及词曲方面的著作。如李白的《李太白全集》，白居易的《白氏长庆集》，《全唐诗》，《文心雕龙》，《沧浪诗话》等。集部以文学书为主，但又不限于文学书。

章太炎指出子部中伪书很多，像《吴子》《文子》《列子》虽有价值，但不可全信；而《关尹子》《孔丛子》《黄石公三略》则是后人所造，全不足信。

此外，真书中也有被后人改窜过的，虽不是伪书，但我以为也需小心考证，不宜盲从。当然也不能因此怀疑全部，否则就可能无书可读了。清代姚际恒的《古今伪书考》很有用。

第二，要通小学。

所谓通小学，就是识字。小学在古代原不过是小学生识字的书，但到了现代，虽研究到六七十岁，还有不能全部掌握的。为什么会古时这样容易现在这么难呢？因为古今语言变迁很大嘛。像《尚书》中的文章，在当时不过是一些实用文，但是我们现在读起来觉得佶屈聱牙，就像是天书，因为我们不懂当时的土话。所以，章太炎说，通小学就要通音韵、明训诂、辨形体。

学员 2：徐老师，什么是通音韵、明训诂、辨形体？

徐卫东：简单说，古人用字，经常同音相通，就和现在我们写别字一样。凡写别字都是同音的，不过古人写惯了的别字，现在不叫他写别字罢了。但古时同音的字，现在很多都不相同了，所以更难明白。通音韵，就是要知道某字是某字的转讹，明白古代的音韵学。汉字古时的意义比较狭、少，后人引申的意义则比较广、多，我们如果不懂，误用后人的引申义去附会古义，就要弄错了，所以要学点训诂学。近体字中相像的，在篆文中未必相像，所以我们要明白古书某字的本形，以求其准确的含义。

学员 2：我的妈呀，我不是学中文专业的，这些音韵、训诂之类的都不懂，那就没办法学国学了。

学员 3：我虽然是学中文的，但是一说到这些也头大，怎么办哦。

徐卫东：呵呵，其实我也头大的。但我们是学国学，不是搞古汉语研究，所以只要略通大概即可。更多时候可以借助工具书。历来讲形体的书是《说文解字》，讲训诂的是《尔雅》，讲音韵的是《音韵学》。如果你读《尚书》遇到难解的字，看了《尔雅》就可明白，因为《尔雅》是诠释当时土话的书。

第三，要明地理。

由于河流的演变、都城的兴衰、地名的相同或更改、古书记载的错误，等等,如果在研究国学时不明白地理,就会犯臆测、纠缠不清和意会的谬误,影响对历史的了解。

第四,要知古今人情的变迁。

从古到今,社会更迭,其制度、民情、风俗等也随之变化。例如,古代"家"的概念,并不只包含父子夫妻兄弟这等人,它是个大家族,差不多和小国一样。所以,如果你读到"修身、齐家、治国、平天下",千万不要以为能管理好你的三口之家就有能力当国家主席了哈。

(学员笑)

不明白这变迁的道理,以今释古,就又会产生谬误。

第五,要辨文学应用。

文学派别很多,古今文学也有变化,所以要学好国学,也要了解中国的文学史。关于诗、文、戏曲、小说,我们后面再具体讨论。

学员 4:国学大师的要求太高了,对我们来说做起来比较难。一是我们底子薄,二是我们没有太多的时间可以去研究。

徐卫东:那我就请大家记住阅读国学经典的"十二字经":精其选,解其言,知其意,明其理。

中国现代哲学家、大学者冯友兰先生 87 岁时写过一篇《我的读书经验》。他在文章中说,他 7 岁上学读书,一直读了 80 年,读书经验总结起来有四点:精其选;解其言;知其意;明其理。

何谓"精其选"? 我的理解是:一要选真去伪,二要选优去劣,三要选定阅读的类型。国学书和现代人解读国学的书那是浩如烟海,但也鱼龙混杂,应注意辨别和选择。对有价值的书,我们没时间也没必要都去认真阅读,所以可以把书分为精读、泛读和翻阅这三类。精读就是认认真真、一字一句地读,研究性地读;泛读就是粗枝大叶地浏览,知其概要;翻阅是随手翻翻,看看大标题,有所了解。

何谓"解其言"? 就是要"通小学",读懂书的文字,知道作者在说什么。

何谓"知其意"? "意"是作者的主观认识和判断,也就是客观的道理在他的主观上的反映。"知其意"就是不仅要知道文字表面的意思,更要弄明白"弦外音,味外味",体会其精神实质。

如果你不想在"解其言"和"知其意"上花费太多时间,就请慎选值得信赖的解读专著。

那么又何谓"明其理"呢? "理"是客观的道理,作者主观的"意"并不一定能和"理"完全相合,甚至国学经典中也有糟粕,只"得其意"还不行,还要思考、辨析,达到"明其理",形成自己的见解。不被作者的"意"所误,能够把死书读活,这才是有效的读书方法,也是读书的最高境界。

例如,我们选定了一个可信的《道德经》本子,读到了这句话:"天下皆知美之为美,斯恶已。"

解其言:当天下所有的人都知道怎么样才算是美,这时已经丑了。

知其意:当我们试图去定义"美"的标准时,其实就已经偏离了真正的"美"。

明其理呢?

学员 5:老子这话启示我,不要刻意地去给"美"下定义。每个人心中都有自己的审美观,可能你以胖为美,他以瘦为美;你以秀发为美,他以光头为美;你以五官精致为美,他以气质优雅为美。如果把美定格了,标准化了,实际上也就是让美肤浅了,庸俗化了,美也就不美了。

学员 6:过度追求美必定招来丑。经常看到报道,有女孩子为了要符合所谓美女的标准,去过度整容,滥用护肤品,结果被毁容,成了丑女。

徐卫东:一个悟出美是相对的,一个悟出物极会必反的。每个人因自己体会不同而可能理解各异,这很正常,也很棒。来,掌声鼓励一下。

(鼓掌)

冯友兰先生的这"十二字经",道出了读书的方法,更道出了读书的功用和目的。我们读国学经典,不是为读而读,也不是为了赶时髦,更不是为了"黄金屋""千钟粟""颜如玉",而是为了求知,为了传承和弘扬,为了摆脱愚昧,免于让无知给我们的心灵带来浮躁与不安,从而让我们依靠智慧的光耀活得明朗而淡定。

以上谈的主要是我们阅读国学经典的方法,那么学校的国学教育又有什么好的途径和方法呢?你们是怎么教学生学国学的?

学员 7:主要是让学生朗读和背诵国学经典,老师会介绍一些相关的知识,作些文字解释之类的。

学员 8:除了诵背,我们还通过讲国学经典中的故事来学习忠、孝、义、礼的道理。我们对小学低段学生一般不讲解文字,而是引导他们慢慢自己去体会其中的意义。

学员 9:一味地让学生死记硬背,只能给学生增加学习负担,应该有选择地逐步去加深学生的理解,这样才会记得牢。

徐卫东：有所小学要求每个学生 6 年能背诵 3 万字的国学经典。对于国学教育而言，读和背是比较常见和有效的方法，它本身就是一种目的，非常有意义。相反，一开始就给小学生讲国学含义，过多地向学生讲解文意，代学生去感悟人生真谛，都不是好方法。学国学是人生修养的过程，不可急功近利，需要随着学生生活经验和人生阅历的积累，在诵背等学习过程中自己慢慢去体悟。当然，这并不是一味地让学生死记硬背，换个法子给学生增加学习负担。国学教育不仅要学而知，更要学而行。这方面，宁波市镇安小学作出了有益的尝试。

2011 年 9 月镇安小学挂出了颇具古韵的"甬城国学堂"大匾额，正式将国学教育作为学校的办学特色，提出了系统的办学理念和教学规划。本人也有幸成为甬城国学堂的特聘教授。他们的国学教育主要有以下三个结合：

第一，国学教育与校园文化建设相结合。

校园文化是育人的隐性教材，学校将国学教育与校园文化建设有机结合，以国学精神为内涵构建文化特色，寓传统文化于环境之中，使校园成为一本立体的、会说话的传承国学经典和养正毓德的教科书。

一是搞好环境布置，打造高雅书香校园。以国学精神为底色构建学校文化特色，在校园环境布置上体现古典韵味，让学生眼所观、行所致、手所及皆为国学所感染，从而自觉地融入国学并调整自己的言行举止。古色古香的校舍向学生展示了中国古文化的精髓，孔子的立像告诫师生教与学的根本所在；校门口的对联"元亨利贞，天地一机成化育；仁义礼智，圣贤千古立纲常"道出了学校教育追求；立柱上的古训告诫师生为人处世的真谛；随楼梯而上的匾额、操场边的诸子百家文化砖引领孩子树立正确的人生观和价值观；教学楼外墙的经典名段润泽着孩子的心灵世界；大门右侧的文化长廊，既是社会了解学校国学教育的窗口，也是体现学校以生为本的教育管理智慧的缩影；大屏幕上每周一句经典国学语句及注解，不断充盈着每一位师生的国学素养；诚信书吧、文化长廊、义工栏、毓德堂等精心设计的活动平台，都精彩地演绎了"润物细无声"的教育效果。

二是建设精神文化，丰厚校园国学底蕴。学校同时还建立了一套独有的校园精神文化，如校训为"勿以善小而不为，勿以恶小而为之"；校风为"博学之、审问之、慎思之、明辨之、笃行之"；教风为"学而不厌、诲人不倦"；学风为"学而不思则罔，思而不学则殆"。整个校园文化皆体现了国学的特质，丰厚了学校的国学文化底蕴。

三是建设专题网站,营造浓厚国学氛围。充分发挥网站宣传、交流、互动作用,普及中华民族传统文化,发挥国学教育的作用。网站页面,体现国学韵味。一进入学校网站,就感觉一股古朴、典雅的国学风味扑面而来。同时增设板块,加大国学宣传力度。学校网站专门开辟了"国学苑"栏目,"做一个有道德的人"主题网站,突出了学校国学教育的亮点,充分发挥网站交流平台的作用,加强宣传与互动,扩大影响力,提高知名度,使学校文化建设特色成效得到更大范围的社会认可。最后,各班级利用班级博客,开设国学专栏,向学生推荐经典美文,让学生发表读经感言。加强与家长的交流互动,让家长也参与到国学教育中来。

第二,国学教育与课程体系建构相结合。

学校开设了"修身养性"国艺课程,如"中国印"篆刻社团、书法社团、京剧兴趣班、民乐社团、武术兴趣小组等课外组织。这些社团组织均以学生的兴趣爱好为依据,自由组团,学生自主参与。通过组建国学社团,让学生感受国学的魅力并主动学习国学技艺,传承国学文化。校园网上设置了"群星展厅"栏目,展示社团成果,在社团活动中表现突出的孩子都可以在校园网"群星展厅"展示、宣传才艺。群星展厅展出的既有孩子们的书法、国画、篆刻作品,也有孩子们演唱京剧、演奏民乐、表演武术等精彩掠影。"群星展厅"不但让孩子们所学有了一个展示的舞台,也激发了更多孩子的学习兴趣,同时也让家长们更关注孩子国学技艺的习得,对学校的"修身养性"国艺课程的开设给予了更多的支持。

学校开设了"养正毓德"国学德育课程。编撰出版了一套国学校本教材——《养正毓德》。确定了"爱国""诚信""孝敬""为学"等12个主题,各个体系围绕一句国学经典名句展开教材编写。所选内容的主题皆与社会主义核心价值体系和现代文明价值体系相吻合。《养正毓德》读本的课程安排在班队课和思品课进行,由班主任老师和思品老师执教,每月安排1~2次授课活动。

学校还开设了"启智博雅"国学经典文化课程。精选经典,设计读本示例。遵循"广博性、趣味性、精简性、系统性"原则,根据小学生的身心特点,精选了中华传统文学中《弟子规》《三字经》《大学》《中庸》《论语》《孟子》《道德经》等经典篇章,编写了《小学国语读本》。读本每一单元的文本内容以主题贯穿,每一单元前增设了单元导读。在实践园的设计中,注入了更多符合小学生身心特点的内容,如学生感兴趣的对联、谜语、讲故事、做游戏等环节,使读本更吸引学生。"启智博雅"课程设置,每周安排了一节国学课,由语文老师承担《小学国语读本》的教学。《小学国语读本》融文化的民族性、教育的时代性、孩子的发展性、学习的趣味性于一体，更突出经典的文化价值，用思想元典培育语文的思想之树。学习这些国文经典，积累的是语言，培养的是诗性，汲取的是智慧，涵泳的是精神，练就的是文化气质。

第三，国学教育与主题实践活动相结合。

丰富多彩的主题文化活动，旨在于行动中重植民族根本，让优秀传统文化精髓内化于孩子之心、外显于孩子之行。例如：

经典润泽童年系列活动。学校结合重大节日，举行了"相伴国学经典，传承中华文明"国庆经典诵读比赛、"诵国学经典，传民族文化"元旦文艺汇演。通过经典诵读、舞蹈、小品、相声、歌曲、情景剧、朗诵、国学体操等形式对学生进行爱国主义教育和民族精神教育。举行了"书画贺新年，翰墨迎学期"活动。各班开展了"诵读三字经"、"阅读伴我成长"征文展、"读经典 明智慧"优秀手抄报展等活动，以读经典、写感受、动手做等形式接受国学经典的熏陶。

传统文化节日系列教育活动。中国传统节日蕴含并体现着中国传统文化的精髓，学校组织春节、清明节、端午节、中秋节和重阳节等最具广泛性和代表性的节庆活动，体现民族文化和突出传统节日的文化内涵，积极营造尊重民族传统节日、热爱民族传统节日、参与民族传统节日的浓厚氛围。

"勿以善小而不为，勿以恶小而为之"系列主题活动。学校制定了"勿以善小而不为，勿以恶小而为之"行为规范教育活动方案，旨在加强学生行为规范的教育和礼仪文化建设，用有形、规范的举止、言行，推进少先队员文明素质和道德情操的养成，凸显镇安学子良好的精神面貌和行为习惯。

"凝廉洁之气，铸国学之魂"系列活动。"文化而润其内，养德以固其本。"利用网站、广播站、墙体板报、宣传橱窗等阵地，通过漫画、电脑小报等形式，有针对性地进行反腐倡廉知识宣传；结合思品课及其他人文学科教学，挖掘学科教材相关内容；开展"百善孝为先"童谣创编、制作"小手拉大手劝廉卡"、撰写"我家的廉洁故事"、家庭廉洁公约签名等实践活动。

有个学生创编了"孝"的童谣，你们来听听：

> 小朋友，上学校，孝敬长辈最重要。
>
> 早上起来问声好，出门要把再见道。
>
> 自己事情自己做，不用父母来关照。
>
> 红领巾，变脏了，自己动手来洗掉。
>
> 自己房间自己理，书包也要整理好。

爸爸下班回到家,端茶递水要周到。

妈妈今天辛苦了,我来帮您把背敲。

孝敬父母懂礼貌,人人夸我好宝宝。

"日行一善——我是小义工"系列活动。全校成立了校园义工、社区义工和家庭义工,系列活动全年开展。小义工志愿队通过以融入校园管理、走进社区劳动为主的志愿活动,进一步发扬"奉献、友爱、互助、进步"的义工精神,让学生们的爱心播撒在校园内外。

典礼仪式教育。古代有很多传统习俗、典礼仪式,不少是极具仪式感召、外力唤醒作用的。学校举办"感恩"开笔礼、"绿叶对根的情谊"毕业典礼、"九十"华诞校庆等典礼仪式,通过目标指向和引导,抓住教育的触点,唤醒每一个孩子对生命、人生的重大体悟。

学员 10: 开笔礼是中国传统中对少儿开始识字习礼的一种启蒙教育形式,他们的开笔礼具体是怎么搞的?

徐卫东: 古时,学童在开学的第一天早早起床来到学堂,由启蒙老师讲授人生最基本、最简单的道理,并教读书、写字,然后参拜孔子像。这一仪式称为"破蒙",是极为隆重的典礼,对每个读书人来讲有着重大的意义,被称为人生四大礼之一。镇安小学一年级新生的开笔礼分为五个环节,赋予了开笔礼全新的内涵。

第一,感恩父母。学生排好整齐的队伍,向自己的爸爸妈妈深深鞠躬。第二,拜师启蒙。学生向孔子塑像深深鞠躬,向一年级启蒙老师深深鞠躬。第三,朱砂启智。镇安小学校领导和一年级的启蒙老师们用红色的朱砂庄重地在每个孩子的额头正中点上红痣。"痣"通"智",意为开启智慧,以此寄托美好的愿望。第四,开笔写"人"。开笔礼第一个写的是"人"字,希望学生在人生的启蒙阶段学会做人,知道做人首先要堂堂正正地立身,要像"人"字那样顶天立地。第二个写的是"上"字,希望学生天天向上,年年向上,终生向上。第五,家校同盟。典礼上,一年级教师与每一位新生家长签订了同盟协议。家校携手,共享阳光,让每位家长成为学校教育的同盟者,与孩子一起成长。"开笔礼"意在把孩子们塑造成知书达理、正直善良、对社会有用的人,希望一年级新生通过开笔礼迈开学习的第一步,走好人生的每一步!

学员 10: 镇安小学的开笔礼做到了古为今用,很有创意,值得借鉴。相信这样的开笔礼会给每一位新生和家长们留下难以忘怀的美好记忆。

徐卫东: "文化之旅"游学活动也蛮有特色。宁波作为一座历史文化名城,名人古迹，风物人情，无不蕴含着珍贵的教育资源，丰富的宁波文化折射出来的人文精神，更是一个富有地方特色的教育课程。学校组织和引导学生走出校园，去天一阁、天封塔、庆安会馆、博物馆等地，寻找家乡文化资源，了解宁波文化特色，了解宁波帮的艰苦创业经历，学习宁波帮敢为人先的创业精神和造福桑梓的家国情怀。

学校还开展了"仁、孝、责"之星评选和"十佳"有德家庭评选等国学教育活动。

镇安小学的国学教育，并不仅仅局限于经典诗文的诵背上，而是站在"童蒙养正、立德树人"的角度，古为今用，将国学文化与现代社会的普适价值观和人类发展趋势相契合，将国学的内蕴要求与学生的日常行为规范和养成教育相融合，将文句诵读与精神移植相结合，让学生在"铭言、知理"的基础上不断"塑形、矫行"。顾秋红校长告诉我，学校就是想以此培养"尚雅崇信，笃行创新，既具浓郁民族情怀，又具国际视野"的现代小公民。

像宁波镇安小学这样，以国学为办学特色，全面开展国学教育的学校可能还不多，而以书香校园为特色的学校就较为普遍了。其中，古诗吟诵又往往作为营造校园书香味的重要元素。那么，古诗的魅力究竟何在？我们真的会吟诵古诗吗？下一讲，我们尝试走进诗歌王国，去感受古典诗歌别样的美。

学员培训感言选录

翁铁燕：宁波镇安小学开了国学课，我觉得很好，国学教育不是快餐教育，国学教育主要也不是为了传授知识，而是塑造品格，构建社会道德价值体系。中国有着悠久的传统文化，这些文化需要传承下去，才不会被西方文化取代，才不会失去中国人的"根"。

王加民：徐老师的课非常精彩，听君一席话，胜读十年书，我非常满意，受益匪浅。

何祥岳：听了徐老师的课，受益匪浅。无论教育学生还是提高自身素养都很有益处，特别是修身养性方面具有很大的实用价值，很期待再次聆听徐老师的课。

读诵吟唱说诗教

第五课

韵律与绘画:古典诗歌的独特魅力

徐卫东:中国是诗的国度,古典诗歌是我们中华民族文化的艺术瑰宝。在形式上,从"诗三百"到楚辞,到唐诗,到宋词,到元曲,极其多样,异常纷繁,不拘一格,不断出新;在内容上,从自然到社会,从集体到个人,从情、从景到情景交融,提供了极其丰富的知识与事实;在思想上,可以兴,可以观,可以群,可以怨,通过其深邃的意境与充沛的感情,深浅显隐不同程度地表达着某种深刻的哲理与永恒的精神。几千年来,她以自己独特的魅力,孕育着炎黄子孙的灵魂。

新的语文课程标准对古典诗歌的教学提出了新的目标,规定了中小学生阅读、背诵古代诗歌的数量,要求古典诗歌教学能激发学生诵读的兴趣,培养学生诵读的习惯,让学生有意识地在积累、感悟和运用中提高欣赏品位和审美情趣。在中小学实验教科书中,古典诗歌所占比重也明显增大,篇目多是千古流传的名作。

要阅读古典诗歌,欣赏古典诗歌,教学古典诗歌,首先必须要了解古典诗歌的特性。那么,诗歌有别于其他文学体裁的最本质的特性是什么呢?

众学员:诗歌文字很精练,语言很优美,情感很丰富,讲究押韵,富于想象……

徐卫东:似乎说到一些,诗歌确实是语言高度凝练,充满情感与想象,但是,散文、小说等文学体裁语言也精练,也优美,情感与想象也很丰富呀。所以,还没有说到本质上。

诗歌是什么？当代美学家宗白华说:诗歌是"用一种美的文字——音律的绘画的文字——表写人的情绪中的意境"。这其实是告诉我们:诗歌最本质的特性是音律美和绘画美,或者叫音乐美和意境美。中国古典诗歌较之现代诗歌更是如此。

我们先来说说古典诗歌的音乐美。

语言和音乐都是声音的艺术,声音和谐了就美。整齐、抑扬、回环是声音和谐即音乐美的三要素,也是语言形式美的基本方面。古典诗歌,集中体现了语言的形式美,而最具音乐性的诗式就是格律诗词。

第一,诗歌语言的整齐。

我们来读杜甫的《登高》:

> 风急天高猿啸哀,
>
> 渚清沙白鸟飞回。
>
> 无边落木萧萧下,
>
> 不尽长江滚滚来。
>
> 万里悲秋常作客,
>
> 百年多病独登台。
>
> 艰难苦恨繁霜鬓,
>
> 潦倒新停浊酒杯。

这首《登高》的整齐美表现在哪里呢?

学员 1:这是一首七言律诗,诗的每一句都是七个字,句式很整齐。

学员 2:从内容上看,前四句写景,后四句抒情;从形式上看,也很匀称。

徐卫东:说得不错。但是,还有更深层次的整齐美你们没有读出来——那就是对偶。格律诗词,这种直观的句式整齐的基础是古汉语多单音词。单音词还极便于用对偶。诗句的对偶与音乐的乐段相似。在音乐上,两个乐句构成一个乐段,两乐句的长度和旋律越是相近,乐段也就越是整齐匀称,这就形成了声音的整齐之美。古诗的对偶形式是语言形式整齐美的最集中的体现。《登高》整首诗全用对偶句,且与情、景完美结合,真不愧为古今七律第一。

第二,诗歌语言的抑扬。

在音乐中,节奏是强音和弱音的周期性交替,用节拍做衡量音乐节奏的手段。语言也有节奏,但衡量语言节奏的语音单位是语音的长度、强度和高度。

中国文字音的长短不明显,不能像外国诗那样,可以靠发音的自然长短来造成节奏感。所以古人就用平仄,人为地制造音的长短和轻重,来增强节奏。

那么,何谓平仄?

学员: 第一声和第二声为平声,第三声和第四声为仄声。

徐卫东: 嗯,按现代汉语声调是这样分的。古代汉语语音分为"平、上、去、入"四声。对于这四声的区分,被后人引用得最多的有以下两种说法:一是唐代释处忠在其所撰的《元和韵谱》中说:"平声者哀而安,上声者厉而举,去声者清而远,入声者直而促。"二是明代释真空的《玉钥匙》歌诀道:"平声平道莫低昂,上声高呼猛烈强,去声分明哀远道,入声短促急收藏。"后说曾以《分四声法》之名载于《康熙字典》的前面,影响更为广泛。从这些描述中,我们可以大略地知道古代汉语四声的高低、升降、直曲。

著名语言学家王力先生对古汉语四声进行了这样的概括:"平声是没有升降的,较长的,而其他三声是有升降的(入声也可能是微升或微降),较短的。"因此,古人又把四声分成"平、仄"两类:"平声"是单独的一类,其余三声合并成"仄声"一类。"仄"同"侧",其义为"倾斜、不平",相对于"平声"而言,"上、去、入"三声的共同点就是"不平"。古典诗词的写作与吟诵,都是按古代汉语的四声论平仄的。

我们来读李白的《早发白帝城》:

> 朝辞白帝彩云间,
> 千里江陵一日还。
> 两岸猿声啼不住,
> 轻舟已过万重山。

它的平仄规律如下:

> 平平仄仄仄平平,
> 仄仄平平仄仄平。
> 仄仄平平平仄仄,
> 平平仄仄仄平平。

每一句平仄相间,第二句与第一句、第四句与第三句是平仄相对——中国诗歌的抑扬美就这样产生了。至于怎样吟诵出其抑扬美来,我们稍后再来专题讨论。

第三,诗歌语言的回环。

诗歌,欲求其动听,除了平仄声调上要力求合律外,还须押韵,这样才能增加其旋律之美。诗歌的用韵与音乐的再现近似,都体现出一种回环美。

什么是韵?刘勰在《文心雕龙》中说:"同声相应谓之韵。"简言之,"韵"就是"同一收音"。如"东、公、空、通、同、聪、烘、红、隆"等字,皆以 ong 为收音,"先、天、填、年、千、煎、绵、延、前"等字,皆以 ian 为收音,都同属一韵。

什么是押韵?将某些诗句之末尾,用上同韵之字,即称为押韵。

我们来读王维的《山居秋暝》:

> 空山新雨后,
>
> 天气晚来秋。
>
> 明月松间照,
>
> 清泉石上流。
>
> 竹喧归浣女,
>
> 莲动下渔舟。
>
> 随意春芳歇,
>
> 王孙自可留。

以此诗押韵为例,简要说说你们掌握的有关知识。

学员 3:一般都是双句押韵,单句不押韵的。

学员 4:不对,单句也可以押韵。《山居秋暝》的第一句就是押韵的。

学员 5:一般都要一韵到底,不能中途换韵。《山居秋暝》押的都是 ou 这个音。

徐卫东:没了?那我再略为补充一下。古诗多以平声押韵,首句可以入韵,也可以不入韵。押韵句的尾字用平声,不押韵的必须用仄声。当然,如果押韵句的尾字用仄声,不押韵的就用平声。

过去写诗,靠韵书来做统一的标准。所谓韵书,就是把同韵的字放在一起,分成若干部,作为作诗押韵的依据的字典。我国最早的韵书是隋朝的《切韵》、唐朝的《唐韵》,现存完整的韵书是宋朝的《广韵》。《广韵》的韵部分得很细,有 206 韵部。到了金代,以《平水韵》为官方韵书,供科举考试之用。元、明、清各代,都以《平水韵》为作近体诗押韵的依据,一直沿用到现在。

除了押韵,运用重言、双声、叠韵、重章复唱等手法也能使韵律和谐。这在《诗经》等民歌中特别常见,这里暂且不论。

刚才,我们从整齐、抑扬、回环这三要素讨论了诗歌的音乐美。下面再来说说古典诗歌的另一特性:绘画美。还是请你们先来交流吧。

学员 6:王维的山水田园诗达到了诗歌绘画美的最高境界。苏轼评价王维的诗画"诗中有画,画中有诗"。其诗融诗情画意于一体。就以《山居秋暝》为例,"明月松间照,清泉石上流。竹喧归浣女,莲动下渔舟"四句话,20个字,写得有声有色,有景有人,有静有动,俨然一幅清新秀丽的乡村风俗画。

(学员鼓掌)

徐卫东:不错不错。看来这位学员是王维的超级粉丝呀。我们撇开个别,总观古典诗歌,它的绘画美,究竟美在何处?是属于中国画的美呢?还是西洋画的美?

众学员:中国画。

徐卫东:中国画与西洋画最大的区别是什么?为什么说古典诗歌是美丽的中国画呢?

学员7:中国画讲究的是意,即意境;西洋画讲究的是形,即形态,写实。直觉告诉我中国古诗就应该是中国画,至于理由,说不出来。

徐卫东:哈,你自己都说了,中国画讲究的是意,是意境。这里,我们先应该明确中国画和中国诗歌中两个重要的概念:意象和意境。

所谓意象,简而言之,就是主观的"意"和客观的"象"的结合,即融入了诗人主观情思的客观物象,是赋予某种特殊含义和文学意味的具体形象。一个个意象,组成了意象群,在读者超越时空的想象中,生出一片空间,这就是意境。所以,意境也是属于主观范畴的"意"与属于客观范畴的"境"二者结合的一种艺术境界。既不是客观物象的简单描摹,也不是主观情感的随意拼合,而是虚实相间,情景相融,形神兼备。尽管绘画和诗歌,两者属于不同的艺术门类,使用不同的创作手法,但是,它们有着相同的意境美。意境是中国画和中国诗歌追求的最高境界。

古典诗歌中许多句子的语法有高度的灵活性,让字与读者之间建立一种自由的关系,在字与字之间保持着一种"若即若离"的解读活动。这样就构成了美丽的写意的中国画。

我们来读读马致远的《天净沙·秋思》,想象一下展现在我们眼前的画面:

枯藤老树昏鸦。

小桥流水人家。

古道西风瘦马。

夕阳西下,

断肠人在天涯。

中国水墨画中的各种景物之间往往没有许多过渡性的铺垫或衔接,会出现许多景象间的跳跃,其间会出现许多留空或留白。同样,这首被誉为"秋思之祖"的小令仅短短 28 字,却勾画出一幅悲绪四溢的"游子思归图"。

小令的前三句 18 个字 9 个名词,其间无一虚词,却自然流畅而蕴意丰富,作者以其娴熟的艺术技巧,让 9 种不同的意象沐于夕阳的清辉之下,像水墨画一样,在我们面前依次呈现,一下子就把我们带入深秋时节:

几根枯藤缠绕着几棵凋零了黄叶的秃树,在秋风萧萧中瑟瑟地颤抖,天空中点点寒鸦,声声哀鸣……写出了一片萧飒悲凉的秋景,造成一种凄清衰颓的氛围,烘托出作者内心的悲戚。我们可以想象,昏鸦尚有老树可归,而游子却漂泊无着,有家难归,其间该是何等的悲苦与无奈啊!

接下来,眼前呈现一座小桥,潺潺的流水,还有依稀炊烟袅袅的农家小院。这种有人家安居其间的田园小景是那样幽静而甜蜜,安逸而闲致。这一切,不能不令浪迹天涯的游子想起自己家乡的小桥、流水和亲人。在这里,以乐景写哀情,令人倍感凄凉,烘托出沦落他乡的游子那份内心彷徨无助的客子之悲。

在萧瑟的秋风中,在寂寞的古道上,饱尝乡愁的游子却骑着一匹延滞归期的瘦马,在沉沉的暮色中向着远方踽踽独行。此时,夕阳正西沉,撒下凄冷的斜晖,本是鸟禽回巢、羊牛回圈、人儿归家的团圆时刻,而游子却仍是"断肠人在天涯",此时此刻、此情此景,漂泊他乡的游子面对如此萧瑟凄凉的景象,怎能不悲从中来,怎能不撕心裂肺,怎能不柔肠寸断!

马致远就是这样由精心选取的几组能代表萧秋的意象组成一幅暮色苍茫的秋野图景,抒写出游子内心深处无尽伤痛而独行寒秋的意境。类似于中国水墨画,并不丰富的意象却能构成一幅意境深远的画面。

总之,中华古典诗歌,形式精湛,音韵优美,节奏动人,语言精美,情景交融,意境深邃。诗人们以其特有的音律美和绘画美,奔流着充沛的情感和激荡的思潮,让我们启智、陶情、励志、立德。

学员培训感言选录

陈波:从概念简析到运用课堂,徐老师的课是灵动的。Flash、音乐、实录,丰富的多媒体手段,将原本艰涩的古典文学知识化为浅显易懂的学问,边听边看,边辨析边尝试,让人乐在其中,又有所收获。从示范到尝试继而展示,徐老师的课是亲近的。课堂上对老师的掌声,对同学的赞叹,均发自肺腑。这份学诗的心态多么舒服、惬意啊!可惜时间有限,意犹未尽!

周佩亚：炎炎夏日来到教育学院培训，有一种说不出的滋味。那滋味中夹杂着烦躁。不是吗，那么热的天要顶着烈日在路上奔波，多么不易啊！然而，听着徐卫东老师的古诗讲座，这种烦躁已经烟消云散了。课堂上，掌声不断，这掌声送给徐老师，也送给同学们的精彩表现。这是多么充满活力的课堂！

　　陈宝云：今天的古诗培训轻松愉悦，使我较深入地感受到了古典诗歌的魅力。今天的学习，也为我今后更好地教学古诗提供了正确的方向，我想有了明确的目标，教学工作才会更上一层楼。感谢徐老师带给我们古诗教学的启示，"一石激起千层浪"，相信以后宁波会在古诗教学方面走在全国前列。

第六课

学《诗》以致用

徐卫东：说到诗歌，就一定要说说《诗经》。因为《诗经》是中国最早的一部诗歌总集，也是中华民族的文化瑰宝。

关于《诗经》，你们知道多少？

学员 1：《诗经》共收入自西周初年至春秋中叶大约 500 多年的诗歌 305 篇。《诗经》共分风、雅、颂三大部分。

徐卫东：嗯，它们都得名于音乐。"风"的意义就是声调。古人所谓"秦风""魏风""郑风"，就如现在我们说陕西调、山西调、河南调，是不同地区的地方音乐，多为民间的歌谣。"风"包括了 15 个地方的民歌，叫"十五国风"，有 160 篇，是《诗经》中的核心内容。"雅"分为"大雅"和"小雅"，是正统的宫廷乐歌，共 105 篇。周代人把正声叫作雅乐，犹如清代人把昆腔叫作雅部，带有一种尊崇的意味。大雅小雅可能是因内容不同或根据年代先后而分的。"颂"是祭祀乐歌，用于宫廷宗庙祭祀祖先、祈祷和赞颂神明，共 40 篇。

《诗经》中"风""雅""颂"的类别不同，其内容也有区别。主要有哪些呢？

学员 2：说实话，《诗经》几乎没读过，所以真心说不上来。百度一下，知道了"颂"用于庙堂祭祀，主要是颂赞之作。"雅"出自各级贵族之手，内容主要是颂赞和怨刺。"大雅"的作者地位较高，诗的内容多与重大历史事件有关，有些作品属于周朝的史诗。"小雅"的作者多为下层贵族，他们通过咏叹自己的生活，表达对王朝政治的看法。"国风"来自各个不同的地区，它的内容也更为丰富，广泛地反映了不同地区、不同作者的生活和感情。

徐卫东：好吧，既然百度很方便，我们就少说点。归纳一下，《诗经》的内容主要有赞颂诗、怨刺诗、征役诗、农事诗、礼俗诗、婚恋诗等这几类。其中婚恋诗是《诗经》的重要组成部分，也是最精彩动人的篇章。这些作品有的写恋人幽会的喜悦、男女不期而遇的欢乐；有的写相思的痛苦、失恋的愁怨；也有的表现对爱情的坚贞，对家长的反抗；有的表现家庭生活的和谐。但更多的还是那些弃妇诗，描写主人公忠于爱情而被遗弃的命运，控诉了那个男女不平等的社会和不合理的婚姻制度。《诗经》以其丰富而广泛的内容，向我们展示了周代社会生活的巨幅画卷。

刚说了"风""雅""颂"是指《诗经》的成形、体制、文体的分类。那么，《诗经》的表现手法是什么？

学员3：《诗经》的表现手法是"赋""比""兴"。"赋"，是直接铺陈叙述；"比"，相当于现在的比喻；"兴"，朱熹解释为"先言他物以引起所咏之辞"，也就是借助其他事物为所咏之内容作铺垫。有时候一句诗中的句子看着好像是比又好像是兴。

徐卫东："赋"和"比"是一切诗歌中最基本的表现手法，而"兴"则是《诗经》乃至中国诗歌中比较独特的手法。"兴"字的本义是"起"，因此又多称为"起兴"，由歌咏眼前景物从而联想咏及其他物，对于诗歌中渲染气氛、创造意境起着重要的作用。以后"兴"又兼有了比喻、象征等，所以，有时候一句诗既是比，又是兴，称为"比兴"。"兴"，一般用于一首诗或一章诗的开头。

"风""雅""颂""赋""比""兴"被古人称为"六义"。

这样聊《诗经》，似乎枯燥了点，还是让我们结合《关雎》的鉴赏来谈吧。

关关雎鸠，在河之洲。

窈窕淑女，君子好逑。

参差荇菜，左右流之。

窈窕淑女，寤寐求之。

求之不得，寤寐思服。

悠哉悠哉，辗转反侧。

参差荇菜，左右采之。

窈窕淑女，琴瑟友之。

参差荇菜，左右芼之。

窈窕淑女，钟鼓乐之。

《关雎》是"风"之始，也是三百篇之冠。写了什么？

学员 4:从具体表现看,它是男女言情之作,是写一个男子对女子的思念和追求过程,写求之而不得的焦虑和求而得之的喜悦。

徐卫东:怎么写的?

学员 5:用了比兴手法。"关关雎鸠"两句和"参差荇菜,左右流之"等描写,就是由河洲的禽鸟和水中的荇菜"兴"起君子求淑女的愿望。

学员 6:另有意见认为这是一首写实的情歌,小伙子看上了河上采荇菜的劳动少女,于是表示了爱慕之情,无论"雎鸠"的鸣声也好,采荇菜的场面也好,都是"君子"身临其境耳闻目见的,因此自始至终都是"直陈其事"的"赋"。

徐卫东:我个人倾向于"比兴"说。所谓比兴手法,特别是"兴",并不是诗人在实际生活之外凭空找来点什么填塞入诗,而是以即目所见、倾耳所闻的当前实际景物作为抒发思想感情的媒介,顺带着产生了联想。我们可以承认"关关雎鸠,在河之洲"是诗人眼前实景,但这一对在河洲上互相依偎着一唱一和的水鸟,自然会引起未婚青年男子迫切寻找淑女以为配偶的强烈意愿。诗人在选择诗料时单单看中了"关关雎鸠",这本身就体现了"比兴"的作用。否则诗人为什么不写别的树木花草呢?换言之,也只有写互相鸣和的一对水禽才与这首诗的主题合拍,才算得上典型化。如果硬把它限制在"赋"的框框里,反倒近于自然主义的解释了。

把"参差荇菜,左右流之"以及"采之""芼之"也讲成比兴手法,是以字、词的训诂为依据的。古人大都把"流""采""芼"讲成同义词,即都有"寻求""采摘"和"择取"的意思。"流"之训"求",从西汉的刘向、东汉的高诱,到清代的马瑞辰,都有考证,而且比较可信。可是朱熹的《诗集传》则兼用"流"字本义,认为这句是指顺着流水去择取荇菜。此说虽遭清人非议,我倒觉得朱熹的讲法是从实际生活出发的。至于"芼",旧注亦训"择",朱熹却据董迫《广川诗故》解"芼"为"熟而荐之"。我觉得此解亦近理。在现代汉语中,特别是北京方言中,我们经常还听到用沸滚水把菜蔬"芼"(mào)一下的说法。即等水烧开后把生的菜放进去,"芼"之使熟,随即捞出。由此可见,荇菜的从"流"到"采",从"采"到"芼",是循序渐进的过程。

我们对于采荇不免陌生,但采莲蓬、采藕、采菱的生活我们能体会。先是顺流而取,再则采到手,再则煮熟了端上来。一件看似简单的小事,做起来也并不容易,这恰好象征了君子求淑女的心情与周折。等到生米煮成熟饭,正是"钟鼓乐之"的时候了,意味该是多么深长!同时这种工作是眼前事实,并非虚拟幻想,一面写实一面又象征,这正是比兴的正格,这才是中国诗的长处。

《诗经》，原称《诗》或《诗三百》，从什么时候开始，为了什么原因，要将它称为《诗经》了？

（学员有点语塞）

《诗》被称为《诗经》是从西汉开始的，因为西汉武帝时"罢黜百家独尊儒术"，儒家的地位得到空前提升，被认为是孔子编修过的《诗》自然就成了儒家经典，所以被尊为《诗经》，并沿用至今。

孔子很重视《诗》，他给三千弟子开设了《诗》这门必修课。为什么？

学员7：因为《诗经》是中国最早的一部诗歌总集，它是现实主义诗歌的典范，有很高的文学成就。

徐卫东：那是你用今天的眼睛来看的。今天，《诗经》已成为历史学和文学研究的对象。但是，那个时代却不是如此。据《周礼》《礼记》及其他典籍记载，在西周的贵族教育中，《诗》是主要内容之一。春秋之时王室虽趋于式微，但周王朝与各诸侯国大体上仍然继承西周制度。《诗》在当时不是作为创作与欣赏的精神产品，而是作为一种特殊的贵族文化修养而获得价值的。孔子更多地也是把《诗》当作一门实用课程来开设的。

学以致用，这既反映了儒家的济世情怀，也反映了儒家的用世之心。孔子为学并不囿于书斋，而十分重视为学之用。因此在《论语》等书中，其数言《诗》之实际功用和学《诗》的现实意义。

孔子曰："小子何莫学乎《诗》，《诗》可以兴，可以观，可以群，可以怨。迩之事父，远之事君，多识于鸟兽草木之名。"诗可以激发情志，修身养性，培养一个人的道德品质；诗可以观察社会，知人情之厚薄，识风俗之盛衰；诗可以交往朋友，鉴别贤愚，合之则群，不合则散；诗可以怨刺不平。近可以侍奉父母，远可以侍奉君王，还可以知道不少鸟兽草木的名称。这是孔子对《诗》之用的全面评价，它既揭示了文学作品对现实生活的认识和批判作用，也反映了文学作品的审美和教育功能，对后世影响深远。

孔子还说："诵《诗》三百，授之以政，不达；使之四方，不能专对。虽多，亦奚以为。"孔子批评一个人："虽然熟读《诗经》三百首，但让他去处理政事，却办不好；派他出使国外，却不能独立地根据具体情况应对自如。这样的人，即使读的诗篇再多，又有什么用处呢？"孔子以诗为用的理论特色可见一斑。

你或许在想，诵《诗》与"专对"有什么关系呢？孔子说："不学诗，无以言。"学《诗》可以提高人际交往能力。

学员8：这个我知道。《论语》里记载说，有一天，孔子站在屋前，见儿子孔鲤小步走过,就问他:"你学《诗》了吗?"孔鲤回答:"还没学。"孔子就说:"不学《诗》,你就不知道怎么说话。"于是,孔鲤就开始学《诗》了。但是为什么"不学《诗》"就会"无以言"呢?

徐卫东 呵呵,是不是觉得我们现在不读《诗》,照样能说会道?

赋诗在春秋时期之所以起着举足轻重的作用,是因为在那时人眼中,《诗》就是道义的府库,认为《诗》中传达着古圣先王的遗训和箴言,具有无可置疑的权威性。于是,大家便熟读诗篇,以达到脱口而出的程度。在两君相见、行人问聘、同侪交往甚至是日常生活中,喜欢引用《诗》中句子相互赞美、讽刺、规劝等。外交官交涉也常常拿诗句当作外交辞令。这叫"赋诗言志"。

赋诗言志在春秋时期作为一种人际交往沟通的特殊方式而普遍存在。《左传》中记载僖公二十三年,晋公子重耳逃到秦国政治避难,秦伯把女儿嫁给他。在遣送重耳回晋继承王位之前,秦伯设宴招待重耳,重耳在赵衰帮助下赋《河水》,取义"沔彼流水,朝宗于海",以海喻秦,自比为水,这当然是奉承秦伯,意在表明自己对秦穆公的尊崇之情。穆公答赋《六月》,取其"共武之服,以定王国",勉励重耳有所建树,振兴晋国,并像尹吉甫那样辅佐天子。

如果你不懂《诗》,不但没法跟别人沟通,而且还会被视为缺乏贵族教养,会遭到讥讽与轻视。齐国权臣庆封于襄公二十七年、二十八年两次到鲁国去见叔孙穆子。第一次他衣着华丽、车马光鲜,然而在宴会上吃相颇为不佳,叔孙穆子赋《相鼠》一诗讽刺他:"相鼠有皮,人而无仪;人而无仪,不死何为?"看老鼠尚有一张皮,有些人却没有庄重的仪态;如果人连仪态都没有,那还活着干吗?很明显,这是极为尖酸的讽刺了,但奇怪的是庆封竟浑然不觉。第二年,庆封由于在国内专权引起内乱而逃奔鲁国,叔孙穆子又设宴招待,席间庆封不懂祭礼,叔孙穆子很不高兴,鉴于庆封不懂赋诗之礼,索性让乐工诵《茅鸱》给他听。这首诗是佚诗,据说是"刺不敬"的,想必是比《相鼠》更露骨的讽刺,庆封听了依然无动于衷。真是朽木不可雕,难怪叔孙穆子要说他将有"天殃",将被"聚而歼之"。

还有宋国的华定出使鲁国,鲁昭公设宴招待他,为他赋《蓼萧》,诗曰:"既见君子,我心写兮;燕笑语兮,是以有誉处兮。"意思是:已经看见君子了,我的心里真欢畅,又饮酒来又谈笑,这真欢乐又荣光。而华定对鲁昭公的称颂,不知其意,又不答赋,以致昭子骂他"必亡"。

但这在外交上的后果并不算很严重,最严重的是《左传·襄公十六年》中那个因赋诗不当而导致兵刃相见的例子:晋平公与诸侯在温地宴会,让大夫们歌舞,并要求咏唱的诗句必须与舞蹈相配合。结果,齐国大夫高厚所歌的诗与舞蹈配不好,诸侯们便发怒,推断齐国与盟主有二心。最终齐国遭到了晋、宋、鲁、卫、郑等诸侯国的联合讨伐。赋诗不当引起一场大祸,成为一场争霸战争的导火线,这在我们今天看来是不是有些匪夷所思?

　　而成功的赋诗,不仅能表现赋诗者的修养和智慧,甚至可以救国难于危急存亡之际。例如文公十三年,郑伯背晋降楚后,又欲归晋,适逢鲁文公由晋回鲁,郑伯在半路上与鲁侯相会,请他代为向晋说情,两方的应答全以赋诗为媒介。郑大夫子家赋《小雅·鸿雁》,取"之子于征,劬劳与野。爰及矜人,哀此鳏寡"。意思是伯侯哀恤鳏寡,有远行之劳,暗示郑国孤弱,需要鲁国哀恤,代为远行,往晋国去游说。鲁季文子答赋《小雅·四月》,取"四月维夏,六月徂暑。先祖匪人,胡宁忍予"?意在说明自己行役逾时,思归祭祀。这当然是表示拒绝,不愿为了郑国的事再去晋国。郑大夫子家又赋《载驰》篇第四章,取"控于大国,谁因谁报"?意思是小国有急,相求大国相助。鲁季文子又答赋《小雅·采薇》篇之第四章,取其"岂敢定居,一月三捷"之句,表明鲁国过意不去,只得答应为郑奔走,不敢定居。

　　春秋时期,赋诗作为一种独特的言说方式,其应用之广泛与作用之巨大可见一斑。所以呀,那个时候,如果不学《诗》,那你真的就 out 了。

　　(学员会心大笑)

　　赋诗在中国文化史上仿佛一现的昙花,真的是"前无古人,后无来者",它只属于春秋。

　　孔子还十分重视《诗》与礼、乐的关系。

　　孔子强调《诗》对礼的构建作用和礼对《诗》的约束作用。《礼记·仲尼燕居》载孔子语"不能诗,于礼缪",此与"不学诗,无以言"文异而义同。又《论语·泰伯》云:"兴于《诗》,立于礼,成于乐。"其即强调一个人欲修身成性,《诗》、礼、乐所起的作用,同时也说明了《诗》与礼、乐的关系。所以当子夏由"巧笑倩兮,美目盼兮,素以为绚兮"中明白一个人最终当立身于礼的道理后,孔子便对其盛赞有加,称"能启发我的人是你,现在可以与你讨论《诗经》了"。

　　孔子重视《诗》、礼二者之间关系的思想,也见于上海博物馆楚简中的《孔子诗论》。如第 10 简,其评《关雎》云:"《关雎》之怡。""《关雎》以色喻于礼。"第 12 简又云:"好,反内于礼,不亦能怡乎?"《说文》云:"怡者,和也,从心,台声。"其以"怡"评《关雎》,就因为其能"喻于礼","纳于礼"。由此可见孔子论诗对礼的要求,一首诗,如果能体现礼就是一首好诗,哪怕它是一首谈情说爱的情诗。

学员 9：有说《关雎》是表现夫妇之德的典范之作。我有点不理解，这是不是在说诗与礼的关系呢？

徐卫东：我先问你们，《关雎》中的君子，他所盼望的是同淑女成为夫妇呢，还是仅仅成为情侣？何以见得？

（学员一时有点蒙）

谁知道，"君子好逑"的"逑"，是什么意思？

部分学员：追求。

徐卫东：呵呵，是追求吗？

学员 10：逑，指配偶。

徐卫东：对。"窈窕淑女，君子好逑。"通俗点说就是："美丽贤淑的姑娘呀，正是君子理想中的老婆。"可见，其所写爱情，一开始就有明确的婚姻目的，最终又期望归结于婚姻的美满。不是说，不以结婚为目的的恋爱就是要流氓吗？

（爆笑）

这是属于典型的东方式的、我国传统的正常恋爱观。所写男女双方，乃是"君子"和"淑女"，代表了一种"门当户对"的婚姻思想。虽是写男方对女方的追求，却丝毫没有涉及双方肌肤的亲密接触，恋爱行为颇有节制。不像现在的小青年，公共场合搂腰搭背，卿卿我我，唯恐别人不知道他俩是情侣。还有，诗中所写恋爱过程，从选择到追求到热恋到结婚，没有闪恋闪婚，符合婚恋规律，等等。这其中固然有封建思想的烙印，却也体现了汉民族的传统特色。对今天的婚恋观仍有所启示。

在孔子时代，诗与乐不分，因为二者都关乎礼的建设。《礼记·仲尼燕居》载，子曰："礼也者，理也；乐也者，节也。君子无礼不动，无节不作。不能诗，于礼缪；不能乐，于礼素；薄于德，于礼虚。"所以孔子论《诗》常与乐相并提。

《论语》中，孔子评价《关雎》："乐而不淫，哀而不伤。"

学员 11：为什么说《关雎》"乐而不淫，哀而不伤"？能解释一下吗？

徐卫东：这里的"淫"和"伤"，都有"过分"的意思。从音乐的角度来说，孔子是在赞美《关雎》的音乐和而平，以至于如此让人享受。在远古时代，音乐、舞蹈与歌诗就紧密联系在一起，在孔子诞生前，中国的乐舞已经发展到很高的水准，尤其是周代。而"周礼尽在鲁"，相传孔子曾修订过《乐经》，后失传，这些条件孕育了孔子的音乐思想。孔子的音乐审美以"和"为中心，把音乐艺术看成是一种认识真理、修炼人格的途径。

孔子对音乐具有浓厚的兴趣和天赋，对音乐的表现力、感染力和影响力有着深刻的认识。大家应该听过孔子向师襄子学弹琴的故事吧？孔子在未"得其曲""得其数""得其意""得其为人"之前，一而再、再而三地婉言谢绝师襄子关于更换新曲目的建议，刻苦专一地练习，直到对乐曲的内容、乐曲的规律和形象都有深刻的理解为止，这令当时的师襄大为叹服，也令今天的我们很是汗颜。

再从《关雎》表现的内容看，此诗言切而意婉，尤其是男主人公对所思女子真是设想得体贴入微、关怀备至。小伙子由于"寤寐思服"，彻夜翻来覆去，睡不踏实，这确是真情流露。越睡不安稳，越是心潮起伏；而人在恋爱时总是好往乐观处想，于是他想到相恋后感情多么融洽和谐，结婚时场面多么热闹，生活多么幸福。这一切遐想，都是从"悠哉悠哉，辗转反侧"的失眠中幻化出来的。虽说是主观的一厢情愿，却并非可望而不可即。后来的剧作家代剧中人立言，说"愿天下有情人终成眷属"，反嫌说得太露；而《关雎》的作者却以丰富而圆满的想象来填充眼前无可排遣的相思，这真可算是"乐而不淫，哀而不伤"。快乐却不是没有节制，悲哀却不至于过于悲伤。

孔子很重视诗教，认为，人之学，"兴于诗"。人的修养开始于学《诗》。我们接着就要说说"诗教"传统。

学员培训感言选录

陈敏：培训过程中，老师个人的修养、丰富的学识、幽默风趣的谈吐，使课堂充满吸引力，让我看到了古人的智慧和风采。尤其是老师的古诗吟诵，更是让我印象深刻，受益良多，一种完全不同于以往古诗教学的方式出现在面前。这一次培训真是不虚此行。如果下次还有国学文化的培训，一定来参加。

卢小霞：徐卫东老师对当下小学古诗文教学的思考，对平仄对仗的指导，给我们每一个学员至深的印象，让我们切身感受到了什么是古诗词吟诵，以及古诗词亘古不变、经久不衰的魅力。徐老师的现场吟诵，让我们在赞叹之余，更进一步领会了中国古典文学的独特魅力。我们也放开嗓子，跟着吟诵，从真正意义上感受了古代文人的雅兴和情致。

周虹：很有意义的一次培训，能真正运用到实践之中。

第七课

归来兮, 诗教传统

徐卫东："诗教"传统由来已久,是中华民族持续时间最悠久的教育方式和教育内容。"诗教"一词最早出现在《礼记·经解》中。《礼记·经解》为汉代人所作,其中有一段假托孔子的话:"入其国,其教可知也。其为人也,温柔敦厚,《诗》教也。"它本来的意思是说明《诗》对人的影响亦即对教育效果的肯定。但用《诗》进行教育却并不始于孔子,除周王朝采集编纂《诗》用来教育自己的子弟外,"诗教"传统自人文初祖就显出端倪。

孔子的贡献在于他打破了王公贵族的垄断教育,第一个把"诗教"普及到了平民,第一个明确主张教育应"兴于诗"。他教导儿子说"不学诗,无以言",他还告诫弟子说"诗,可以兴,可以观,可以群,可以怨。迩之事父,远之事君,多识于鸟兽草木之名"。显然,孔子的"诗教",所谓的"诗"就是《诗三百》,"教"的重点不是对诗歌本身的艺术的理解或者审美,而在于以诗为喻引发义理,通过《诗三百》的学习来提升人的内在精神,以达到礼义教化和塑造君子高尚人格的目的。

但我们今天不应该把"诗教"一词就作这么狭义的理解。实际上,到了魏晋,尤其是唐宋,不仅诗歌的数量大大超越"诗三百",诗人和喜欢诗歌者也汗牛充栋,因此,那时的"诗教",已经不只是观照《诗三百》,也不再只是理性化地、实用性地来学诗,而是进入了既包含《诗经》也包含新的诗歌的欣赏、学习、研究和创作。

所以,"诗教"事实上存在着狭义和广义之分。狭义的"诗教"是以儒家为主导的君子人格"诗教",这是"诗教"的一条看得见的脉络,"诗"的重点在《诗经》,"教"的重点是培育君子人格。广义的"诗教"是以《诗经》和以后各时代诗歌为内容的一切教育和美育方式,不仅包括"诗教",也包括教诗、学诗、写诗、欣赏诗、热爱诗;诗歌不单是道德载体,而更多的是心灵情感的载体,是美的载体。绵延不绝的中华"诗教",培养了令人仰慕的知书达理又才华横溢的博雅君子,熏陶出日常生活的风雅情意,使我们时时驻足于华夏民族的优秀文化之中,通过诵读、体认、创造,绵延对华夏悠久文明的光大与传承。这正是今天我们要呼唤归来的"诗教"传统。

正如蓝冰教授所说,"诗教"传统在中华民族的教育体系中具有重要的不可低估的作用和价值。

第一,"诗教"是中华民族人文教育的基础,是优秀的语文教育,它促进了诗的学习,维持了诗歌的传统,培养了诗性思维,开拓了情感领域。"不学诗,无以言",让我们讲究说话的方式方法;"在胸为志,发言为诗",让我们追求诗意的表达。传统教育方式的最高成就表现为,它教育下的合格的学生大都是诗人,这在人类文化史上是了不起的奇迹。他们身体力行并引导人们诗意地对待大到宇宙星辰、小到花鸟虫鱼的各类事情。面对自然环境、生存苦难、生活情感、社会家国,面对秀丽美好的河山、国破家亡的苦难、生死荣辱的抉择等等,中国人常常赋诗吟诗。这是我们文化的一个迥异于其他文化的重要特征,这一特征没被很好地发扬和继承是一个深深的遗憾。

第二,"诗教"是中华民族审美教育的基础,深深影响了中华民族的美学观念。诗、书、画是我们民族审美最为重要的内容。诗,更排在第一位。这与诗在我们中国人生活中的地位是一致的。我们从来就追求人与一切的和谐及诗意的生存和居住。诗与画相伴而生的艺术形式遍及城乡,这构成了我们中国人生活的独特风景,深深地影响着我们的审美习惯并最终形成我们的审美传统。

第三,"诗教"与中华民族人文品格形成关系密切,对普通人的影响甚至超过"四书五经"。唐宋以后,"诗教"的内容已挣脱汉儒的"桎梏",已不仅仅是什么"温良敦厚"和"美刺",也不再是简单的"不学诗无以言"和"兴、观、群、怨",而是有了更为广阔和丰富的自然、社会和人生内容。诗歌的丰富性、涉及生活的广阔性,使生活的各个方面都有了诗意和诗艺的表现。"诗意"一经诗人发现,不仅成为各阶层人士一致认同和追求的美学内容,更成为全民族的美学和人文共识,形成影响世世代代人的人文基因和文化积淀。诗是我们民族的重要文化基因之一,并对人文品格形成有重要影响,无论面对穷、通、得、丧,还是面对生、老、病、死,我们都会有诗意的表达。而且已不仅仅是表达,更是一种确定,一种独特的人文品格之确定。在诗歌的学习和写作中,中国人形成了对宇宙自然和社会人生的多种多样丰富多彩的诗意人文态度:从山水、田园诗里我们看到的是天人合一及人与自然的和谐;从征战、军旅、边塞诗里我们看到的是慷慨豪迈与忠贞爱国;从生命咏叹诗里我们看到的是悲天悯人、热爱生命;从游子思乡诗里我们看到的是故国亲情……我们是一个多灾多难的民族,同时又是一个奋发图强、怡然自得、安静自守的民族。这里离不开"诗教"的影响。千年"诗教",千年诗国,确实值得我们整个民族好好珍视、保护和发扬。

第四,作为中国诗歌的特殊形式——对联在"诗教"中作用不可低估。她从产生开始,就受到人们的喜爱,并且从一开始就不嫌贫爱富。它构成了中国名山、胜水、村居、厅堂的一大人文特色,是不折不扣的最重要的中国文化符号之一。举凡名山大川、宫殿、庙宇、宗祠,婚丧嫁娶,生老病死,年节寿诞常常会与对联相伴,这些特殊的诗歌形式,委婉地表达了中国人对大到宇宙人生、小到花鸟虫鱼的态度。普通人对对联也有很深的理解和热爱,并影响他们的生活:在山水名胜,对联提炼着美,定格着美,并启示着美;在丧葬仪式上,对联寄托着我们的哀思,凝聚着人们对生死的思考;在居家厅堂,对联呈示着主人的主观追求和精神境界;在年在节,对联昭示着喜庆和吉祥的氛围。对联成为国人表达思想情感不可或缺的艺术形式,蕴含着或平淡或深刻的人文思想,其对中国人美学思想潜移默化的影响,不可低估。

总之,在漫长的历史中,"诗教"主张维持了"以诗为教"的形式,培养了国人的诗性思维,创立了国人诗性生活,开拓并丰富了中国人的诗意情感;"以诗为教"的形式为诗歌的学习、欣赏和创造提供了先决条件。中华民族的文化基因、文明基因深深地存在于诗歌当中,通过诗歌的学习和创造,这种基因也获得薪火承传。尤其重要的是,千年的"诗教"传统构建了中国士人诗意的精神家园。无论穷丧得失、生老病死、进退荣辱、风花雪月……都获得诗意的表达。我们通过学习诗歌,溯流而上,抵达我们文明和精神的源头。

那么,我们校园的诗教传统现状又是如何呢? 就以你们最熟悉的中小学语文教学为例吧。

学员 1:应该说,现行教材增加了很多古诗,教育部制订的《全日制义务教育语文课程标准》对古诗的学习目标也作了明确规定。比如,小学 1—2 年级,要诵读浅近的古诗,展开想象,获得初步的情感体验,感受语言的优美;3—4 年级,要求在古诗诵读过程中体验情感,领悟内容;5—6年级,则需要通过古诗的声调、节奏等体味作品的内容和情感。但是,在实际的教学中,一般也就让学生读一读,背一背,再按教参上的讲一讲内容、情感和特色,并没有花什么大心思去研究要教什么和怎么教。因为,说实话,我自己对古诗就不太懂,更不会写古诗,所以自己要走进诗歌、理解诗歌都感到困难,就更别说要教好诗歌了。

徐卫东:哦,不会写古体诗歌的请举手。

(学员都举手)

呵呵,都不会写,我也不会。在当代,还能写古体诗歌的知识分子,除了少数老先生外,估计也是寥寥无几。不要说唐宋诗人灿若群星,诗作汗牛充栋,论诗者也百家争鸣,即使在清代,"诗教"仍然是知识分子的必修课,合格的学生都可以吟诗作对。面对中华泱泱诗国,我们学中国文学的感到愧疚啊。当然,这主要不是我们个人的过错。

学员2:反思我们的古诗教学,感觉主要存在三大弊端。

一是重知识,轻人文。在古诗教学中,过分强调实用知识的学习,以考试内容作为教学内容,过分重视对古诗意思和诗中所表达诗人情感的讲解,而忽略了对诗歌所蕴涵的意境的感受与领悟,缺乏理解后的诵读及拓展。这样的教学对培育学生的人文精神没有足够的重视,结果导致大部分学生对祖国与民族的优秀传统文化知之甚少,经典文化常识严重不足。

二是重应试,轻积累。这在我们中学语文教学中更为突出。多年以来,由于受"应试"思想的影响,在课堂上往往把鲜活灵动的诗歌教得支离破碎、死气沉沉,扼杀了学生积累古诗的兴趣。学生自己读得少、背得少、感悟得少,缺乏对民族文化的积累和认识,认识不到民族精神的丰富博大,直接影响了学生综合素质的提升。

三是重死记,轻实践。教师由于自身的古诗素养不高,所以不重视古诗的鉴赏和写作。因此,学生能对古诗倒背如流,却不会独立鉴赏,更不会写作,造成了民族文化的失落,使传统文化的断层现象显得日益严峻。

徐卫东:我在中小学教了十几年语文,到高校工作后也一直在关注中小学的语文教学,在古诗文教学中,确实存在你说的这些误区和弊病。面临着这样的困境,一些有理想、有追求的语文教师都很忧虑。珠海一中的曾宏燕老师就曾这样感慨:"正值诗意年龄的中学生却不热爱诗歌,正应在诗歌的世界里享受浪漫和激情的中学生却不再有诗意的情怀。诗歌,在中学生的现实生活中,只是作为一种应试的面目出现。那种非生命形态,是肢解后的残句片语,接受着一种指令性的观赏。诗歌的生命在这样的状态下,没有了跳动的脉搏,没有了激情的血液,没有了朗朗的歌喉。而我们的学生面对诗歌如此的状态,用解剖的目光去冷冷地进行所谓的分析,这诗歌就已不再是诗歌,因诗歌本应给予人的教化,给予人的激情,给予人的想象已不复存在!"

这样的"诗教"现状,首先是源于我们对今天为什么还要阅读古诗、教学古诗这个问题没有清晰的认识。东莞中学的马小平老师"寻找"了阅读诗歌的三条理由:第一,为了一种诗意的生活。所谓诗意的生活,就是避免情感的沙化,让我们的情感变得细腻,精神变得丰富,灵魂变得更清澈。第二,诗歌能够使我们获得对世界最好的理解。第三,诗歌是教育,而且是最好的教育,它增进人与人之间的沟通——因为诗歌是诗人灵魂的产物,灵魂的交谈方式是最能抵达根本的交谈方式。

其实,语文课程标准的制定,不仅表现为各版本的《语文》教材增加了大量的古代诗文,更在于教学的指导思想发生了深刻变化,对古诗文教学价值有了新的定位,即"提高学生文化素养","重视优秀文化遗产的继承"。《课标》要求教师"注意教学内容的价值取向",就是要求教师必须充分注意教学内容的思想性和人文性,注意语文课程对学生价值观的导向作用。《课标》明确指出:"语文课程丰富的人文内涵对学生精神领域的影响是深广的",因此,"应该重视语文的熏陶感染作用,注意教学内容的价值取向"。这就指导我们在古诗教学中尤其应该认识到"工具性"只是手段,而"人文性"才是目的。但现实中,我们往往只注重对字、词、句的训练,而对学生人文素质的教育却并未摆到应有的位置。

意大利学者维珂说:"一切艺术都起源于诗。"更何况 3000 多年的中华诗词,源远流长,博大精深,蕴含着中华传统文化的精髓,放射着中国传统经典的哲理光芒。你们听:"举杯邀明月,对影成三人",小的整体观;"尽吸西江,细斟北斗,万象为宾客",大的整体观。"两岸猿声啼不住,轻舟已过万重山",在空间上的发展观;"大江东去,浪淘尽,千古风流人物",在时间上的发展观。"居高声自远,非是藉秋风",自然中的本质观;"多少长安名利客,机关算尽不如君",社会中的本质观。"海上生明月,天涯共此时",和谐统一;"牢骚太甚防肠断,风物长宜放眼量",近思远虑;"欲穷千里目,更上一层楼",自强不息;"何时眼前突兀见此屋,吾庐独破受冻死亦足",厚人薄己……正因为中华诗词有着形式、内容以及思想与意境这三者高度统一的优势,蕴含着中国传统文化的深刻哲理,极感人,好诵读,易记忆,易接受,耐咀嚼,耐寻思,利引申,利开拓,所以才具有极为强大的感染力与生命力。

面对这样一部取之不尽、用之不竭的生动教科书,让学生在记忆的最佳时期,多读、多记、多感悟,对于提升青少年的人文素养,重塑其审美品位、情感体验、心灵世界等方面,意义是非凡的。如何将事关国魂、国脉、国力的人文素养教育与古诗教学有机融合,走出一条具有中国特色的现代诗教之路,应当是我们语文教师要研究和实践的。

面对"诗教"的渐行渐远,语文教师中的有识之士,不仅有忧虑,也有行动。例如,曾宏燕老师组织了学生诗社,马小平老师连续为学生开设诗歌讲座,很多教师都力所能及地开展了"诵诗、赏诗、作诗、画诗、唱诗"的活动,开始重视诗歌教育,并取得了喜人的成绩。曾宏燕老师在她后来的总结中说:"在三年的生活里,学生由对诗歌不以为然到热爱诗歌,并且还学会了写一些小诗,这个过程不是简单地由不喜欢到喜欢,那是年轻的心学会感受学会感悟进而展开想象的翅膀而达到的一个了不起的飞跃。当世界在他们眼里变得多彩,当心灵在他们的感受中变得丰富,也就是说,当他们看到了那诗意的'微笑',那么他们所产生的变化就不仅仅是对诗歌的热爱,还有对生活的热爱,对生命的热爱,对世界的热爱,更有那展开羽翼的思想所产生的不可估量的作用。"曾老师说得真好。

近些年,不仅优秀的语文老师在呼吁"诗教"回归,不少专家学者也在呼吁"诗教"回归。中科院院士杨叔子就把诗教看作是"一项弘扬与培育民族精神的战略措施"而大声疾呼。北京大学教授钱理群先生也撰文认为诗教"不仅对于儿童生命个体的终身发展,而且对于民族精神的发展,都是至关重要的"。中华诗词学会副会长梁东先生认为"诗教是启迪智慧的风帆","诗教是催化美育的摇篮","诗教的弘扬既是人类文明的共识,更是民族意识的回归"。他呼吁"全社会都来为'灵魂工程'培土,把诗教工作推向新的高度"。

诗教是中华文化的优良传统,是新世纪提高国民素质振兴中华具有战略意义的措施。否定"诗教"和"诗教"的缺失,表面上看是教育内容的问题,实际上它导致的是人文传统和文化基因逐渐丧失。

归来兮,诗教传统。当代人,尤其是当代的语文教育工作者,有责任不使优美典雅的古典诗歌成为我们民族文化的活化石。

学员培训感言选录

周玫：以往有的培训，学员混时间，导师磨时间。而这次的国学培训，真正地让学员们学到了东西，净化了心灵。听徐老师上课，无疑是一种心灵的陶冶，是一种美的享受。课堂上，徐老师与学员们情感互动、知识互动、思维互动，在学习国学知识的过程中实现了师生心灵的共同成长。

朱彩召：这次国学培训是我所有培训中听得最认真的一次，徐老师风趣幽默、博学多才，他的人格魅力感染了我。一直以来，我对国学有着浓厚的兴趣，可是随着年龄的增长，人性中的惰性也不断增长，自己已经有很长一段时间不曾有耐心去品读诗书的韵味了。徐老师的课，让我回想起了诗书的魅力，重新激发起我对诗书的渴望。

刘颖：非常有幸参加了徐教授主讲的国学培训，学习虽然辛苦却很值得。已经听了太多不痛不痒的培训，倒是这次让我感到自己是该学习和充电了，希望下次还能有机会上这样有趣而又能有所得的培训课！

第八课

古诗吟诵——消逝的天籁之音

徐卫东:余秋雨先生说,辉煌灿烂的古典诗歌"是蕴藏在无数中国人心中的雕塑和建筑,而一代接一代传递性的诵读,便是这些经典连绵不绝的长廊"。所以,我以为"诗教"最简便有效的方法和手段便是诵读,通过诗歌的诵读,中华民族文化的、人文的、美学的基因就会在不知不觉中获得传承。如果你还会吟诵,那就更好了。朱自清先生认为:"吟诵诗文,从那吟诵的声调或吟诵的音乐得到趣味或快感……这种趣味大概一部分在那字面上的影像上,一部分就在那七言韵律的音乐上。"加拿大皇家院士叶嘉莹先生也曾感慨地说:"古典诗歌之生命,原是伴随着吟诵之传统而成长起来的。古典诗歌中的兴发感动之特质,也是与吟诵之传统密切结合在一起。"

可是,现在许多学生只会背诗而不会诵读,更不要说吟诵了。有一年上海市组织部分重点中学的学生进行语文知识能力测试,学生们对古诗词脱口而出,异常熟悉,而朗诵却节奏刻板,情趣全无,令评委们感叹不已。那么,教书先生拿到古诗,会读诵吟唱吗?现在我就来考考你们。请看李白的《早发白帝城》:

> 朝辞白帝彩云间,
> 千里江陵一日还。
> 两岸猿声啼不住,
> 轻舟已过万重山。

古诗的音乐美首先体现在古诗律句的节奏上。谁愿意来诵读?

学员 1：我来。

> 朝辞／白帝／彩云／间，
>
> 千里／江陵／一日／还。
>
> 两岸／猿声／啼不／住，
>
> 轻舟／已过／万重／山。

（掌声）

徐卫东：大家听出节奏的规律了吗？以两个字为一个节奏，句末一个字单独成为一个节奏，每个节奏停顿长度一样。七言句，每句都作四顿，如果是五言句都作三顿。如："白日／依山／尽，黄河／入海／流。欲穷／千里／目，更上／一层／楼。"

你们都是这样诵读的吗？还有不同读法吗？

学员 2：我觉得每一句应该停顿 2 次。

> 朝辞白帝／彩云间，
>
> 千里江陵／一日还。
>
> 两岸猿声／啼不住，
>
> 轻舟已过／万重山。

（掌声响起）

徐卫东：如果说第一位学员用的是两字一顿法的话，这位学员则是一句两顿法。七言诗句为上四下三式，五言诗句就读为上二下三式。如"故人／具鸡黍，邀我／至田家"。

还有第三种读法吗？

学员 3：五言诗是 2—3 的停顿，七言诗是不是应该 2—2—3 的停顿？

> 朝辞／白帝／彩云间，
>
> 千里／江陵／一日还。
>
> 两岸／猿声／啼不住，
>
> 轻舟／已过／万重山。

（掌声热烈）

徐卫东：哈，现在有了三种不同的节奏处理方法。还有第四种吗？很期待哦。

（学员窃窃议论）

确定没有了？好，那我们对以上三种诵读方法作一表决，赞同哪一种的就请举手。

（学员依次举手表决）

从表决来看，赞同第三种的最多，第二种的其次，第一种的最少。观察平时的古诗教学，你还会发现有一种随心所欲法，即没有节奏规律，完全由着朗诵者性情随意发挥，带有很重的表演腔，犹如话剧表演。

依我看来，上面所说的种种方法都是错误的。

（学员显得非常惊讶和疑惑）

你们的惊讶是可以理解的。因为长期以来，你们就是这样被教学和这样教学生的。现今我们运用的是现代吟诵学的方法，吟诵古诗词时往往不管诗歌的平仄，或每句都按一样的节奏刻板地处理，或由着性情随意发挥。很多教师就是拿着这样的吟诵录音带来指导学生朗读或朗诵的。我以为，从古典诗词的教学角度看，还是教学生用传统的吟诵方法为好。

那么，何谓吟诵？"读""诵""吟""唱"有什么区别？

"读"，有如说话一般，但比说话更讲究声音的抑扬顿挫，以及情感的美化、深化、清楚化，不过，不宜偏离自然。

"诵"，在节奏上要比"读"缓慢，要把关键的字词或句子的声音抬高、拉长。但不能"字字争诵"，否则就会"长音哀嚎"，令人心颤。

"吟"，嘴形开得不大，是一种没有谱的、自我性很浓重的哼哼唱唱，特征在于拉长了调子像歌唱似的读，具有音乐性，只是没有稳定的节拍，乃至腔调。郭沫若所说的"中国的旧时对于诗歌本来有朗吟的办法，那是接近于唱，也可以说是无乐谱的自由唱"，就是这个意思。

"唱"，嘴形张得较大，有谱可依，旋律及节奏固定，可用乐器伴奏。而"吟"则无谱可依，对于旋律、节奏的处理有较大的随意性，无须用乐器伴奏。

综合"吟"与"诵"的含义，吟诵是介于诵读与歌唱之间的一种形式，它既可以普遍用于古典诗词，也可用于古典的散文，它有别于白话诗、语体文的朗诵，因为那腔调与口语距离比较远。吟诵者根据自己对诗文内容的理解和当时的情感，对音高、节奏、轻重等进行即兴的发挥，以"唱"的方式来"读"，具有音乐性、节奏感，很有韵味，藉此以助其抒情达意。而"朗诵"是一种独特的语言表演艺术，本质上是诵读，在诵读的声调、语调、节奏、感情、气势等基础上，运用变化力度、速度、节奏、音色等手段进行一定程度的夸张或压缩，辅以适当的手势、表情，以造成艺术效果。

现在的论著及朗诵的光盘，往往将"朗诵"与"吟诵"两词混用，从严格意义上来说，两者是不能混同的。朗诵与吟诵的根本区别是：朗诵不是"唱"出来的，而吟诵是"唱"出来的；朗诵运用的是自然语调，吟诵运用的是乐调。

吟诵是一门古老而充满魅力的艺术，与歌唱同样地源远而流长。诗从诞生之日起，便与歌结合在一起。早期的诗歌，如《诗经》中所记录的歌曲，都是以歌唱的方式来表达的口头艺术。后来词乐分离，文本出现，便产生了吟诵的读文方式。如此看来，作为一种口头传承的音乐文化，吟诵艺术至少有两三千年的历史。

古人曾言："合乐为歌，徒歌曰谣。"徒歌大约就近于吟诵。古人又说："不歌而诵谓之赋。"这赋大约也就是吟诵。《礼记》中说："春诵，夏弦。"诵就是朗读而"以声节之"，诵也就是吟，合称叫吟诵。《墨子》里面提到："诵诗三百，弦诗三百，歌诗三百，舞诗三百。"看来《诗三百》既可以配乐而歌、按曲而舞，也可以吟诵。《楚辞》一部分可以歌唱，一部分看来是"不歌而诵"的。因此，汉代有些人以善读《楚辞》闻名，这实际上就是吟诵。唐诗宋词都有部分是"被之管弦"，可以歌唱的，如"乐府"体，但也有更多的部分只能吟诵。李白说："余亦能高咏。"又说："月下沉吟久不归。"杜甫说："新诗改罢自长吟。"白居易的《长恨歌》既为歌女传唱，又"童子解吟"。苏轼的词，被讥为"多不谐音律"，但仍广泛传唱；他自己也承认"不能唱曲"，却极喜欢吟诵——不仅吟诵诗词，而且喜欢吟诵《归去来兮辞》和《阿房宫赋》。辛弃疾设宴请客，每命侍姬歌唱自己的词，遇到得意之处，便亲自吟诵，并征求意见……

由此可见，歌唱与吟诵一向并行不悖，各擅胜场；倘从普及程度与流传久远来看，则吟诵当更胜于歌唱。因为词曲中的用字倘与乐谱要求不合便难于歌唱，吟诵却并无妨碍；再则歌唱须按乐谱，而古代乐谱每因缺乏记录或所记不详，因而后人无法再唱，吟诵则由于调子较为简易，可赖口耳相传而更长期地保存与发展。

这一优秀的中国文化传统，自"五四"新文化运动以来便发生了根本性的变化。"五四"以来，我国在文化教育、语言文字、诗歌体裁等方面都发生了重大变革，白话文成为主流，相应地用朗诵取代了吟诵，吟诵艺术在很大程度上丧失了它原有的生存环境，传统的吟诵方法遭到嘲笑与否定。朱自清曾在《论朗读》中深有感慨地说："五四以来，人们喜欢用'摇头摆尾的'去形容那些迷恋古文的人。摇头摆尾正是吟文的丑态，虽然吟文不必需摇头摆尾。从此青年国文教师都不敢在教室里吟诵古文，怕人笑话他落伍。学生自然也就有了成见。"后虽有夏丏尊、叶圣陶等语文教育家的提倡，然收效甚微。吟诵的风气逐渐消歇，吟诵的传统濒于中断……但实际却并未绝响。鲁迅说"吟罢低眉无写处",他不说"草罢",不说"读罢",他不是在吟诵吗?毛泽东说,他的有些词是"马背上哼成的",不说"写"也不说"唱",他的"哼",不也就是吟诵吗?近些年来,国内也举行过多次颇具规模的吟诵活动,只是不曾听到在学校中读古典文学或对旧体诗词提倡吟诵。

中国传统吟诵,曾作为蒙童教育、欣赏创作和传承文化的重要工具,为各个年龄各个阶层普遍喜爱和接受,并随着中华传统文化的远播,足迹遍及港澳台地区、东南亚各国乃至世界华人区。

日本、韩国和越南等邻国至今还保存着吟诵汉诗的传统。当然,中国古诗的吟诵艺术流传到这些国家后,经过消化和吸收,已经本民族化了。如日本的汉诗吟咏表演时往往与音乐、剑术、舞蹈、书法和插花等融为一体,使之成为一种综合性的文化艺术。越南人民焚香吟诵《离骚》,用汉越音来吟诵唐诗。这些都证明了中国传统吟诵对承载及传播中国传统文化,产生了十分积极而深远的影响。

吟诵在中国传统文化中的地位足可证明它是一份十分宝贵的人类口头与非物质文化遗产。当前,能够掌握传统吟诵方式的人大都已年逾古稀,后继乏人,加之吟诵一无音响遗存,二无乐谱可据,吟诵艺术正濒临灭绝。因此,对吟诵的大力抢救和保护显得尤为紧迫和必要。

下面给大家简要介绍古诗吟诵的三个基本原则。

原则一:平长仄短

我们已经知道古典诗词的写作与吟诵,都是按古代汉语的四声论平仄的。近体诗起句的四种基本平仄句式如下:

五言律句	七言律句
平平仄仄平	仄仄平平仄仄平
平平平仄仄	仄仄平平平仄仄
仄仄平平仄	平平仄仄平平仄
仄仄仄平平	平平仄仄仄平平

据此,我们可以列出各绝句和律诗的谱式。

如五言绝句,平起,押平声韵,首句押韵:

平平仄仄平

仄仄仄平平(对)

仄仄平平仄(粘)

平平仄仄平(对)

再如七言律诗，仄起，押平声韵，首句不押韵：

仄仄平平平仄仄

平平仄仄仄平平（对）

平平仄仄平平仄（粘）

仄仄平平仄仄平（对）

仄仄平平平仄仄（粘）

平平仄仄仄平平（对）

平平仄仄平平仄（粘）

仄仄平平仄仄平（对）

可以看出，绝句与律诗平仄格律整齐，尤其能表现出传统诗的音乐特性，所以尤须体会诗句中平仄交叠的特性，掌握平仄之抑扬顿挫。一般而言，吟诗时平声较长而仄声较短，但是平声之中长短也有区别，以在节奏点以及韵脚处较为延长。以往关于律句的平仄有"一三五不论，二四六分明"的说法。"不论"就是平仄不拘，可平可仄的意思；"分明"就是严格区分，该平则平，当仄就仄，不能马虎的意思。虽不尽完备，但概括出了古诗音乐美的特征之一，因为按常规古诗的节奏点恰好是在每句的第二、四、六字上，当然第七字也应"分明"，因它单独成为一个节奏单位，不言自明。下面还是以李白的《早发白帝城》为例，说明其吟诗要点：

朝辞白帝彩云间，

千里江陵一日还。

两岸猿声啼不住，

轻舟已过万重山。

此诗为平起，第一句中"辞""云"俱为平声，是节奏点，应该拉长；"间"是韵脚，宜悠远绵长。第二句"陵"为平声，是节奏点，应延长；"还"字韵脚，特意拉长。第三句"声"为平声，是节奏点，延长；末尾"住"字仄声，不是韵脚，不宜拉长。第四句"舟""重"二字都是平声，是节奏点，应该拉长；"山"是韵脚，宜特意拉长。

这样说你可能还不是很明白，下面我用横线的长短来图示朗读和吟诵这首绝句时声音延长的时值：

朝辞白帝彩云间：平—平——仄仄—仄平——平———，

千里江陵一日还：仄仄—平平——仄仄—平———。

两岸猿声啼不住：仄仄—平平——平—仄仄—，

轻舟已过万重山：平—平———仄仄—仄平———平————。

此图示中的横线示意节奏的长短，最短的"—"是可有可无的，可"诵"可"吟"，较长的"———"通常用"吟"，最长的"————"通常是较长的"吟"。

好了，现在让我们用这种"平长仄短"的方法来朗读这首诗，感受一下。

（学员饶有兴趣地朗读）

原则二：平低仄高

吟诵音调无论在节奏、音高、旋律方面都以诗文的诵读为基础，并与平仄声调有着密切的关系。这种关系虽不绝对，但规律性是明显的。

吟诵音调的音高与所吟诗文平仄声调之间的规律性关系，是"平低仄高"。原因有三：

1. 语调的影响。汉字调值是按单字重读和作词尾字的读音而言的，其音高只是在这些条件下的相对音高，而非各个字的绝对音高。在诗文的诵读中，由于连读和词调、句调、篇调等语调因素对字调的影响，有些仄声字就读得比平声字高，平声字也可能读得比仄声字低。声调为"轻读"时，无论平仄声字都比较低。

2. 感情处理的影响。为了表达内容与感情，诗文的诵读、朗诵或吟诵都需要讲究声音轻重的力度对比，不但对于语法重音、逻辑重音、修辞重音需要稍加强调，对于感情重音往往强调得更为显著。又因理解、诠释和表现意图、艺术处理的不同，在同一诗句中，各人所强调的字、词也会有所不同。强调重音，就得提高声调，被强调的仄声字，就会比平声字高些，不被强调的平声字，就会比仄声字低些。

3. 格律诗特殊性的影响。由于吟诵的内容主要是格律比较严格的近体诗，这种诗体"两平两仄，平仄相间"的大致规律，使其诵读声调抑扬顿挫、起伏跌宕，节奏松紧交错有致，加上"合辙押韵"，便形成其独特的声调、音韵、节奏等的音乐美。因此，近体诗的吟诵或朗诵，与其他的诗文就有所不同，在声调高低方面，往往也是"平低仄高"。

其实，对于这条原则也可不必刻意遵守。因为我们平时说话时，南方人较普遍地形成了"平低仄高"的规律，而北方人则刚好相反，为"平高仄低"。

"高""低"，只是相对而言。不同处的"高"，并不意味着相同的音高，但一般总是比其前后的"低"要高些，延续中的"高"也不意味着高度不变，但总是在较高的音上。"低"也同样如此。

原则三：平直仄曲

这里的"直"与"曲"只是一种简略的说法，其意义比节奏的长短、音的高低要复杂些。

"直"，除指平直之音外，还包括尾部音高的下滑。尾部音高的下滑是平声发音延长的自然趋势。据音乐教育方面的研究，小孩叫喊"妈妈"，在延长音的末尾自然下滑约小三度，是人类语言的共同现象。因此，尾部自然下滑的音，应视为"直"音。在吟诵音调中，这种"直"音除了尾部小三度自然下滑外，还常展现为先行下滑，然后在较低的音上作平直延长的情形。下滑的幅度，也可能是大三度、纯四度等。

"曲"的音高典型状态是先降后升，用线条来表示，就如同普通话上声的标调符号那样。吟诵音调中的"曲"，包括音高的上滑和先降后升地滑进两种情形，它们的共同特征是尾部上翘。"上滑"是"曲"的本质特性，先降后升则是"曲"的典型形态。上滑之所以视为"曲"，是因为它与上述"直"的语音自然下滑趋势逆向，直观上就觉得它是不平直的、折曲的。对于"曲"的这种理解，与前述"仄"字的本义"不平、倾斜"相通：上滑是向上"倾斜"，就是"仄"，也就是"曲"。

因此，"直"，可能是一个较长的音，也可能由两个或两个以上的音构成；"曲"，典型的是由三个音，也可能是更多个音，至少须由上行的两个音构成。

吟诵音调"平直仄曲"的规律，突出地体现在句末字的吟音上，虽然它在整首吟诵音乐中所占的比例不大，可是由于结构上的特殊位置，与歌曲中的句尾音一样，在音乐中具有重要的意义，它给人以特别深刻的印象，对于显示吟诵音乐的特色有着举足轻重的作用。至于句中平声字的"直"，可能表现为平直的或是下滑式的，仄声字的"曲"，主要表现为上滑式，较少先降后升式。

由于近体诗具有比较严格的格律规范，吟诵音调又具有节奏方面的"平长仄短"、音高方面的"平低仄高"或"平高仄低"，与旋律状态方面的"平直仄曲"规律，这就很容易构成吟诵音调的基本模式。以张继的《枫桥夜泊》为例，其吟诵音调的基本模式可图示如下：

这一基本模式不仅揭示了近体诗吟诵音调的规律性，而且显示了吟诵音乐的结构原理和美学意义，例如"起承转合"等。这种规律及其意义由近体诗的格律规范提供基础，因吟诵音调与平仄声调配合的三条规律而得以彰显。

在这个基本模式中，"高"与"低"之间的音程，整个音调的起音结音、调式调性等都是不定的，在节奏处理方面尚有不少灵活性，诗歌本身又有各句第一、三、五字位上"可平可仄"以及"拗、救"等的机动性，所以基本模式对于吟诵音调的丰富多样并不构成束缚，在这同一基本模式之内，吟者们可以创造出无数各不相同的吟诵音调来。

```
高——         高——              高——
    低————    低————，低————         低————            。
        （下滑）                              （下滑）
仄仄—平—平——仄仄—平——，平—平——仄仄—仄平——平——。
月落  乌啼  霜满天，   江枫   渔火  对愁  眠。


    高——          高—，高——           高——
                （曲）
低————    低————           低————     低————     。
                                                （下滑）

平—平——仄仄—平—平——仄—，仄仄—平—平——仄仄—平——。
姑苏   城外  寒山  寺，夜半  钟声   到客  船。
```

据以上图示，我们对于"平高仄低"的情况，对于仄声起句的七绝诗，对于五绝、五律、七律等所有近体诗的吟诵音调，都不难如法炮制出它们的基本模式。

吟诵者按照表达诗歌感情意境的需要，由长期研习养成的平仄声调直感和个人习惯等来吟诗，是很自由的、即兴的，当然也必然会顾及到音乐的顺畅，有所例外便在情理之中。

词也有平仄格律，吟词大体上也遵循着吟诵音调与平仄声调配合的三条规律，对于某一种词调，也就可能定出它的吟诵音调基本模式来。然而，由于各种词调的字数、句数都不同，就不可能定出统一的或某几种模式来。古体诗、古文没有平仄规范，吟诵音调便更自由、更无模式可言了。

多说无益，还是来点实际的。哪位愿意来尝试一吟？

（学员面露难色）

学员：徐老师，要不您先给我们示范一下？

徐卫东：呵呵，将我军是吧。好，我先来吟诵。

（吟诵张继的《枫桥夜泊》，学员鼓掌）

古人云："熟读唐诗三百首，不会作诗也会吟。"古人读诗，辅以吟诵。《诗序》云："诗者，志之所之也。在心为志，发言为诗。情动于中而形于言，言之不足，故嗟叹之。嗟叹之不足，故咏歌之，咏歌之不足，不知手之舞之，足之蹈之也。"可见诗歌的吟诵是出于一种自然的情感反应。同一首诗词，不同的人会吟出不同的情调；有时，即使是同一个人，由于处境或情绪的改变，其吟诵出来也会有不同的感觉。每个人声音禀赋有所差异,吟诗不妨各依其性发挥,首先,咬字要准确,然后要能掌握诗中的意境与情感,再按照诗句平仄抑扬的特性自然吟出。只要能正确读出文字的声调以及掌握吟诵时的节奏与情绪,相信每个人都一定更能体会诗情诗意。

诗的吟诵是一种近乎天籁的音乐。

(应学员要求,又吟诵了北朝民歌《敕勒川》等古诗,几位胆大的学员也上台吟诵。这一课就这样在吟诵声中结束。)

学员培训感言选录

严娟红:以前只在电视里看到过摇头晃脑的吟诵,当时就有一种莫名的神秘感。今天坐在教室里,听着老师向我们娓娓道来古诗吟诵艺术,真有点回到几百年前私塾的感觉,自己吟来,自得其乐。

王颖:很遗憾,我最终还是没敢把反复在嘴里吟诵的《秋窗风雨夕》大声地吟诵出来。哈哈,一个怯懦的人!本次学习,从根本上解决了我多年来懵懂的吟诵观,使吟诵有章可循了。感谢徐老师,我会把这些带回课堂,传递给更多的孩子们。

魏映娜:听了徐老师的讲授,我有茅塞顿开、豁然开朗之感。为了学以致用,我要在自己的教学实践中将古诗吟诵进行到底。一路吟诵,一路收获,收获的是对祖国灿烂历史文化的敬仰,收获的是将祖国的文化精粹对于我们的孩子的传承。

走近圣贤看诸子

第九课

听孔夫子上课

徐卫东：在中国传统文化史上，最伟大的思想家莫过于孔子，对中国人影响最大的著作莫过于《论语》，对后世影响最深远的莫过于儒家思想。我们都是老师，这节课就一起走近孔子，去听听 2500 多年前孔夫子是如何上课的。

听课前，我们先来认识孔子。

2012 年 6 月"大学语文"考试前，我的一位大一学生在微博上上传了一张某高校"大学语文"试题截图@我，问我试题答案。现在我给你们做做这道单项选择题：

根据你对孔子的感觉，你认为他的星座应该属于（　　　）。

A.博爱仁慈，公正无私的天秤座

B.风流自赏，处处留情的射手座

C.临风流泪，多愁善感的金牛座

D.争强好胜，表现欲极强的牡羊座

学员 1：A，因为孔子的生日是 9 月 28 日。

学员 2：我也选 A，但是我记得孔子的生日应该是 10 月 9 日。

徐卫东：还有不同意见吗？我当时回复学生说，这题目，坑爹。尽管命题者的意图很明确，那就是让学生们选择 A。但是，凭我对孔子的认识，这四个选项都是错误的，至少是这试题存在歧义，是不宜用这类客观题来考学生的。理由有二：第一，孔子的生日尚无定论。除了你们说到的 9 月 28 日或 10 月 9日外，按《榖梁传》所记"十月庚子孔生"，换算为当今之公历，孔子的生日还应该是 9 月 8 日,那样的话,孔子可就属于处女座了。一个我国古代最伟大的思想家,他的出生究竟是公元前 551 年还是前 552 年,是 9 月 8 日、9 月 28 日还是 10 月 9 日都不能定论,令人不胜感慨。第二,孔子也不是博爱论者,仁爱与博爱之间是不能画等号的,关于这个问题,我们稍后再来研讨。

孔子究竟属于哪个星座让人纠结,孔子姓什么,貌似也纠结。有人质疑:孔子的父亲叫叔梁纥,或称梁叔纥,他为何叫孔丘?孔子究竟姓什么?

众学员:应该姓孔吧。

徐卫东:据有关研究,孔子姓子。《史记·孔子世家》说孔子为"圣人"之后。这里的"圣人"指的是商汤,而商为子姓。"孔"不是姓,而是氏,是由孔子前代祖先的字演变而来的。所以严格地说来,孔子的姓名应该是:姓子,氏孔,名丘,字仲尼。只是汉以后人们对姓和氏已不加区分地混用了,所以《史记》说孔子"姓孔氏",后来的人们也就认为孔子姓"孔"了。至于他父亲的名字应是:姓子,氏孔,名纥,字叔梁。我们称其为孔纥就是了。

孔纥长得特别魁梧,神力过人,是鲁国出名的勇士。在一次战争中,他竟然独自把城门顶了起来,立下大功。在他 71 岁时娶了 17 岁的颜姓姑娘,生下健壮的孔子。孔子头形四周高,中部有凹陷,像丘,所以司马迁等认定孔子之名"丘"就是来源于此。而且孔子继承了父亲的英勇,长成后身长九尺六寸,相当于现在的 1.9 米以上,故被称为"长人"。并且臂力过人,酒量超凡,但孔子从不以武勇和酒量为豪。孔子远非后世认为的文弱书生的形象。

学员 3:太神奇了。中国民间有"老夫少妻出神童"的说法,孔子应该就是杰出的例证吧。

学员 4:孔子也很可怜,父亲因为年纪过大,所以在孔子三岁时去世了,不久,母亲也去世,所以童年的孔子是孤独和艰辛的。

学员 5:所以孔子说:"吾生也贱,故多能鄙事。"这或许是圣人之所以成为圣人所必需的磨难吧。

徐卫东:尽管不幸,但是孔子幼年时极为聪明好学,20 岁的时候,学识就已经非常渊博,被当时人称赞为"博学好礼"。于是,他就想走仕途,所以对天下大事非常关注,经常思考治理国家的诸多问题,也常发表一些见解,到 30 岁时,已稍有名气。但是仕途不顺,直到鲁定公九年被任命为中都宰,此时孔子已 51 岁了。孔子治理中都一年,卓有政绩,被升为小司空,不久又升为大司寇,摄相事,鲁国大治。55 岁时,孔子在不得已的情况下离开鲁国,到外国去寻找出路,开始了周游列国的旅程。历经 14 年的坎坷,68 岁时在其弟子冉求的努力下,被迎回鲁国,但仍是被敬而不用。鲁哀公十六年,孔子 73 岁,患病,不治而亡。他的一生,就这样在好学、善教,问政、实践,被崇拜、被驱逐,被尊重、不被重用中,从平凡逐步走向伟大,成为我国古代著名的思想家、教育家、儒家学派创始人。

孔子创始的儒家,是春秋战国时的显学,也就是盛行于当时的影响最大的学术派别。儒家最有进步意义的思想主张就是关于仁的学说,孔子把"仁"作为自己政治理想的核心。那么,什么是仁?

学员 6:简单说,"仁"就是爱。前面老师说仁爱不是博爱,那它们之间的区别又在哪儿呢?

徐卫东:仁的概念,孔子以前就有。春秋以前人们一般把尊亲敬长、爱及民众、忠于君主和仪文美德都称为仁。在《诗经》《书经》等古经中使用"仁"字,一般指"亲爱""慈爱"。孔子继承了前人的观念,并且把"仁"发展成为系统的仁说。《论语》中出现表述其核心思想的"仁"字的地方有 58 段共 105 字,孔子把"仁"作为实践中的指导原理并使之贯穿于诸道德中。他的弟子樊迟问孔子什么是仁,孔子问答说"爱人",主要意义是善待他人。但是这种仁爱不是博爱。孔子注重仁和礼的结合,纳仁于礼,用具有形而上色彩的价值概念"仁",来充实既有的礼乐制度。所以,"仁爱"思想强调人们必须按照社会的不同等级去爱人,并由己推人,由近及远,以家庭为本位,以孝悌为基础,最后落实为"亲亲""敬长"。

这道理应该好理解。"老吾老以及人之老,幼吾幼以及人之幼",却不是要你对别人的父母付出和自己的父母完全同样的孝心,对别人的子女具有和自己的子女完全相等的爱心。孔子说:"非其鬼而祭之,谄也。"我们要祭祀我们自己的祖先,而不是去祭祀别人的祖先。如果有人不祭祀自己的祖先,却去祭祀别人的祖先,那么,这个人不是谄媚别人又是为了什么呢?基督教伦理的"博爱"思想则强调一种无差别、无条件的"泛爱"思想,主张不仅要爱自己的邻居,而且还要爱自己的罪人和仇人。要热爱上帝和爱人如己,要包容。墨子的"兼爱"与"博爱"倒是相近的。

儒家的"仁爱"虽不能解决当今社会存在的"人与人之间关系"的全部问题,但它作为一种建立在道德形上学之上的"律己"的道德要求,作为调节"人与人之间关系"的准则,对于人们的和谐相处无疑有一定的意义。忽视"仁爱"只讲"博爱"是我们选择文化的错误!将"仁爱"混同于"博爱",则是我们不珍惜民族文化的悲哀!

学员 7:现实中人与人关系很冷淡,如果只要求我去对别人仁爱,别人对我不讲仁爱,那我不是很傻吗?

徐卫东:很现实的问题。我们也经常从电视上看到"我的哥哥姐姐不孝敬父母,凭什么要我去孝敬?"之类的纠纷。中华文化主张"正己",就像孔子说的:"躬自厚而薄责于人。"多责备自己而少责备别人,就可以避免别人的怨恨了。我们用仁爱之心对待别人,别人才可能对我仁爱;我们对别人不仁爱,我们还有什么资格去要求别人对我们仁爱?要知道,父母是我与兄弟姐妹一起的父母,但是,更是我的父母,当父母受苦受难的时候,是我的父母在受苦受难,如果我能孝敬父母,那么,我与兄弟姐妹的父母就都避免了受苦受难,所以,孝不孝敬完全在我,何必攀着别人呢?

好了,说过什么是仁,再说说什么是不仁。对此孔子也作过解释,说:"巧言令色,鲜矣仁。"喜欢用花言巧语和媚态伪情来迷惑、取悦他人者是没有仁爱之心的。

《战国策》里记载了这样一个故事:魏王送给楚王一个美人,楚王非常宠爱。楚王夫人郑袖看到楚王喜欢这个美人,就也对她非常喜欢,衣服玩物按她喜欢的样子来做,宫室卧具按她喜欢的样子来安排,喜欢的程度超过了楚王。楚王认为,女人忌妒别人的美丽本是人之常情,但是现在郑袖知道寡人喜欢这个新来的美人,她比寡人还爱护美人,这犹如孝子和忠臣。郑袖知道楚王认为她没有忌妒之心,就对新来的美人说:"大王非常喜欢你的美丽,但是讨厌你的鼻子,你以后见大王时,应当把鼻子捂上。"新人因为郑袖平时待她特好,自然没有戒备之心,于是以后见楚王都把鼻子捂着。楚王问郑袖:"美人每次见寡人,都把鼻子捂上,这是为什么呀?"郑袖说:"她好像是讨厌君王身上的臭味。"楚王听了大怒,就下令把这个美人的鼻子给割掉了。

传说中,郑袖曾迷恋三闾大夫屈原而不得,就诬告屈原,令怀王疏远之,将之发配汉北。郑袖还干预朝政,收受贿赂,放走张仪,令楚国最终灭亡。

在历史上,在现实中,郑袖这类巧言令色之人并不因为圣人的鄙弃而减少。他们虽无仁德,难成正果,但似乎大有用武之地,能使人妻离子散,家破人亡,国危天下乱。所以,直到今天,我们仍然要牢记圣人提醒我们的话:"巧言令色,鲜矣仁。"

孔子把仁作为人生追求的最高理想,提出"志士仁人,无求生以害仁,有杀身以成仁"。那些有志向、有仁德的人,没有为了谋求生存而损害仁德的,只有献出自己的生命来成就仁德的。这是孔子对人类文明和情操的一大贡献。孟子发挥了孔子的思想,把仁同义联系起来,把仁义看作道德行为的最高准则。

汉代董仲舒又把仁和智结合在一起,这是对仁的发展。

孔子之后,在历代儒家不断地浇灌和护理之下,这棵新芽历经2000多年的时空穿越,终于又长成了一棵参天大树——儒家文化及以儒家文化为主干的中国传统文化。因此,发现仁,并且把礼乐文化植根于仁的基础上,这是孔子对中国文化最伟大的贡献。借助于仁,中国传统文化顺利地实现了由上古向中古的转折;借助于仁,孔子之前数千年和孔子之后数千年的文化血脉得以沟通连接,而没有中绝断裂。

你如果想更多地走近真实的孔子,了解儒家的学说,那么,有一本书是必须要读的,那就是《论语》,就像西方人必读《圣经》一样。如果你嫌国学经典太多,没有时间去破万卷,那就请你先破一卷——《论语》。因为《论语》是中国文学史上最早、最成功的孔子传记书,是儒家学说的代表文献,儒家学说也由《论语》而传其大要。

对于《论语》,你们应该不陌生,中小学语文教材中都有选自《论语》的课文。《论语》的"论"为什么读作 lún,而不是 lùn?孔子参与《论语》的编写了吗?

学员8:"论"不是论述的意思吗?孔子应该是没有参与《论语》的编写。

学员9:"论"是言论的意思吧?指孔子和他弟子的言论。

学员10:"论"是编撰的意思,就是孔子的学生把孔子和他弟子的言语编撰在一起。

徐卫东:对《论语》的题解,历来分歧很多,均未得到公认。比较多的认为"论"是论纂的意思,"语"是话语。即《论语》是由孔子弟子、后学者将有关孔门师徒间的言论和流传于口耳之中的资料,加以论纂、辑录而成的。如果从训诂角度看,也可以理解为,"论"是主动讲述自己的主张,"语"是对话,这与《论语》的内容主要就是孔子的论述和与弟子的对话两部分组成也很切合。《论语》成书于众人之手,记述者有孔子的弟子,有孔子的再传弟子等,但是没有孔子本人。有些考试复习题上说,《论语》是孔子和他的弟子编写的,那实在是坑学生。

《论语》虽为语录体,但内容涉及教育、社会等许多领域,思想极其丰富。如果短时间内泛泛而论,难免老生常谈、枯燥乏味。所以,接下来,我们不妨看一段选自《论语》的孔子上课实录,来具体感知孔子的教育思想。

> 子路、曾皙、冉有、公西华侍坐。子曰:"以吾一日长乎尔,毋吾以也。居则曰:'不吾知也。'如或知尔,则何以哉?"
>
> 子路率尔而对曰:"千乘之国,摄乎大国之间,加之以师旅,因之以饥馑;由也为之,比及三年,可使有勇,且知方也。"

夫子哂之。

"求,尔何如?"

对曰:"方六七十,如五六十,求也为之,比及三年,可使足民。如其礼乐,以俟君子。"

"赤,尔何如?"

对曰:"非曰能之,愿学焉。宗庙之事,如会同,端章甫,愿为小相焉。"

"点,尔何如?"

鼓瑟希,铿尔,舍瑟而作,对曰:"异乎三子者之撰。"

子曰:"何伤乎? 亦各言其志也!"

曰:"暮春者,春服既成,冠者五六人,童子六七人,浴乎沂,风乎舞雩,咏而归。"

夫子喟然叹曰:"吾与点也。"

……

听完课了,请大家就按今天的新课程教育理念来点评 2500 年前孔子上的课吧。

学员 11: 一上课,孔夫子就设置了一个话题:"你们平日里说:'没有人了解我的才能。'现在假如有人了解你,那么你打算怎么做呢?"这就明确了这堂课的中心内容是谈理想。因为这个话题是开放性的,所以,每个学生都能够有话可说。

徐卫东: 赞同。《论语》的大部分篇幅是用来谈仁、义,谈礼、智、信的,但也有不少篇幅是谈人生,谈理想,谈学习的。本篇课堂实录就是孔子启发弟子们谈自己的理想,并对弟子们所谈理想的内容和态度,表示不同的看法和评价。

我去中小学听课,发现很多老师在话题的设计上存在一些问题。或是话题太浅,问题指向明确,答案唯一,所以学生随口就能答上来,不能激发学生探求的欲望;或是话题太难,问题与学生的经历、感受、阅读实践等脱离,所以学生答不上来,课堂气氛沉闷;或是话题太细碎,缺少包容性,不利于对话展开。而像孔子这样的话题,指向是开放的,答案是不确定的,所以能激活学生的思考,有利于进行个性化的对话。大家不妨好好揣摩体会。

来,请继续评课。

学员 12: 子路是个急性子,孔子话音刚落,他就抢先发言。子路认为:凭他的才能去治理一个中等规模的国家是绰绰有余的。即使这个国家处在外有大国侵侮、内有自然饥荒的危急情况下,他也能使之转危为安;用不了几年工夫,就可使这个国家强盛起来,并且使那里的百姓都懂得礼仪。对子路的"言过其实"，孔子是不满意的。但是，孔子没有直言批评，只在微微一笑中流露出一丝不满情绪，我感觉处理得很好：既表达了对子路的否定，又显得心平气和，没有破坏民主的教学氛围。

徐卫东：你对孔子的评价艺术点评得很精彩。只是依我看，孔子之所以不满意，主要倒不是子路的"言过其实"，而是因为他的"率尔而对"。在孔子看来，这样的"其言不让"就是没有礼仪的，没有礼仪，你纵有天大的政治才干，也不能治理好一个国家。一个自己都不懂得礼仪的人，又怎么可能教育百姓都懂得礼仪呢？

冉有、公西华则不一样。他们是在孔子点了名以后，才发表自己见解的。他们所说的也都是诸侯邦国之事，本质上和子路所说的没有什么差别，只是态度要谦虚谨慎得多，语气要委婉得多。冉有说"如其礼乐，以俟君子"，公西华说"愿为小相"，显得那样平易、谦和，称得上是孔门弟子中的彬彬君子了。显然，孔子对此是满意的。而最后曾皙所谈理想却引起了孔子的无限赞叹，这又是为什么呢？

学员 13：曾皙所说与子路等三人完全不同。他既不讲治理国家，也不讲出使会盟，而是刻画一个场面，描写一个情景：暮春时节，穿上春衫，约了几位成年人和少年，去沂河里洗洗澡，在舞雩台上吹吹风，一路唱着歌回来。看似逍遥自在，其实是表现了儒家理想中的太平盛世的景象，所以孔子很赞赏。

学员 14：曾皙所描述的不像是儒家思想，倒像是道家的思想。是不是因为现实中他们的从政理想一直不能实现，所以就有点心灰意冷，于是也想寄情山水了？

徐卫东：从富有诗意的情景描写中，从貌似有点狂放不羁的行为中，曾皙曲折地表达出他的理想。人生理想是个总的概念，实际上包含着政治上的追求和道德上的修养两个方面。子路、冉有、公西华所谈的理想虽不尽相同，但都侧重于政治方面。曾皙的高明之处正在于他能将政治和道德的两种理想熔为一炉，而出之以春风沂水，春光歌咏，既可理解为政治上的理想寄托，也可引申为道德上的修养追求。在孔子看来，只有曾皙才悟到了儒家礼乐治国、礼乐修身的真谛。当然，你们的看法和其他理解，也是见仁见智，所以不必拘泥我这一说。

以上，我们主要是针对教学内容在进行评课，下面能对孔子的教育理念作些评价吗？

学员 15：孔子尊重学生的个体差异，循循善诱，因材施教。谈理想时，允许学生"各言其志"，对子路言行举止中存在的问题，只是用微笑善意地表示不满，并没有加以批评、苛求，尊重了学生自己的想法。

学员 16：努力营造轻松民主的教学氛围。这里看不到孔子"师道尊严"派头，看到的是一位和蔼可亲的"学长"形象。

徐卫东：所以让学生"侍坐"，所以让学生自由发言，所以让曾皙弹瑟、音乐进课堂……呵呵，氛围确实够轻松民主的。

学员 17：我觉得更可贵的是，孔子注重课堂教学与社会实践相结合，创设情景话题，去激发学生学习的主动性和积极性。

徐卫东：孔子是很重视实践课程的。只是现在我们很多人把孔子解释成了书呆子。《论语》中孔子说的"学而时习之，不亦说乎"，被大家理解成"学习并按时复习，不也是很愉快的吗？"我们中学教材对"时习"就注释为"按一定的时间复习"，真是误人子弟！"温故而知新"中的"温"才是复习，这里的"习"，应为"实践"之意。李泽厚先生的《论语今读》，就将这句翻译为"学习并经常实践，不是很愉快吗？"这是符合孔子教育思想的，也是符合孔子教学实情的。

还有很多的教育思想，如以学生为本、自主探究、小班化教学等等，与我们现在的新课程教育理念何其相似，这不能不让我们感到惊讶。怪不得联合国教科文组织总干事泰勒博士说："如果人们思索一下孔子的思想对当今世界的意义，人们很快便会发现，人类社会的基本需要，在过去的两千五百多年里，其变化之小是令人惊奇的。"

学员培训感言选录

叶青青：本次培训，让我首先折服于徐老师的个人风采，老师本身就很好地诠释了什么叫"腹有诗书气自华"。正是这种个人魅力，使我以前所未有的认真态度参加完本次培训。徐老师对先秦诸子经典的介绍，深深地激发了我阅读的兴趣，当晚就翻出了书架上蒙尘的《论语》看起来。

李旭霞：曾经在本科函授时聆听过徐老师的先秦散文，那时特意买了《论语》准备自己学习的同时让孩子背诵，结果没有坚持下去，现在重新拿出《论语》，继续国学熏陶，希望传承中国古代文化，让自己和孩子"腹有诗书气自华"。

金小尧：这次培训的时间虽然很短，但是我得到的却很多。原来不懂的，现在明白了；以前模糊的，今天清晰了；过去知道的，此刻印象更深了。

第十课

儒家"人性论"的现实启示

徐卫东:现在很多老师、家长都会让孩子背诵《三字经》,《三字经》开篇第一句便是"人之初,性本善"。哪位先就这六个字来谈谈你的理解?

学员1:"人之初,性本善。"字面的意思是,每个人出生的时候,其天性本来都是善良的。这是孟子对人性的认识,他相信每个人的天性是善良的,每个人都能成为圣人。其实,人之初,天性就像一张白纸,是没有善或恶的。

徐卫东:在历史上,没有哪个国家和民族有比我们中华民族更重视伦理道德的。而在我国丰富多彩的古代伦理思想史上,孟子以性善论为核心的伦理学说占据着突出的地位。"人之初,性本善"一语因《三字经》而广泛传播,影响深远。其实这并非孟子的原话,也不符合孟子的原意。孟子说:"人性之善也,犹水之就下也。人无有不善,水无有不下。"人性向善,犹如水向下流的趋向一样,人没有不向善的,水没有不向下的。孟子对人性强调的是"向善",不是"本善"。这个观点是他整个伦理学说的关键和出发点。"人之初,性本善"是宋朝以后的学者概括出来的,我们不要被误导了。

关于人性的论述,孟子不是第一人。《三字经》紧接着的第二句"性相近,习相远",就是来自《论语》中孔子所说的话。孔子认为,人的本性差距并不大,由于后天的熏染,环境的影响,差别会变得越来越大。但孔子并没有直接指明相近的性是善还是恶,于是有研究者认为孔子主张人性本无善恶。我以为那是研究者善意的拔高了。如果孔子认为人性本无善恶,如同白纸,那就应该是"性相同"而不是"性相近"。既然说"性相近",孔子自然也不可能主张人性本有善恶不同。那么,相近的"性"是"善"还是"恶"呢?我们都知道孔子的思想核心是"仁",孔子说过"仁者,人也",人的本质特征是"仁"。还说过"人之生也直",对此,郑玄注:"始生之性皆正直。"因此,从孔子仁学体系中能够悟出,"性相近"的"性"应该是向"善"的,孟子的"性善论"是上承孔子"仁"的观念,进一步发展而来的。

孟子以大量的理由来证明他的"性善论"观点,其中最重要的就是"四心说"。那么,孟子究竟是如何说的呢?有什么依据吗?我们来读《孟子·公孙丑上》中的一段话:

> 今人乍见孺子将入于井,皆有怵惕恻隐之心,非所以内交于孺子之父母也,非所以要誉于乡党朋友也,非恶其声而然也。由是观之,无恻隐之心,非人也;无羞恶之心,非人也;无辞让之心,非人也;无是非之心,非人也。恻隐之心,仁之端也;羞恶之心,义之端也;辞让之心,礼之端也;是非之心,智之端也。人之有是四端也,犹其有四体也。有是四端而自谓不能者,自贼者也;谓其君不能者,贼其君者也。凡有四端于我者,知皆扩而充之矣,若火之始然,泉之始达。

孟子首先摆事例:假如突然看见一个小孩子就要跌入井里,每个人都会出于担心和同情,去拉一把,救了小孩。为什么会这样?孟子分析:并不是他想和这个小孩的父母做朋友,也不是为了在邻居朋友中博取舍己救人的美誉,更不是厌恶这个小孩的哭声才如此。因此,孟子得出结论:之所以这样做,是因为每个人都有恻隐之心。这恻隐之心的发生,是发自内心而不待外求与不受物累的。他认为,人必须有四种心:恻隐之心,即一种同情怜恤之心;羞恶之心,一种知道羞耻好恶的自省之心;辞让之心,知道彼此退让谦虚之心;是非之心,能够明辨对错之心。这四种心是人人都有的,不然就不配做人了。这"四心"还分别是仁、义、礼、智"四端"。但"四端",仅仅是萌芽,只有将其像刚刚点燃的火、刚刚喷涌的泉水一样使之发扬光大,"四端"才会变成仁、义、礼、智四种常德,人才能真正成为"人"。所以,孟子所谓的人性善,并非强调人生来的本能都是善的,而是指人之所以为人的特征是向善的。

关于人性,孟子与告子有过辩论。告子,战国时思想家,曾受教墨子之门,也曾在孟子门下学习。告子认为"生之谓性","食色,性也",主张追求或维持生命就是人性,人性是食与色,即人的肉体的物质需要。孟子不同意这种意见,认为人性是人所具有的特征,与其他生物不同。尽管人有食与色的基本要求,但感官欲望的满足主要依赖于客观条件,所以它还不足以区别人与禽兽的不同,不能谓之性;而人有"心",可以因教育而懂得理义,这道德修养的提高则要依赖于人的主观努力,所以,它才是异于禽兽之性。

学员 2:老师,我对孟子的"性善论"是否可以这样理解:人都是向善的,人与"非人",即人与禽兽的区别就在于是否有恻隐、羞恶、辞让、是非这"四心",有就配得上为人,没有就不配为人,就是禽兽。人只要将自己的向善之"心"尽力培养、践行,加以发扬光大,就一定能够达到理想的道德境界。

徐卫东:哈哈,我想孟子"性善论"的核心观点大致就是这样的吧。尽管这些观点有着明显的缺陷,但我们仍然应该看到它在今天所具有的意义。至少它给了我两点启示:

首先,启示我要牢记人与兽之异。人性与动物性是有本质区别的,人性不只是生物一样的自然属性。因此,作为人,就要意识到自身的高贵与尊严,并能加强精神自律,自觉追求与此相适应的精神品格。一个在品格上把自己等同于动物的人,是没有任何道德可言的。就我国目前的道德建设而言,我们除了要深化改革、加强制度建设之外,还应该努力培养符合时代要求的伦理精神,更新民众的思想观念,提高整个社会的精神文明水平,增强每个人的精神自律能力,真正使人人都能做到"有耻且格"。

其次,启示我要牢记人与人之同。每个人都有基本相同的情感和需求,所以与人交往,要能够以自己的好恶取舍本能地推想出他人的好恶取舍,自己喜好的事物,也希望别人同有;自己厌恶的东西,就不要加之于人。人人设身处地地为别人着想,将别人视为与自己有着同样需求的主体,在追求自身利益时尊重对方的利益。这种精神自律并不是依靠对某种道德原则的恪守,而是源于由自身的需要和感受出发而产生的将心比心和推己及人。这种道德要求,看似简单,却是我们现在社会所缺失的。

学员 3:徐老师,我有个疑问,同为儒家传人,为什么荀子会提出与孟子"性善论"相反的"性恶论"?这"性善论"与"性恶论"究竟哪个更有道理呢?

徐卫东:孔、孟、荀三人的身世环境属于同一类型,都有所谓是非淆乱、老而发愤的经历。但孔子生当春秋末年,孟子生当战国前期,社会政治状况毕竟要好一些,使人感觉尚有药可救。而荀子生当战国末年,作为春秋战国最后一位集大成的学术大师,所感受到的社会环境的险恶,以及来自儒家传人的责任感和心理压力,都在孔孟之上。所以荀子专意著作了《性恶》一篇,对孔子"性习论"作新的诠释和发挥。荀子"性恶论"的中心命题是"人之性恶,其善者伪也",人的本性是恶的,人的善是对人性人为改造的结果。"人之性恶"是反思与批判孟子"性善论"而确立的;"其善者伪也",则是在诠释孔子"习相远"的"习",即强调人是文化、社会、历史与传统的存在而形成的。

孟子教育哲学的核心观念是"仁",他用心来言性,认为心善而可言性善,其主旨在强调人的道德心,并以道德心作为人与禽兽的区别基础。这是具有价值含义的人性,因曰"人性善",所以人格自我完善的过程就是扩充善的"四端"的过程。但荀子觉得性是自然生成的本能,道德心是需要通过后天教育来培养的,因而不能叫作人性。只有"饥而欲食,寒而欲暖,劳而欲息,好利而恶害"等自然生理欲望是"生而有"的,是不用教导就明白的,是所有人都相同的,因而这才是人性,人性是自私自利的,所以是恶的。可见,孟子和荀子都认为人既有道德属性又有自然生理欲望,但孟子是以人的道德属性来说性善,而荀子则是以人的生理欲望来说性恶。

荀子否定先天道德论,把人的欲望要求说成人的本性,是比较符合实际的。人类生来就具有欲望要求,为了满足自己的欲望要求,才从事物质生产活动和其他社会活动。人们在这些实践活动过程中,在一定的社会关系中,才产生了道德观念。所以,只有探索人的欲望和需要,才可能认识人的本性。离开人的需要,不可能认识人的本性。

然而,荀子的性恶论存有极大的片面性。其片面性之一是,只看到人的低级生理需要,而没有看到人的高级精神需要,如独立自主的需要,友谊和爱的需要,创造性劳动即自我实现的需要,等等。这些高级需要的满足是既利己又利人的。其片面性之二是,把人的欲望本身说成是邪恶的。人生而有欲望要求,这些欲望要求是天然合理的,它们本身根本不是什么恶。婴儿饿了就要吃奶,吃不到就要哭闹,他不会管母亲是否有奶,是否身体不适,更不会管你是白天还是半夜,我想,没有母亲会认为自己孩子是性恶的吧?人们的欲望要求既能推动他们从事各种生产性、创造性活动,从而维持社会的存在,促进社会发展,这就使人趋向善;人们的欲望要求也可能驱使他们去干一些损人利己、危害社会的罪恶活动,这就使人趋向恶。人的欲望要求使人趋向善还是趋向恶,那是在一定社会关系中实现的,是后天社会环境的影响和教育以及个人实践的结果,而不是人的欲望要求必然使人趋向恶。

不过,荀子指出"人之性恶",目的是强调"其善者伪也",即强调文化的陶冶、环境的感化及后天的学习对人性改变的重要作用。在荀子看来,既然人性是恶的,那么顺着人的本性发展,必然会出现行为不正、天下大乱的情况,因此必须用礼乐文化来感化、熏陶、控制以至于改造"人性",将外在的规范内化为自觉的行为,使之符合礼义法度而归于善。正如被誉为"现代新儒家"的冯友兰所指出的:"表面上看,似乎荀子低估了人,可是实际上恰恰相反。荀子的哲学可以说是教养的哲学。他的总论点是,凡是善的、有价值的东西都是人努力的产物。价值来自文化,文化是人的创造。"这对教化人无疑是有积极意义的。

学员 4:西方文化,特别是基督教的教义,总体上也是主张性恶的。基督教《圣经》上说,上帝创造了人类的始祖亚当和夏娃,让他们在伊甸园里生活。但是在诱惑的驱使下,他们违背了戒律,偷吃了禁果,犯了罪,惹恼了上帝,上帝于是将他们逐出了伊甸园。由于他们犯了罪,所以他们的子子孙孙生下来就是有罪的,因此人生下来就要赎罪。荀子的性恶论与西方的性恶论有区别吗?

徐卫东:除了你讲的基督教的性恶论外,西方还有一大批学者也持性恶论的看法。英国著名哲学家霍布斯认为:"人的本性是自私自利的,面对有限的财富,人与人之间就是狼与狼的关系。"德国哲学家叔本华也认为人的本性是恶的,"每个人的心中都隐藏着一头野兽,这头野兽时时伺机去狂吠乱咬,本能上他有着折磨虐杀其他动物的冲动,如果其他动物挡他的道,他就会冲上去杀死他们"。由此可见,荀子的性恶论和西方的性恶论都把人的欲望说成人的本性,从人的欲望和需要出发来探索人的本性。同时,他们都认为,如果不对人的本能欲望加以限制,就会导致对社会文明的破坏,因而必须对人的本性加以改造,对人的恶行加以禁止。

但是,这两种理论的出发点不同,目的指向不同,除恶的途径、方法也不同。荀子的性恶论尽管产生较早,但它是从充满了欲望的肉体的人出发来阐述人性的,具有唯物主义性质;西方的性恶论尽管产生较晚,却是从对《圣经》的解释出发来阐述人性的,是建立在唯心主义先验论基础之上的。荀子的性恶论把人的道德生活指向现实,强调制定礼义来克服有限之物与无限之欲的冲突,实现心物平衡和社会的长治久安;西方的性恶论认为,人生而有罪,人的一生就是为了赎罪,赎罪的目的是达到人神同一,获得来世的快乐和幸福。荀子认为,除恶的主要途径、方法是用社会道德改造人性,用法律限制人的恶行,同时加强个体修养,积善成德;基督教教义认为,为了消除原罪必须爱上帝,爱人如己,包括爱自己的敌人,要"勿抗恶",只有通过内心的忏悔,才能除恶。二者相比,荀子的性恶论从理论上更为深入、扎实。最终,注重内心忏悔的西方性恶论却反而导致了西方社会法律的愈趋完善。因为既然人性是罪恶的,那么需要有体现神的意志的法律来约束人的罪恶,以此形成了西方"自然法"的传统。而荀子的性恶论虽然主张礼法并进,但最终并没有导致法制观念的强化,相反是以礼俗代替了法律,这是荀子哲学思想的遗憾。

在人性善恶问题的论辩中,孟子的"性善论"貌似占了上风,得到大多数人的信从,呵呵,这可能也是从了人人都爱听好话的心理吧。虽然荀子十分强调确立君主的独尊地位,但他的理论本身却包含着君主性恶的思想,把这种思想贯彻下去对于建立和强化封建君主专制政体是极为不利的。因此,在后来漫长的封建社会中,荀子的观点是受冷落的,是被否定的。封建统治者为了消除性恶论的影响,在编写的儿童启蒙教材《三字经》中,第一句话就是"人之初,性本善"。这就把性恶论彻底地否定了。

但是,荀子的"性恶论"即使在今天对我们依然有一定的启示意义,有没有?

学员5:这个必须有。人的欲望要求本身不是恶的,但如果人的欲望要求无限膨胀的话,就会把人引向作恶或犯罪,像有毒食品、致癌校服等就是最好的例证。所以,我们必须加强道德教育,特别是要完善社会主义法制和各项制度建设,从制度上做到使不讲道德的人受到严厉谴责,对作恶的人和企业严惩不贷,在金钱利益上甚至罚他一个永不翻身。如果都像现在处罚酒驾那样严厉,社会上的"恶"行就会少很多。

学员6:"性恶论"对惩治与预防官员腐败也有启示意义。光2012年经网络曝光影响较大的官员不雅事件就达10多起,而另据统计,在被查处的贪官中,95%都有情妇,腐败的领导干部中60%以上与"包二奶"有关。"为色而贪"已经成为官员犯罪的主要动力之一。这些官员之所以走上犯罪道路,一是因为他们缺乏正确的人生价值观和高尚的道德品质,放纵自己的本能欲望,特别是性本能欲望;二是因为他们手中握有大权,失去必要的有效监督,使他们敢于也能够为所欲为。

徐卫东:所以,党的十八大换届后新领导层誓言反腐,致力反腐。据统计,仅十八大闭幕后的3个月内,就有至少15名厅级以上干部落马、12名厅级以上高官被免职,其余级别的官员数量就更多了。习近平总书记更是强调,从严治党,要坚持"老虎""苍蝇"一起打,"要把权力关进制度的笼子",将反腐制度化,以打碎那些认为躲一时可过关的腐败幻想。中央的决心也给予老百姓信心,他们通过网络提供信息,供党纪部门查证。通过不雅床照、拥有多套房产的信息、手戴名贵表官员的曝光等,一个个腐败者的劣行浮出水面,而且据纪委及司法部门查核,网络实名等方式举报的官员腐败罪行都基本属实,部分人更因而被免职及拘捕。人民是反腐制胜的真正力量。

刚才说到黑心企业,说到腐败官员,大家都有点激动哈。要感谢"性恶论",让我们习惯于看"善"的眼睛也能看到"恶"了。我们在谴责不法商人、贪官污吏的同时,也应常常进行自我道德反省:走路会闯红灯吗?开车喜欢"加塞"吗?乘公交会给老人让座吗?去旅游会在名胜古迹处刻上"×××到此一游"吗?一个社会如果人人具备了自我教育、自我检讨的自觉心态,那道德昌盛和法制健全之时便指日可待了。

现在我们是不是感觉到,孔、孟、荀这三位儒家大师关于人性的观点,从文字表面看貌似都不一样,但细究了去,却犹如一个整体。孔子提出"性相近,习相远"的命题,孟子和荀子分别从"性善"和"性恶"两个方面对孔子的"性"作出他们自己的诠释和研究,接着又用道德自律和礼法他律两个视角对孔子的"习"作了积极的发挥,最后性善论与性恶论同样归结为儒家"仁政"理想的教育和实践之中,殊途而同归。

学员培训感言选录

祝雅红:原本以为国学培训会很枯燥,可是听了徐老师的课后真的是受益匪浅。徐老师精彩的授课使学员们知识得到提升,思想得到升华,头脑得到充实,情感也时时受到关爱暖流的滋润。这次培训,很值。

洪桂美:国学不是用来装点门面的,国学是能让人提升内涵的,让你宠辱不惊,心平气和。期望再次学习。

朱权:从徐老师的授课中深深感到教师个人魅力的重要性,从而时刻提醒自己再当学生再学习。

第十一课

我们需要老庄

徐卫东：道家跟儒家的学术主张、人生态度可就大不一样了。像孔子、孟子，虽然奔忙了一辈子，最终未能实现自己的政治理想，可他们的人生态度却始终是积极的，不灰心，不丧气，跌倒了爬起来，失败了再从头来，甚至是明知不可为而为之。人们把这种态度称作"入世"，予以褒扬。道家的态度正相反，他们抱着"出世"主义。他们当然也都是聪明人啦，一肚子学问，满脑子的哲学。可是看到世道太乱，感觉靠着个人的力量恐怕是难以挽救了，于是，他们便关起门来修身养性，独善其身。

道家学说以"老庄哲学"为核心。"老庄"指两个人，一位是老子，一位是庄子。那么，今天我们还需要老庄吗？让我们先来认识他们。

老子姓李，名耳，字聃。人们称他老子，而不叫李子，这是为什么呢？

学员1：这是出于对老子的尊重吧，"老子"相当于"老先生"。

学员2：是不是他在诸子中年龄最大，所以叫他老子？呵呵，纯属个人瞎猜。

徐卫东：传说老子妈妈在村头的河边洗衣服，忽见上游飘下一个黄澄澄的李子，于是用树枝将这个拳头大小的黄李子捞了上来。到了中午，又热又渴，便将这个李子吃了下去。从此，她怀了身孕，而且是怀了81年的胎，生下一个男孩。这男孩一生下就白眉白发白胡子，因此，给他取名叫"老子"。老子生下来就会说话，他指着院子中的一棵李子树，说："李就是我的姓。"这个传说，你们不会信的吧？另外有个研究不知是否可信，说古代只有"老"姓，而无"李"

姓，"李"这个姓乃是很晚从"老"姓中演变而来，所以，李耳原本姓老。你们中有姓李的学员，有兴趣可以去探究一番。

反正在老子身上有太多的谜了。司马迁在《老子韩非列传》中，说老子是"隐君子"，"修道养寿"活到"二百余岁"，他可能就是与孔子同时的老莱子。或猜测老子就是周太史儋，生活在孔子死后 100 多年的时间里。诸说都不确定，于是引起人们怀疑：老子是否真有其人？《道德经》5000 余字是否真是老子所写？

一般认为，老子是楚国苦县厉乡曲仁里人，应该生活在春秋后期，比孔子还要早些，是周王室的"柱下史"，相当于皇家图书馆或档案馆的馆长一类。据说孔子到周朝访问时，还亲自向老子请教"礼"的学问。

学员 3：我读一段《问学余秋雨》中有关孔子问礼的文字，以为佐证："见面后，孔子和老子之间互相有什么问答，一直没有可信的记载，因此历史上也充满了各种各样的猜测和传说。在这些猜测和传说中，有两则比较合情合理。第一个传说是，孔子问周礼，老子告诉他，周已经没希望了，周礼也不会成气候，因为天下一切都在变。这正是老子的思想，他要孔子不要问周礼了。在第二个传说中，老子教训孔子，年轻人不要自傲，也不要过多地追求欲望。史书上记载的孔子，是一个不自傲也不太追求欲望的人，为什么老子会给他这番教训呢？我相信一定是因为出现了这样的情形：安静的老子看到一个青年学者风尘仆仆地来到自己家里，身后尾随着鲁国皇家提供的车马仆从，那般气势在老子看来有些过分，又见到孔子那么年轻，就以长者的身份说了上面的一番话。史书确实记载过鲁国君主在孔子问礼于周之前，曾经馈赠车马仆从。"

徐卫东：据说孔子问礼回去后，老子看出周王朝要完，就辞职走掉了。

学员 4：说是老子骑一青牛，欲出函谷关。函谷关守关官员早闻老聃大名，便引老子到官舍，恳求老子将平生所学写成一书，好传于后世，造福万代。老子答应了，就写了 5000 字的《道德经》。这位官员如获至宝，终日默诵，如饥似渴。

徐卫东：但是，历来对《道德经》是不是老子所写还是有质疑，如《道德经》用对偶说哲理，用韵语写文章，不像春秋时代的文风；《论语》《孟子》为何不曾有一言一语提及此书？这些疑问还是很有说服力的。直到韩非，才作《解老》《喻老》两篇，这至少说明，老子学说的传布，已经在战国后期了。但不管是谁写的，它都反映了老子的学说思想。

同《论语》一样，《道德经》也是语录体的，分上下篇。上篇论道，主要探索宇宙人生哲理;下篇论德,主要讨论社会和政治。

我们来选择几句尝试解释一下,一起来感悟人生的智慧。首先看老子在《道德经》中提出的"道"与"名"两个关键名词。

> 道可道,非常道;名可名,非常名。

学员 5:这句话翻译出来就是:"道,如果是可以说出来的,那就不是恒常的道;名,如果是可以去称谓的,那就不是恒常的名。"

学员 6:我是这样理解的:平常的"道"是可以用来说的,可是本文所要讨论的"道"不是平常的"道";平常的"名"是可以用来称谓的,可是本文所要讨论的"名"不是平常的"名"。

学员 7:可不可以这样理解:"道,有其自然运行的规律,但也不是永恒不变的;名,有其一般命名、称呼的规律,但也不是永恒不变的。"这里讲的是普遍性与特殊性的关系。

徐卫东:哈,这话是不是让人有点晕?大家完全可以从不同的视角去读出自己的理解,但是,从字面直译看,我个人赞同第一种翻译。"道",本义是道路,也可以引申为人生之道、人间之道、宇宙之道;"道",是自然运行法则,也可以代表抽象的法则、规律及实际的规矩、原则。道无处不在,无时不在,不受时空的限制。道的本质是自然无为,可意会而不能言传。而你的知识与经验是极为有限的,一旦你凭借这些有限的知识与经验就自以为是地去解释无边无际的大道,其实你所论述的已经偏离大道的自然本性。可悲的是,我们对此还沾沾自喜,并无觉悟。就像有些人,一边标榜自己视名利如粪土,一边为了评先进、评职称、抢职位争得异常辛苦,迷失了真正的自我,岂不可悲。

> 知人者智,自知者明。胜人者有力,自胜者强。知足者富,强行者有志。不失其所者久,死而不亡者寿。

这句话相比第一句容易理解些,通俗地说就是:"善于了解别人的人是有智慧的,善于了解自己的人是最高明的。能够战胜他人的人是有力量的,能够战胜自我的人是最强大的。知道满足而不妄想的人是富有的,努力不懈地去奋斗的人是最有志气的。不丧失做人之道的人是能够活得长久的,肉体生命虽死而精神仍然存在于世的人才是最长寿的。"

学员 8:知人的重要性我们也知道,但是俗话说,知人知面不知心。就像前面老师讲到的那个巧言令色的郑袖,让人毛骨悚然。现在也经常看到有人上当受骗,唉,要知人太难了。

学员9: 是呀, 有什么知人的诀窍吗?

徐卫东: 有呀。《庄子·列御寇》先是借孔子之口说"人心比山川还要险恶, 比预测天象还要困难; 自然界尚有春夏秋冬和早晚变化的一定周期, 可是人却面容复杂多变、情感深深潜藏。有的人貌似老实却内心骄逸, 有的人貌似长者却心术不正, 有的人外表拘谨内心急躁却通达事理, 有的人外表坚韧却懈怠涣散, 有的人表面舒缓而内心却很强悍", 接着就揭秘君子9条考察人的诀窍:

> 故君子远使之而观其忠, 近使之而观其敬, 烦使之而观其能, 卒然问焉而观其知, 急与之期而观其信, 委之以财而观其仁, 告之以危而观其节, 醉之以酒而观其则, 杂之以处而观其色。

因此君子会派他到远的地方去, 观察他是否忠诚; 让他在近处办事, 观察他是否恭敬; 让他处理纷乱事务, 观察他是否有能力; 对他突然提问, 观察他是否有智慧; 交给他期限紧迫的任务, 观察他是否讲信用; 委托他财物, 观察他是否清廉; 告诉他危险的事情, 观察他是否守节操; 在他喝醉酒时, 观察他是否不忘准则; 让他混杂地相处, 观察他是否失态。

通过上述方法的观察, 一个人好与不好自然就被考察、分辨出来了。

学员10: 这前面8条还好理解, 最后一条"杂之以处而观其色"不太懂。

徐卫东: 你们应该知道关羽"秉烛达旦"的故事吧。曹操曾对关羽百般拉拢, 三日一小宴, 五日一大宴, 上马一提金, 下马一提银, 赠美女, 馈金帛, 赐名马, 送锦袍, 拜爵封侯, 无所不用。然而关羽心恋刘备, 坚如铁石, 不为所动。最后, 曹操就用"杂之以处而观其色"这一狠招, 故意让关公与两位嫂嫂共处一室, 欲乱其上下、内外之礼。结果, 关羽秉烛立于门外, 自夜达旦, 毫无倦色。关羽经受住了"杂之以处"的考验, 曹操对关羽愈加敬服了。所以, "杂之以处而观其色", 通俗地说, 就是用男女混杂相处的办法, 观察男子对待女色的态度。

学员11: 要全面地认识一个人的确很困难, 这些考察人的方法还挺有意思, 可以借鉴。但我觉得要了解自己也并不容易, 有的时候甚至比了解别人更困难! 所以老子说"自知者明", 如果能透彻地认知自己, 就是聪明。人贵于自知之明。

徐卫东: 确实, "知人"要"智"不容易, "自知"要"明"也不易。识人知己, 可谓人际交往的第一要务。《孙子兵法》云: "知己知彼, 百战不殆。""不知彼而知己, 一胜一负; 不知彼, 不知己, 每战必殆。"告诉我们打仗要百战百胜, 就得既有知人之智，又有自知之明。如果只知己不知彼，或是只知彼不知己，那么胜败各占一半；如果不知己也不知彼，那么结果只有彻底失败！打仗是如此，现实中，人与人的交往，国与国的相处，又何尝不是如此呢？

老子的智慧太丰富了，如"知者不言，言者不知"，"信言不美，美言不信；善者不辩，辩者不善；知者不博，博者不知"，"天之道利而不害，人之道为而不争"，等等，这些话给我们的现实生活以有益的启示，后面我们将结合古典四大名著再来感悟。

我们需要老子，我们也需要庄子。

庄子是先秦诸子中的另类，就像尼采是西方哲人中的另类一样。遗憾的是，我们对庄子生平知之甚少。除了《史记·老子韩非列传》中的一段记载外，就是《庄子》书中的几则故事。大家有知道的可以先来说说。

学员 12：庄子，名周。约与孟子同时。曾经做过漆园小吏，相当于现在一个保管员。他长期生活在贫困之中，住在穷街陋巷，靠打草鞋维持生活，饿得面黄肌瘦，身穿打着补丁的衣服，鞋子磨出了洞，用绳子绑在脚上。

学员 13：庄子是楚庄王的后代，后因乱迁到宋国。他是战国时代伟大的思想家、哲学家和文学家，是道家学派的代表人物，后世将他与老子并称为"老庄"。代表作是《庄子》。据传，他曾隐居南华山，所以唐玄宗时诏封庄周为南华真人，称其著书《庄子》为南华经。

学员 14：据说，有一天庄子在钓鱼，楚王派了两个大夫去请他到楚国做宰相。结果庄子手拿鱼竿，头也不回，说："我听说楚国有一只神龟，死了都三千年了，楚王还把它包上，藏在盒子里，放在庙堂之上。你们说，这只龟是愿意死了留下骨头被人尊贵呢，还是愿意活着拖着尾巴在泥地里爬呢？"两个大夫回答："当然是愿意活着在泥地里爬啊！"庄子说："那好吧，你们请便吧，让我拖着尾巴在泥地里活着吧！"他就这样隐居不仕，终老天年。这确实和孔子的人生态度很不一样。如果换作孔子有人请他去做宰相，不知会怎么开心呢，为什么庄子就不愿意做官？

徐卫东：听庄子的自白，我们差不多就可以听出他不愿出山为相的两大原因：一是做官有危险，二是做官不自由。值得注意的是，庄子游戏言辞背后的认真态度。庄子生活极为贫困，经常穷得揭不开锅，然而，物质生活的困窘并没有使庄子低下高傲的头颅。他厌弃官场，蔑视权势，不愿为富贵利禄而苟且营求。庄子是个过于认真的书生，他的不合时宜在此，他的真正价值也在此。

《庄子》一书，可以说是庄子思考如何在苦难的现实中安顿这短暂人生的真实记录。他为此而构建的人生哲学体系主要包括了三个方面：

第一，提倡率情任性的自然人生。他认为，牛马生而四足，是天然而成的，而给牛鼻穿上孔，给马戴上笼头，就是违反自然的人为的行为。同理，庄子认为人类最理想的生活状态就是符合自然的状态——自在自为，不受外来干预的状态。在这点上，庄子和大力提倡仁义道德的儒家截然不同。庄子认为仁义礼乐是对人的自然本性的束缚和戕害。

第二，奉行全性保真的贵生主义。庄子并不关心一个人对社会产生什么影响，他考虑的只是保全个体生命不受伤害。为此，他主张摒除嗜欲，做到恬淡虚静，以保养精神，同时还采取"以无用为用"的生活态度。《逍遥游》中写有一次庄子和惠子辩论。惠子说，有这么一棵大树，主干臃肿不堪，小枝弯弯曲曲，对这种毫无用处的大树，过路的木匠看都不看一眼。庄子却反问：为何没用呢？你可以无所作为地在它旁边徘徊，逍遥自在地在它下面躺着休息，这棵树永远不会遭斧头的砍伐，没有什么东西会伤害它。你们看，庄子的"出世"，其实是为了"避害"啊！

第三，追求超脱自由的精神境界。这种境界的实质就是摆脱各种局限，超越各种具体条件和现实关系，最终达到在精神上与至高无上的大道合一，从而体会到无所拘系的自由感。为此，庄子为人们设计了三条途径：安命、齐物、无己。

面对人生的穷达祸福，庄子主张采取"安命"的态度。这种一切听任命运安排的主张排除了任何主观的努力，使人在必然性面前无所作为。但它引导人们在明知灾祸不可抗拒的情况下采取泰然处之的态度，在遭遇不幸时主动从痛苦中解脱出来。

所谓齐物，就是否定和抹杀事物之间以及物我之间的差别，反对人为的价值判断，例如是非、美丑、大小、荣辱等。庄子首先从事物的相对性来否定它们的差别。他认为，事物的性质都是在一定条件下而存在的，离开了具体的条件和固定的观察角度与标准，其结论就会不同。庄子这些相对主义的观点显然有其荒谬的一面，但同时也启发人们打破一成不变的认识角度与价值标准，不要拘于世俗的成见。庄子还用万物的同一性来否定它们之间的差别。他认为世间万物尽管千差万别，但又有着共同的总根源，这就是道。同时，万物又都统一于气，世间的一切包括人的生命都是气之聚散变化的结果。庄子实际上是把包括人在内的万物都看作变化无穷、生生不已的物质世界的一部分，他认为人的死亡只是具体的生命形式的结束，而构成这一生命形式的气又回到物质世界中,重新加入宇宙生命的无穷变化。在这个基础上,他提出"天地与我并生,万物与我为一"。在这种观点中,包含着对生命现象和万物变化的理性认识。它带来了对生死寿夭的达观态度。

要追求超脱自由的精神境界,最关键的是要"无己"。也就是心中没有自我,忘掉一切外物。只有达到"物我两忘"的境界,才能进入"无所待"的绝对自由的王国,"无所待"者,无所恃也,即"逍遥游"。

学员 15:说到"逍遥游",有个问题一直困扰着我:庄子在《逍遥游》中三次浓墨重彩地描绘大鹏的雄伟形象,对大鹏显然是欣赏和赞美的,但是,大鹏鸟要凭借巨风和"天池"才能起飞和栖息,又是"有所待"的,是不自由的,并不符合庄子心中"逍遥"的标准。这不是很矛盾吗?我也觉得麻雀虽小,却比大鹏鸟自由自在多了。

(有学员点头附和)

徐卫东:确实不好理解庄子塑造的大鹏形象。作者从原则上否定了大鹏,但是,又义正词严地驳斥蜩与学鸠的嘲笑,强调指出有"小大之辩",并且三次浓墨重彩地描绘大鹏的雄伟形象,字里行间透着崇敬之情。或许庄子在才能无双、向往着逍遥却又无法逍遥的大鹏形象里,正隐藏着自己难言的苦情:欲飞的理想和无法飞走的悲哀。对此,那些小麻雀之类,用它们有限的经验和渺小的眼界,又如何能够理解?甚至它们还神气活现地用丑陋可笑的行为去笑话别人的丑陋。很多时候,我们不就是自以为是又可怜可笑的小麻雀吗?

这种通过生动形象的比喻和情节性很强的语言故事来说明抽象的哲理,把文学和哲学熔为一炉,真是《庄子》散文独特的风格。与孟子散文中大量的喻体源于现实生活不同,庄子的比喻和寓言来自于他奇特丰富的想象。他笔下的世界,既是现实的、无情的,又是浪漫的、诗意的。你若要走进庄子描绘的这个世界,就必须抛弃固有的知识、经验、习俗等,完全解放思想,打破一切囿限,让自己也诗意起来。

庄子思想中的虚无主义、绝对自由等消极因素,我们应当摒弃。但他崇尚自然,追求精神自由和个性解放的思想曾使许多志士仁人在昏暗社会中,高情远志,不肯为三斗米折腰,保持了自己的节操,表现出高风亮节。他的"应时而变"的创新精神、"物无贵贱"的平等精神、追求"心和"的宽容精神、"不以养伤身,不以利累行"的淡泊名利精神等,对于当今时代仍具有重要的借鉴价值。

儒修身,道养性,佛净心。孔孟的儒家、老庄的道家以及外来的佛家,在后来的中国文化中形成三大哲学派别。它们之间有竞争也有融合,共同塑造了中国文化,哺育了中国人。

学员培训感言选录

吴小云:国学文化培训,使我对国学的兴趣大增。古代的一个个大师似乎在我眼前呈现,让我想更深入地去了解他们。兴趣激发了,这才是最好的培训。

郭小玲:徐教授的讲座又一次激发了我对知识的渴求,让我再一次关注《红楼梦》,再一次读《论语》、背《道德经》……徐教授对经典的解读让我对这些国学经典有了更新、更深入的认识。感谢徐教授。

夏贤芳:徐卫东教授的讲课由浅入深,旁征博引,采用启发式的讲授方法,很有吸引力,也非常精彩。本人感受最深的是徐教授对先秦诸子经典的导读,尤其对老庄哲学感受颇深。现当代,我们生活在一个浮躁的商品社会里,我以为,要实现远大的抱负,就应该清心寡欲,去掉一切私心杂念,也就是"无欲"。要想幸福,就必须"人如赤子,民如野鹿",回到原始状态,这样就能过上贫嘴张大民的幸福生活了。

第十二课

儒道之外说诸家

　　徐卫东：在诸子百家中，除了最重要的儒、道两家，还有阴阳家、纵横家、名家、农家、杂家、小说家等，对此，我们暂且放置一边。这堂课，我们依次简要地、有选择地说说墨、法、兵三家。

　　先说墨家。按惯例，你们可以先说想说的和想问的。

　　学员1：墨家学派的创始人是墨子。墨子的姓名、生卒年代、哪里人等好像都不能确知。一般认为，他姓墨名翟，大约生活在孔子之后，是鲁国人。

　　学员2：墨子出身贫苦，自称贱人。有研究认为墨，指的是古代墨刑，因此推断墨子应该是刑徒之后。他的学生和信奉者出身可能和他一样。

　　学员3：墨子主张"兼爱""非攻"等思想，与儒家观点对立。有《墨子》一书，是墨子讲学时由弟子们记录后整理而成的。说实话，比较起孔子和儒家来，我对墨子和墨家更陌生了，几乎没读过他的什么文章。

　　徐卫东：孔子之后，与儒家学派相抗衡，在当时同被称作显学的，不是道家学派，而是墨翟创立的墨家学派。与其他学派不一样，墨家是一个有领袖、有学说、有组织的纪律严密的学术团体，其首领称"矩子"。不能说他的学生和信奉者都是刑徒之后，但是，大多来自社会下层的劳动者应该是无疑的。墨者们以维护公理与道义为己任，吃苦耐劳，严于律己，身体力行。

　　墨子的主张，很多地方确实与儒家观点相对立。

　　仁，是儒、墨两家都主张的，但是，墨家主张的仁是"兼相爱"，这是一种普遍的爱，是理想化了的人与人之间的一种平等关系，而不是儒家主张的有亲疏厚薄、差等鲜明的爱。因为墨子生活在社会的底层,他认为当时社会的一切动乱、祸害、灾难、罪恶都是因为不"兼爱"而产生的。

义,也是儒、墨两家都提倡的,但是,墨家所说的义与儒家所说的义有着本质的区别。墨家义的实质是利,义与利是密不可分的。所以"兼相爱"的实质内容就是"交相利",即爱时必须给对方以利益,使对方在爱中得到利益,这利益主要是指物质利益。可见,墨家崇尚的是义的利益价值,这与儒家把义与利对立起来,把义规定为超越功利的纯道德行为,把重利者称为"小人"是完全不同的。

再如,与儒家重乐不同,墨家主张"非乐"。认为享受音乐费时耗事,花费人力、物力和财力,而且影响从事国家的管理和参与生产劳动。与儒家"死生有命,富贵在天"的"天命"论不同,墨家主张"非命",重视发挥人的主观能动性,通过发奋图强,掌握自己的命运。与儒家维护和提倡"厚葬""久丧"的礼仪不同,墨家主张"节葬""短丧",不把社会财富浪费在死人身上。

学员 4:儒家特别重视丧葬之礼。孔子去世后,依照礼制,他的学生们都要为他服丧三年,其中最优秀的学生之一子贡,在孔子墓边还搭建了窝棚,为孔子守墓六年。后来,他的弟子和鲁国群众有许多就在孔子的墓旁安家,成了一个新的村落。儒者们也经常在孔子墓旁演习礼仪。

徐卫东:儒家的厚葬耗钱财,守丧费时间,守墓三年后,人都虚弱得需要别人搀扶才能起行。因为孔子觉得人生是一个庄严的过程,所以一定要用隆重的仪式来终结它。墨子认为"厚葬""久丧"会造成"国家必贫,人民必寡,刑政必乱"的后果,因此,墨子制定的埋葬的办法是仅用三寸厚的桐木棺材,穿两件衣服就可以了。送葬时仅"哭往哭来",不过分悲伤。埋葬之后,照常从事劳动。而道家更是觉得人生就是一片浮云,生老病死犹如春夏秋冬,一切顺其自然。据说,庄子临死前就告诉学生,他死后直接把他扔在旷野里就行了,这广大天地就是棺材,日月星辰就是陪葬的珠宝,天下万物就是送丧的礼物。你看看,这是多么的洒脱呀。

随着历史的发展,儒家如日中天,道家后来居上,墨家在战国以后已经衰微。到了西汉时,由于汉武帝的独尊儒术政策、社会心态的变化以及墨家本身并非人人可达的艰苦训练、严厉规则及高尚思想,使得墨家在西汉之后基本消失,无可奈何地被挤出了中华文化之河的主航道。其实,现在看来,在中国历史上墨家学说是最接近于科学启蒙的。它比阿基米德掌握杠杆原理要早 2 个世纪,与欧几里得一样对几何学进行了朴素且严密的定义,可是它并没有取得

《几何原本》在西方科学史上那样彪炳史册的地位，也没有引发一场轰轰烈烈的科学革命，这不能不令人嗟叹。

再说法家。

在先秦诸子中，针对社会问题，儒家提倡仁爱，墨家主张兼爱，而道家则认为仁爱和兼爱都不能救世，唯一的方法就是"无为"。三家虽然思想主张各有不同，但是具有一种共同点：复古。就在此时，主张面对未来的法家横空出世。

学员5：被老师这么一说，感觉确实是这样。孔子喜欢援引周文王和周公来支持自己的学说；墨子与儒家争辩，就援引比周文王、周公更古老的夏禹；孟子为能凌驾于墨家之上，往往援引传说中比夏禹更古老的圣王尧舜；道家为能胜过儒家和墨家，则请出比尧舜又早几百年的伏羲和神农。法家应该是先秦各哲学流派中最后出现的一派吧，当时的君王，为什么对儒家等思想似乎很崇敬，但不想采用，而对法家思想就真心喜欢、主动采用呢？

徐卫东：说得好，问得也好。简单说，法家能现实地面对当今世界，其学说可行性强，见效快。当时的世界，是一个弱肉强食的世界，各国领导人都想在这竞争残酷的世界中保存自己的国家，强大国家军事、政治、经济的实力，强化国家的统治。面对这样严峻的形势，儒家、道家、墨家等各派都力图解决君王面临的各种问题，但是其学说思想都过于理想化，不切实际。各国君王爱听的不是怎样谋求民众的安居乐业，而是如何解决当前严峻的国际形势。就这样，一班政客登上了历史舞台，一种全新的反对复古的法家思想应运而生，他们主张的"势""术""法"三字秘诀被君王们欣然采纳。

学员6：我知道法家主要代表人物有商鞅、韩非等，他们特别重视法治，主张"势""术""法"什么的。这"势""术""法"具体指什么？好像挺神秘的。

徐卫东：你提到的韩非，是韩国的王族贵人。当时韩国国力衰弱，韩非便多次上书，提出富国强兵的主张，却没被国君采用。韩非有点口吃，不善言辞，他便发愤著书，写了十几万字的著作。书传到秦国，秦王非常欣赏，于是派兵包围韩国，点着名索要韩非这人。韩王没办法，只好让韩非出使秦国。韩非有个同学叫李斯，刚好在秦国做官。他自知学问不及韩非，生怕韩非压倒自己，于是在秦王面前说了韩非不少坏话，结果韩非不但没有被重用，反而下了大狱，后来竟被李斯用毒药害死在秦狱中。

韩非虽然一生都没能施展自己的抱负，却著成了流传千古的《韩非子》，总结了法家的一整套理论。法家反对不切实际的复古学说，主张君王应当运用"势""术""法"来统治国家。"势"就是权力与威势，君王要独掌军政大权；"术"

就是政治权术，是驾驭臣下、掌握政权、推行法令的策略和手段，主要是察觉、防止犯上作乱，维护君主地位；"法"是法律和规章制度，就是要健全法制，赏罚分明，以罚为主，以严刑峻法管治百官百民。且"势""术""法"三者必须互相配合地运用，缺一不可。

虽然韩非本人命运不济，可他的学说非常实用，很受君王们的重视和偏爱，对春秋战国之际进行封建化的改革以至秦始皇统一六国，建立中央集权专制的封建国家起了重大的作用，并成为秦王朝的统治思想。而且之后的2000多年，一直被历代帝王们研究和实践。但是，我们应该清醒地看到，法家思想归根结底，追求的是"王法"，其本质是"只效忠帝王一人"。这和我们今天所提倡的民主法制具有根本的区别，决不可混为一谈。同时，秦朝失败的教训也启示我们，如果只讲以法治国，而否定道德的作用，那么结果是民众不堪忍受，揭竿而起，推翻统治。我们在健全法制的同时，不可忘了社会的安定需要礼教，因为社会不能没有道德！

最后说说兵家。

春秋战国时期，涌现了一批孙武、吴起、孙膑这样的名将。他们有的留下了军事论著，有的留下了经典事例。在这灿烂的群星中，最为耀眼的明星无疑是大军事家孙武。

学员7：虽然没有读过孙武的《孙子兵法》，但是知道它影响之大，遍及世界，遍及各行各业。一个国际性的学习研究《孙子兵法》的热潮正在兴起。

学员8：以前听过这个故事：孙武带着他的兵法去见吴王阖闾，阖闾让他训练女兵。孙武把宫中美女180人编为两队，让吴王宠爱的两个妃子为两队的队长，并令所有的人都拿着戟。孙武下令："你们知道前后左右吗？"大家回答说："知道。"孙武说："前看心，后看背，左看左手方向，右看右手方向。"大家回答"是"。说完，摆出刑具，宣布纪律，并三令五申。于是开始训练击鼓发令向右。宫女们嘻嘻哈哈地大笑起来，没有看右手。孙武说："约束不明，申令不熟，这是将帅的罪过。"再次申明规定后，击鼓发令向左，宫女们又大笑。孙武说："既然已经再三反复说明了，仍然不执行命令，那就是士兵的罪过了。"于是下令斩左右队长。吴王从台上看见要杀自己的爱妃，吓坏了，急忙传令说："我已经知道将军善于用兵了。没有这两个爱妃，我饭也吃不下，希望不要杀她们。"孙武说："臣已经受命为将，将在军，君令有所不受。"便杀了两个队长示众，任用另两名为队长。于是重新击鼓发令，宫女们左右前后跪起，都合乎规定和要求，没有再敢出声言笑的。孙武派人报告吴王说："女兵已经训练好了，您可以下来看看，任凭王想怎样用它，即使赴汤蹈火也可以做到。"吴王显然很不高兴，说："将军回房间休息吧！我不愿下去看了。"孙武说："大王只是爱好兵法的词句，并不能实际使用它。"阖闾从此了解孙武会用兵，终于用他为将军。

　　徐卫东：谢谢你精彩的讲述。这个故事反映出孙武严格治军的思想。后来阖闾用孙武为将，西破强楚，占领了首都郢，威震北边的齐国和晋国，在诸侯中名声显赫。

　　孙武不仅战功卓著，而且军事理论博大精深，可以说是军事学的开山鼻祖。尽管你们不一定读过《孙子兵法》这部我国现存最早的兵家圣典，但是对"知己知彼，百战不殆"这样的经典名句一定是耳熟能详，并经常引用。《孙子兵法》全面总结了春秋时期及其以前的战争经验，分析、论述了许多作战原理，提出了军事上的许多杰出命题，揭示了认识和指导战争的普遍性规律，内容丰赡，认识精辟，不仅对当时的战争有十分现实的指导意义，而且对后世乃至当今的军事思想都有深远的影响。

　　《孙子兵法》的作者是孙武还是孙膑，曾有过长期的讨论。1972 年 4 月，在山东临沂银雀山汉墓的出土文物中有《孙子兵法》，也有《孙膑兵法》，这场讨论才结束。关于孙膑，你们有什么印象深刻的故事吗？

　　学员 9：孙膑是孙武的后裔，相传他曾与庞涓同拜鬼谷子为师学习兵法。后来庞涓到魏国担任了魏惠王的将军。他完全知道自己的才能不及孙膑，恐怕孙膑日后胜过自己，便暗中派人把孙膑诱骗来，盗用法令割去他的膝盖骨，弄断了他的双腿，还在他的脸上刺字，目的是不让孙膑露面。但是孙膑还是利用齐国使者的来访，逃出了魏国，投奔齐国。唉，足智多谋的孙膑尚且不能认识自己的同学，以致惨遭庞涓的暗算，可见识人之难呀！

　　徐卫东：哈，你对老子"知人者智"的理解是不是更深了？好在孙膑经历了惨痛的教训后，对庞涓的认识全面深刻了，这就注定以后双方打仗，孙膑能"百战不殆"。

　　学员 10：我知道"围魏救赵"的故事：公元前 353 年，魏国攻打赵国邯郸，赵国向齐国求援。齐国将军田忌原来打算领军直至赵国救援，孙膑想出妙计，就是引军直奔魏国的大梁，直接攻打它的都城。因为此时魏国的精锐部队都去攻打赵国了，城里必定空虚，这一攻打必定使得魏军放弃赵国而急忙回来自救。正如孙膑所料，魏军果然这样做了，而齐军就在魏军返回途中的桂陵地方以逸待劳，狠狠打击了他们，大破魏军。

徐卫东：在出土的《孙膑兵法》中，也有桂陵大捷的记载。这个战例千古流传，成为军事上调动敌军就范于我的一种重要战法，被古往今来兵家所推崇并加以效法。

过了13年，魏国又和赵国联军进攻韩国，韩国向齐国求援。齐国的将领田忌还是采用直扑魏国大梁掏老窝的方法，迫使庞涓赶快离开韩国来救大梁。孙膑采用了减灶示弱、诱敌深入之计。他对田忌说："魏国兵很勇敢，一向看不起齐国兵，认为是胆小鬼。我们就来个因势利导，命令齐军进入魏国境内后造十万灶，第二天造五万灶，第三天造三万灶。"庞涓行军三天，看到这种情况，心里很高兴，说："我本来就知道齐军胆小，进入我国境才三天，士兵逃亡的已经超过半数了。"于是他舍掉他的步兵，用轻锐部队日夜兼程追赶齐军。孙膑一直在观察形势，看到庞涓上钩，估计这天晚上庞涓会追到马陵，他就埋伏了重兵，还在一棵大树上削了皮，写了"庞涓死于此树之下"几个字，并约定："晚上一看到有火光亮起来，就往那儿射箭！"庞涓真的来了，他想看树上写了什么，就取火照着看，还没有看完，万箭齐发，魏军大乱，庞涓"自知智穷兵败"，就自杀了，临死说了一句话："遂成竖子之名！"

齐军这两次大败魏军，致使魏国国势日趋衰落，齐国声威大震，成为当时的强国之一，孙膑也由此名显天下。

春秋战国时期兵书太多，流传至今的兵书，大约不少于400种，无法一一列举。兵家著作中含有丰富的朴素唯物论和辩证法思想，现在不仅受到了军事界的重视，而且受到了管理界的重视。日、美等国管理学者研究《孙子兵法》者日多，美国哈佛大学商学院和日本的许多大公司都把《孙子兵法》作为培训企业经理人员和中层以上管理人员的必读教材。美国管理学家乔治在《管理思想史》中甚至说："你若想成为管理人才，必须读《孙子兵法》。"

学员11：徐老师，最后我想问个和这堂课内容关系不大的问题：为什么先秦诸子散文能取得这么高的成就？像庄子穷得叮当响，文章为什么能写得这么漂亮？按理讲，随着现代社会物质、文化的飞速发展，我的写作水平也应该超越他们才是呀？

徐卫东：呵呵，听得出来，你很郁闷，其实我也郁闷。

这个问题，我们是否可以借用马克思的一个惊世发现来解答。马克思在考察古希腊艺术时发现了艺术生产与物质生产发展的不平衡关系。他指出，艺术生产的发展不一定时时处处都成正比例发展，而有可能出现局部不平衡现象，特别是某一特定艺术样式的成熟和繁荣，不一定出现在人类社会的高级

国学

阶段,而有可能,甚至是只可能出现在人类社会的初级阶段,古希腊神话就是如此。

学员 11:您这样一说,不禁让我想到中国游泳小将叶诗文了。2012 年伦敦奥运会上,叶诗文用 2 块金牌、1 个新的世界纪录、1 个新的奥运会纪录,骄傲地走进了天才的队伍,一时间,成为了国外记者关注的焦点。这中间,就有不少质疑的声音:如果不用禁药,一个身材娇小的 16 岁姑娘能游得这么快吗?这里除了其他因素外,是不是也有点逻辑混乱?

徐卫东:是的。我们不能因为高大魁梧、年富力强的汉子游泳不快,就认定长得娇小,才 16 岁,就一定游不快。我们知道,除了叶诗文是 16 岁,澳大利亚"大脚"索普 15 岁成为了历史上最年轻的游泳世界冠军,美国"飞鱼"菲尔普斯 16 岁打破了 200 米蝶泳世界纪录,成为最年轻的世界纪录保持者。这个花样年龄,很可能就是创造游泳奇迹的最佳年龄!

同样,先秦时代,很可能就是诸子散文这一特定文学样式的成熟和繁荣阶段。那时候,文人用来抒情达志的手段非常少,别说"小说""戏剧"这些艺术形式还没有,甚至连唐宋时期人人擅长的诗词,先秦的文人也不会。真正有艺术性的诗歌,即我们前面讨论过的《诗经》,也是来自民间。

学员 12:先秦的文人不会写诗吗?老师,战国时期楚国的屈原不是一个伟大的诗人吗?

徐卫东:不错,战国时期楚国出了个屈原,他在当时民歌形式的基础上创作了一种半诗半文的文学体裁——骚体。后来学屈原的人写出来的已经不是诗,而是一种"骚体"散文,这就是辞赋。因此,总体上说,先秦的文人只会写散文,不会写诗。先秦诸子散文之所以取得那么高的成就,和那个时代文人专门从事散文写作的状况是分不开的。而且,早从春秋战国开始,文人对散文的写作就特别注意它的文学性,孔子曰"言之不文,行之不远",已经认识到,如果散文没有文采,没有文学性,就会传播不广,传播不久。

另外,和读书方法也有关。古人自幼熟读记诵,满腹经纶,自然是笔下生花;而我们现在或懒于经典阅读,或不喜精读勤思,以致腹无诗书,下笔又怎会有神助呢?

好了,不扯开去了。先秦诸子散文艺术成就一直来被人们叹为观止,先秦历史散文同样精彩。但是,从学术研究看,恰恰是对先秦散文的研究最薄弱,最浑沌,有许多悬而未解的疑团尚需解开。

王惠娟：中国古代传统文化博大精深，浓缩了人文科学和自然科学等方面的知识结晶。代表着中华民族悠久的历史与灿烂的文化的《论语》《孟子》《老子》《庄子》等经典文化著作中有民族骨气和浩然正义，有"修齐治平"的人生理想，有"先天下之忧而忧，后天下之乐而乐"的情怀……徐老师课中让我们知道孔子的"仁爱"，孟子的"舍生取义"，老子的"无为"，庄子的"逍遥"……国学经典不仅让我们看到人类智慧的高尚伟大，更让我们感受到人类情感的丰富美好。国学经典让我们以圣贤为师，让我们的生命变得充盈、饱满。

叶璐璐：经典的力量能震撼人心，国学使我感受到了古代文人那份谦虚、豁达、坦然和乐观。学习孔子的"仁爱"精神，《论语》中"仁爱"的核心思想，始终浸润着"达则兼济天下，穷则独善其身"的光芒，它为不同时期、不同年代的人们所推崇，所向往。学习庄子的生活态度，庄子主张"无为"，但不是碌碌无为、不思进取，而是要心存淡泊、顺其自然。学习先秦诸子的思想，不仅可以启悟我们的生活，增长人生的智慧，开释生命的理解，还能让我们生活得更好，更容易得到幸福。

吴凤波："关关雎鸠，在河之洲。窈窕淑女，君子好逑。"《诗经》很美。"若有人兮山之阿，被薜荔兮带女萝。既含睇兮又宜笑，子慕予兮善窈窕。"屈原笔下的山鬼很美。"鲲之大，不知其几千里也。化而为鸟，其名为鹏。鹏之背，不知其几千里也；怒而飞，其翼若垂天之云。"庄子笔下的鲲鹏真是非一般的神物。感谢国学培训让我们领略了中华文化的博大精深，让我们穿越时空，感受了千百年前人们的理想和感情！

国学

第三讲　走近圣贤看诸子

95

亦史亦文读经典

第十三课

《尚书》——帝王的治国课本

徐卫东：要讲先秦历史散文，必须从《尚书》开始。一来，《尚书》是中国传统典籍中最为古老的历史文献，是第一部兼有记叙和议论的散文集；二来嘛，司马迁和班固都肯定《尚书》是孔子编纂的，这历来有不同的说法，不能确定，但可以确定的是，《尚书》是孔子给学生们开设的一门必修课。孔子以《尚书》作为其政治理想、政策及政德的教授范本，用以传授弟子，于是，它被后代尊为儒家的圣典，故又称为《书经》。它成了封建社会的政治哲学经典，历代帝王必须研习的治国课本，还是贵族子弟和士大夫们必须遵循的大经大法。可以说，一部《尚书》，蕴涵浓缩了作为中国 5000 年传统政治道德基石的一组核心价值，在中国文化史、思想史上的地位与作用不可低估。

那么，"尚书"之"尚"取于何意呢？

学员 1：是"上古"的意思。"尚书"，就是"上古之书"。

学员 2：应该是至高无上的意思，指的是"君上"。所以"尚书"就是"记录君上言行之书"。

徐卫东：这两种意见都有道理。古人"尚"与"上"通用，"上古""君上"皆可理解。因为《尚书》涵盖的年代属于上古，这一点无可争议，《尚书》记载的内容大都为君上的训令或出师的誓词，这一点也无可争议。因此王充就说："《尚书》者，上古帝王之书。""书"原来就是史，上古时，史为记事之官，书为史官所记之史，由于这部书所记载的是上古君王的史事，所以叫作《尚书》。

《尚书》曾受到各国诸侯的销毁，如《孟子·万章下》中所说的："诸侯恶其害己也,而皆去其籍。"秦始皇统一中国之后,更是把《尚书》列为禁书,规定民间所藏的《尚书》均须烧毁。

学员 3：据说最早的《尚书》有 100 多篇的,可惜都被秦始皇烧掉了。当时济南有个读书人,偷偷地把一本《尚书》藏在家里的墙壁中,没有交出去。因为战乱,他逃亡在外。等到汉初局势稳定之后,他才回家从墙壁中取出《尚书》,但书已残缺不全,只剩下 28 篇了。是这样吗?

徐卫东：史书上有这样的记载,后来济南这位伏生氏,就守着这 28 篇,私自教授于齐鲁之间。但汉武帝时,鲁恭王刘余为了扩大自己的宫殿范围,拆掉了相邻的孔子旧宅,结果从孔宅墙壁中拆出了一部《尚书》,比伏生的多出了 16 篇。因为伏生所传全是用汉代流行的隶书写成的,所以人们把它称作今文《尚书》;孔宅壁中发现的是用先秦古文即蝌蚪文写成的,所以人们把它称作古文《尚书》。那么,哪一部是"原装货"? 争论了近 2000 年,到清代才认定伏生的更可靠些。因此,现在研讨《尚书》,只限于今文 28 篇。

今文《尚书》按时代先后,分为《虞书》《夏书》《商书》《周书》四个部分。《虞书》和《夏书》疑为春秋战国人根据历史传说而追写,然而那时去古不远,记叙必有所据,故也值得重视;而《商书》和《周书》则是商、周两代保留下来的官方文献,具有极高的史料价值。其文章虽经后人增损修饰,但基本上也可反映当时散文的特点。

今人眼中的散文,是与诗歌、小说、戏剧相对应的一种文学体裁。先秦的散文是与韵文相对应的一切文章,是一个包含记叙文、议论文、实用文等在内的广义的概念。所以,《尚书》中所谓的散文,其实就是讲演辞、命令、宣言、谈话记录等,但已具备记叙、描写、议论、抒情等多种表达方式,虽为"记言",却并不单调。只是这些文章多是上古口语,不是规范的书面语,所以语法结构与后世差别很大,读起来古奥艰涩,犹如"天书'。我们不妨来读一篇或许是目前能看到的最早且可信的夏代散文《夏书·甘誓》:

> 大战于甘,乃召六卿。
>
> 王曰:"嗟! 六事之人,予誓告汝:有扈氏威侮五行,怠弃三正,天用剿绝其命。今予惟恭行天之罚。左不攻于左,汝不恭命;右不攻于右,汝不恭命;御非其马之正,汝不恭命。用命,赏于祖;弗用命,戮于社,予则孥戮汝。"

"誓",是君王告诫将士的一种文体,是出征或交战前的动员令。因诸侯有扈氏不服启继承帝位,夏天子启亲自率领将士出征前去讨伐。决战前,在有扈氏国都的郊外甘，即今天的陕西户县西南面，天子对将士们发布了战争动员令。首先，告知将士们为何而战和为谁而战："有扈氏不尊重水、火、金、木、土交替运行的自然规律，怠慢废弃了天地人之正道，因此，上天要剿灭他。现在，我就代表上天对他实施惩罚。"开门见山历数了有扈氏的罪状，以证明讨伐的正义性。接着，严明纪律："打仗时必须要听指挥，让你们从左路进攻就左路进攻，让你们从右路进攻就右路进攻，让你们驾驭好战车就驾驭好战车。不然，你们就是不服从命令。"运用排比手法，简洁而威严。最后宣布奖惩措施："如果你们服从命令，奋勇杀敌，那么胜利归来之时我会敬告祖庙，大加赏赐；如果你们不服从命令，临阵怯战，那么我必定会请命神社，罚你们做奴隶，或者杀掉你们！"说得干脆果断，朴实无华，且极具权威性和震撼力。

学员4：启指责有扈氏"威侮五行，怠弃三正"，这很抽象，并没有说出什么实质性的罪行来，所以感觉讨伐的理由不充足呀。

徐卫东：是的。那么夏启为什么要亲自带兵去攻打有扈氏呢？《史记·夏本纪》交代了一些背景：大禹作为天子，在东巡的过程中，死在会稽，留下的政权由益接手。益是皋陶的儿子，也是舜任命的山泽之官，在舜、禹两代，都是重要的阁员。再加上父亲皋陶的巨大声望，益接手最高职位并不令人意外。但是，三年之后，益又把政权让给了禹的儿子启。据说，启很贤明，得到了诸侯的拥护，于是继承了帝位。但是，有扈氏却不服。其实，这有扈氏也不是外人，他就是启的同姓兄长。他反对启的理由是：以往尧传舜、舜传禹，都是把天子之位禅让于贤德之人，但是，启的继位则相当于禹把天子之位传给了自己的儿子，因此，启的继位违反了沿袭已久的"王位继承法"，不具有合法性。以此为理由，有扈氏向启直接发起了挑战。

如果说，有扈氏挑战启的理由是启违反了"让贤"传统，那么，启给有扈氏定的罪名就是违背天地之间的运行规律。认为有扈氏对于君臣关系、兄弟关系的伤害，具有叛逆性质，是对自然规则的轻慢。这种以五行为核心的自然法则，乃是一种更高的、更应当遵循的规则。对这种规则的轻慢，则是一种更严重的不义。按照后世中国的说法，就是违背了天理，因而天理不容。自己的征伐行为，则是代天而罚，替天行道，因而具有足够的正当性。

这一场合法性与正当性之争，最终以有扈氏被夏启的武力所灭而结束。如果尧、舜、禹之间的禅让确有其事，如果这个伟大的传统终止于夏启，那么，有扈氏就是捍卫这个伟大的政治传统的殉葬者，他所代表的政治观念，自有其不灭的价值。

还是让我们回到阅读上来。《夏书·甘誓》的文字在被称之为天书的《尚书》中算是比较浅易的，因此就有学者怀疑它是后人所作。但我们读了，大概还是可以了解《尚书》文风古朴、文字拗口的特点。那么，怎么阅读能轻松些呢？作为一般的了解，你可以选择今译本来读，不然的话，就如王国维说的那样，用《尔雅》做工具书，帮你阅读。而且和《史记》中的《五帝本纪》《夏本纪》《殷本纪》《周本纪》等结合起来读，效果会更好些。因为，司马迁写《史记》时，采用了《尚书》的材料，或录全文，或取部分文字，但他用汉代通行的语言文字对《尚书》作了翻译疏通，所以较为流畅易懂；另外，相关史料也能帮助我们阅读理解，如刚才提到的启伐有扈的背景。

学员5：曾读到韩愈用"周诰殷盘，佶屈聱牙"来评价《尚书》文字古奥、语句拗口的特点。"周诰殷盘"是什么意思？

徐卫东："周诰殷盘"或"殷盘周诰"都是指代《尚书》的。

《尚书·商书》中有一篇叫《盘庚》的非常有名，是最古老、最可靠的殷人作品。盘庚是一位商代帝王的名字。他打算把商的首都从黄河以北迁到殷那个地方去，原因是旧都常受到水害的侵袭。可是老百姓恋着田园故土，不愿挪窝儿。盘庚就向诸侯大臣发表演说，一是讲明迁都的理由，二是训诫大臣们要同心同德，不能阳奉阴违暗中捣乱。盘庚的态度坚决、果断，话里带着居高临下、不容违抗的语气。后来迁都成功，商朝也因此更加强大。

还有一篇《大诰》，是周代的文献。《尚书》中那些号令称为"誓"或"诰"。我们已经知道有关军事的叫"誓"，而平时宣告王命和上对下的指令就叫"诰"。周武王灭掉殷商，仍然把商纣王的儿子武庚封在殷这个地方，算是优待前朝的贵族，但同时命令自己的两个兄弟管叔和蔡叔监视武庚。周武王死后，儿子成王即位。管叔、蔡叔心怀不满，就跟武庚一道造反。当时周成王还是个孩子，只好由他的叔叔周公代他兴兵讨伐叛逆。《大诰》就是周公东征前以成王的口气发布的文告。文告分析了当时国家所面临的困难，提出了武力解决的办法，统一了统治集团内部的思想。三年后，平定了管蔡之乱，重新统一了周朝。

殷商的《盘庚》和西周的《大诰》都是《尚书》中的重要文章，所以后来一说"周诰殷盘"或"殷盘周诰"指的就是《尚书》。

尽管《尚书》的篇目有真伪，但我们不能因此忽视了《尚书》中珍贵的上古文献价值，司马迁编写《史记》，在记叙春秋以前的重要史事时，几乎全部收入了今文《尚书》。

《尚书》更有非常深刻的思想价值，从中可以找到先秦各家学说的思想渊源，诸如"中庸"思想、"无为"思想、天道观、礼治思想、民本思想、法先王思想、孝悌思想以及修养观等。而贯穿整个《尚书》的核心理念,就是一个字——"德"。

在《尚书》今传 58 篇文本中共有 203 个"德"字,即使在学界普遍认为相对较为可信的今文《尚书》28 篇中也有 22 篇出现了"德"字,总计 100 次,出现的比率较其他元典要高得多。在《尚书》中,自尧舜以下,夏禹商汤,文武周召,反复告诫当时执政者的是:有德则得国,无德必丧邦。他们所言"德"的含义有二:一是德政,二是德教。德政,就是施行明德慎罚、立政唯贤、恤民养民等一系列以道德精神为准则的方针政策,减轻人民的疾苦,为人民的安居乐业创造好的条件;德教,就是以道德精神教育人民,感化人民,使人民具有互爱互助等好的道德风尚和爱国守法等好的精神品质。德政与德教互相促进,缺一不可。

"以德导政"和"以德治国"的理念,体现于《尚书》中所有训、浩、誓、命的全部。例如,伊尹教诫商王太甲的训辞说:"惟天无亲,克敬惟亲。民罔常怀,怀于有仁。"天道并无私爱,谁敬德则爱护谁。人民也没有永远的爱戴者,只有爱人民者才会被人民所爱。周武王在出师征伐殷商前夕的誓师演讲《泰誓》中说:"天视自我民视,天听自我灵听。百姓有过,在予一人!"上天之眼通过我的人民而观视,上天之耳通过我的人民而听知。我的人民有灾难,责任只在于我一人!

《尚书》中有两位传布政教的重要历史人物:一是伊尹,一是周公。伊尹、周公是商周政治统治经验的系统总结者,也是华夏政治文化的两位最初传道者。伊尹政治思想的核心观念是"敬天保德"。而周公则进一步提出"以德配天"之说,在中国历史上首创了"天人感应之论"。

周公第一次把上天的好恶与地上君主的行为联系起来,倡导"修人事以应天命"。他认为上天是监临下民、赏善罚恶、公正无私的超人格神。另一方面,周公认为君主只要"敬德保民",就可以感动上天,使天命得以长保。

《尚书》相信国家兴亡系于民心,"民为邦本,本固邦宁","民之所欲,天必从之"。这种民本和亲民的思想,其实乃是原始的民主思想。因此,民本、民权与民主的思想,是否都起源于西方,起源于罗马,是可以打上一个大大的问号的。

但不管怎么说,4000 年前,中华民族源于对宇宙运动和历史运动的深刻理解,就表达出了以德治国的政治理想,这是千真万确的。这个理想并非局限于某个历史阶段,也并非局限于某个民族,这应该是人类社会永恒的理想,是整个世界的终极理想,因为这个理想所要实现的是天地人的合一,在社会政治领域则是要实现统治者与人民,国家与个人,人与人以及社会精神与社会运行的统一与和谐。这其中蕴藏的智慧与明哲令人惊叹,这其中表现出来的执着精神与博大情怀更令人感叹。

《尚书》作为最重要的中国文化元典之一,其中还蕴含有丰富而又独特的教育思想,对今天的教育也具有现实意义。

我想问你们:教师在教育中究竟该起什么样的作用呢?

学员 6:师者,所以传道授业解惑也。

学员 7:新课程提倡教师在教学中成为引领者、组织者、参与者等等。

徐卫东:《尚书·说命中》对教师作用作了形象而贴切的概括:老师就像是磨刀石、船和桨、甘霖、良药和眼睛,而学生相应地就像是铁器、渡河的人、久旱的土地、得病的人和要走路的人。这五个比喻将老师在教育中对学生的激励作用和促进作用,对学生获得知识的桥梁作用,对学生情感上的教化、感染和错误行为的矫正作用,以及对学生学习、思考过程中的点拨和引导作用等诸多方面非常形象地表达了出来,貌似比你们的认识更为高明和深刻哦。

那么,我们在教育中又应该具有怎样的教育态度呢?

学员 8:认真,负责,严格。"严师出高徒"嘛。

徐卫东:在《尚书·舜典》中,舜帝告诫负责全民教育的官员,在教育中要树立"敬"和"宽"的理念。"敬",就跟你们说的"认真""负责"一样,要求教育者要严肃、严谨、表里如一、倾尽全力,否则,就不能取得真正的教育效果。"敬"作为中国传统文化中非常重要的一个范畴,影响很大,尤其是宋明理学对之非常重视。"宽"是另一个重要的理念,但是长久以来被严重忽视。后来无论是在学校教育还是民众教化中,"严"被过分地强调,"严师出高徒"成了绝对的真理,这点应该得到纠正了。我们应该倡导宽容地对待学生,因为只有如此,才可能产生更为理想的教育效果。

在《尚书》看来,没有仅仅停留在语言或思维层面的教育。如果教育与实践分离,这种教育将毫无价值。《尚书·商书·说命中》强调"非知之艰,行之惟艰"。懂得道理并不难,难就难在实际去做。把教育最终都归结到力行实践上。"纸上得来终觉浅,绝知此事要躬行",注重躬行实践,这本是中国传统教育思想的特色之一,可惜,现今应试教育严重,高分低能普遍,从书本到书本的教育也让学生越来越丧失学习的兴趣,教育现状令人担忧。

学员培训感言选录

朱光华：徐老师乃智者也，听君一席话，胜读十年书，四天的国学培训让我受益匪浅。谢谢。

严荣君：培训内容好！培训老师好！培训氛围好！概括成两字——三好！

陈孝恩：这次培训让我终生受益，不仅是徐老师的自身魅力，更是徐老师对古典文学的精彩阐释，感谢徐老师。

第十四课

《春秋》的"微言大义"

徐卫东：史书记言以《尚书》为代表，记事则当推《春秋》。《尚书》是儒家的圣典，《春秋》也为儒门六经之一。与整理《诗》《书》《礼》《乐》《易》五经不同，《春秋》虽也有历史文献为依据，但在编撰修订中倾注了孔子更多的心血，寄托着孔子的人生理想，可以说，它是孔子一生事业的象征。因此，《春秋》在儒家经典中享有极为特殊的地位，却又是疑云重重，2000多年来，学界论争不断。关于《春秋》，你们已了解了多少？

学员1：《春秋》是我国最早的编年体史书，所谓编年体，就是按年、月、日有次序地记载史事。据说，在商代和西周时，一年只有春、秋二时，没有夏、冬，因此古人称年为"春秋"，也就把这种编年史称为《春秋》了。

徐卫东：《春秋》是我国现存的第一部编年体断代简史，也是世界上最早的编年体史书。编年体史书的优点在于它以年月为经，以事实为纬，容易使人看清事件之间发生的联系。这一体例的产生，堪称伟大创举。

至于为何称《春秋》，说法很多，除了你的说法外，也有认为：古制"赏以春夏，刑以秋冬"，所以取"春秋"二字，以示赏刑，暗寓褒贬其中的笔法；或认为是取自著书的时间——写于春，成于秋，故曰《春秋》。这种著书时间说似乎不太靠谱，因为古代凡是以记事为主的史书大多叫"春秋"，可能还是因为一年中春秋是最好的季节，春是生物之始，秋为成物之终，朝廷大事大多在这两季里举行，于是各国史书就拿"春秋"来说事了。可除了鲁国的《春秋》，其他各国的《春秋》都没有流传下来，所以今天一说《春秋》，自然便是专指这部鲁《春

《秋》了。

《春秋》的作者是谁？

学员 2：《春秋》是孔子晚年呕心沥血之作。孔子周游列国经历了 14 年之久，他在 68 岁返鲁后，以"国老"身份问政，因此有条件阅读鲁国档案。他为寄寓自己的政治理想和主张，以便留给后人效法，就用晚年的精力编纂《春秋》等"六经"。因此，《春秋》又称《春秋经》。

学员 3：我认为《春秋》不是孔子所写。早在孔子之前，各国就有史书。孔子只是在鲁国《春秋》的基础上做了修订工作。

徐卫东：这里有个故事，说是鲁哀公十四年，即公元前 481 年春天，鲁国有个猎户打着一只独角怪兽，谁也不认识，以为不吉祥，便扔到荒野里。孔子听到消息，跑去一看，说："这不是麟吗？它是为谁而来呢?! 是干什么来了？"边说边掩面大哭，涕泪沾襟。因为孔子认为麟是"仁兽"，是祥瑞的东西，太平盛世才会出现，现在它被打死了，难道还会有什么好事吗？这时，孔子已经老了，他为自己的主张奔走了一生，可是没有哪个国君任用他。孔子伤感万分，于是决心写一部《春秋》，让人们从历史的实在例子里得出善恶的教训，也就等于宣传了自己的学说。说干就干，孔子花了 9 个月时间，一口气把这部书写成。书从鲁隐公元年，即公元前 722 年写起，一直到鲁哀公"西狩获麟"止。

但这只是传说。孔子究竟是写了《春秋》，还是只是编修，或仅仅是"述而不作"地向弟子们传授？又或者孔子确实写了一部《春秋》，只是并非目前看到的这部鲁《春秋》，而是已经失传的某部《春秋》？我不敢妄下结论。只是从现有史料看，本人偏向于孟子、司马迁所说的"孔子作《春秋》"，是指孔子对鲁国旧史进行了编撰修订。

为何要编修？孟子说得很清楚："世道衰微，邪说暴行有作，臣弑其君者有之，子弑其父者有之。孔子惧，作《春秋》。"时势衰落，道义微弱，荒谬的学说、暴虐的行为又兴起，臣下杀死君主事情发生了，儿子杀死父亲的事情发生了。孔子深为忧虑，写出了《春秋》。孟子又说："昔者禹抑洪水而天下平，周公兼夷狄、驱猛兽而百姓宁，孔子成《春秋》而乱臣贼子惧。"从前，大禹制服洪水而使天下太平，周公兼并夷狄、驱逐猛兽而使百姓得以安宁，孔子编订出《春秋》而使叛乱之臣、不孝之子心中畏惧。

可见，孔子编修《春秋》的目的是匡救时弊。孔子说："知我者其惟《春秋》乎！罪我者其惟《春秋》乎！"了解我的，大概是这部《春秋》吧！指责我的，大概也是这部《春秋》吧！孔子明知自己编订这本书，后人一定会褒贬不一，但还是义无反顾地做下去。可见《春秋》融进了孔子的心血，他的思想和主张渗透在《春秋》的字里行间，这就是所谓的"微言大义"。

学员 4："微言大义"是不是指《春秋》语言非常精练而意义深刻？

徐卫东：基本可以这么理解。《春秋》内容包罗万象，却以"尊王攘夷"为根本大义，以礼乐精神为思想支撑。主要是尊崇周王，遵循周制，维护周礼，确立"君君、臣臣、父父、子子"封建等级制度。所以一切违背周礼等级名分的僭越行为，必受其谴责；一切遵守礼制的人和事，必获其表彰。志在"拨乱世反之正"。但"大义"是通过所谓"微言"体现的。

我们来读一段文字：

> 元年春王正月。三月，公及邾仪父盟于蔑。夏五月，郑伯克段于鄢。秋七月，天王使宰咺来归惠公、仲子之赗。九月，及宋人盟于宿。冬十有二月，祭伯来。公子益师卒。

以上是《春秋》对鲁隐公元年的记述。62 个字，记录了一年的事情。《春秋》记载了鲁隐公元年至鲁哀公十四年，包括 12 个国君，合计 242 年的历史。可《春秋》全书只有 16000 多字，记载一年史事平均只用了 70 个字，居然跟今天发一条手机短信的字数限制是一样的，这种巧合也足以让我们惊讶了。

《春秋》记事非常简略，多为提纲挈领式的文句，好似仅有标题，没有正文。最长的条文不过 46 字，最短的，你们猜猜几个字？5 个？错，是 1 个字。隐公八年，在一条记事中，只记了一个"螟"字，它告诉人们，这年发生了螟虫灾害，但具体的时间、地点、灾情等，都没有记。真是比我们现在的微博还要微博哈！

（学员笑）

现在来看隐公元年第一条经文："元年春王正月。"只有 6 个字，乍看之下简直是云里雾里的。其实它是在讲"大义"：尊周王，大一统。何以见得？因为夏、商、周三代的正月不同：夏朝以阴历的正月为正月，商朝以夏朝十二月为正月，周朝以夏朝十一月为正月。虽然周朝改定了历法，但是民间有仍沿用前朝的，春秋时分立的诸侯，各自为政，也多有不奉行周朝历法的，所以《春秋》开篇就特书"王正月"，表示采用周王所定的正月，这就是"尊王"，而尊王实际上就是拥护统一的中央政府。

再看第三条经文，"郑伯克段于鄢"可称得上是《春秋》中首年记录的列国中的第一大事。郑伯就是郑庄公，而这个段就是他的弟弟共叔段。庄公姑息养奸，纵容其弟野心膨胀，其弟骄纵欲夺王位，庄公乘机在鄢打败共叔段。对这件事，《春秋》只用了九个字："夏五月，郑伯克段于鄢。"——夏天，五月，郑伯在鄢这个地方打败了共叔段。这个记载，文字虽少，但是具备了记叙六要素中的四个要素：时间、地点、人物、事件的结果。那么"微言"在哪？如果你去读懂了《左传》中第一篇《郑伯克段于鄢》，那就大概可知答案了：郑庄公不仅不管教弟弟，反而纵容其野心膨胀，欲置之死地而后快，所以被连降两级，称为"郑伯"，这是对他予以讥讽；共叔段不但不辅助兄长，反而欲夺王位，不遵守做弟弟的本分，所以直呼其名而不说他是弟弟；尤其这个"克"字，有敌对的含义在内，本是打败了敌人称为"克"，现在是兄弟俩如同两个敌国一样争斗。就这一个"克"字，定了郑庄公的罪状。

就这样，《春秋》记述史事极为讲究遣字命意。写战争，《春秋》会选用伐、侵、袭、灭、取、歼和克等不同词语来表达，以"寓褒贬"。再如，当时吴国、楚国的国君，都已自称为王，这对于维护宗法制的尊卑贵贱等级观念的孔子来说，是不能容忍的，因此，孔子在"正名"思想的指导下，在《春秋》中就把他们贬称为"子"，以谴责这些诸侯僭拟天子专用王号的行径。又如，同样是记叙死人、杀人，也有区别：王死曰"崩"，诸侯死曰"薨"，大夫死曰"卒"；杀无罪者称"杀"，杀有罪者称"诛"，下杀上称为"弑"。

如此一字寓褒贬、字字含深意的语言特点，被后世誉为"春秋笔法"。孟子称"孔子成《春秋》而乱臣贼子惧"，司马迁也赞"《春秋》之义行，则天下乱臣贼子惧焉"。我以为，运用"春秋笔法"，就能让"乱臣贼子"胆战心惊，甚至因惧怕而放下屠刀立地成佛，这恐怕是过分夸大了文字的力量，最终只能是史家的一厢情愿的想法而已。再说，《春秋》过分含蓄的文字和"为尊者讳""为贤者讳""为亲者讳"这种有悖于"善恶必书"的"实录"精神的隐讳，也难以让"乱臣贼子"真正惧怕。

学员5：被老师这么一说，我也感觉所谓"乱臣贼子惧"真的是读书人善良的愿望罢了。还有，这些经典都不好读——《尚书》因为文字艰涩拗口所以难读，《春秋》文字过于简洁，要读懂它，也很困难。

徐卫东：说得一点没错。《春秋》虽然所用的是比较规范的书面语言，但是由于言辞隐晦，表述过于简约，所以要读懂就不太容易。为了更好地表现《春秋》经文的内容大义，很多学者为其著文诠释，以补原书之不足。于是，《春秋》之后，有所谓"春秋三传"，即《左传》《公羊传》和《穀梁传》。按儒家经学传统，先师所为"经"，后师所言为"传"；以"传"解"经"，帮助理解。尽管读《左传》有助于我们了解《春秋》所记事件的来龙去脉和因果关系，但它并非纯粹的解"经"之作，而是一部自成一家的编年体史书，我们下堂课单独来讲。真正"依经作传"而解说《春秋》的,是《公羊传》和《穀梁传》。

当然,对《春秋》所谓的"春秋笔法"也是有不同看法的。宋代的王安石称《春秋》为"断烂朝报",梁启超则称之为"流水账簿",直截了当地否定了《春秋》中内涵有什么寓意,认为"微言大义"乃子虚乌有,是出于主观主义的附会和臆断,是为了把孔子和《春秋经》神学化、偶像化。

著名的教育家、历史学家柳诒徵先生在《中国文化史》一书中讲到孔子与中国文化的关系时,曾作过这样的定位:"孔子者,中国文化之中心也。无孔子则无中国文化。自孔子以前数千年之文化,赖孔子而传;自孔子以后数千年之文化,赖孔子而开。"

《春秋》的"尊王攘夷"的"正统"观念,"笔则笔,削则削"的惩戒精神,一字寓褒贬、字字含深意的"春秋笔法",史书的编年体例等,对后世历史文化的影响是重大和深远的。而作为以治国安天下为价值取向的儒家经典,《春秋》对于传统政治文化的影响,同样不可忽视。汉武帝接受董仲舒建议,罢黜百家,独尊儒术。董氏儒学的核心,即是《春秋》公羊学。《春秋》为汉人制法,虽是当时学者的附会,然其思想影响了汉代政治实际却是实情。以《春秋》断狱,是学术影响政治的典型例证。

《春秋》断狱,是指在司法审判实践中,以儒家经义特别是儒家经典著作《春秋》中的原则和精神作为判案依据。董仲舒熟悉汉朝法律,认为儒家的礼义学说是分辨是非、善恶及贤与不贤的最好标准,而《春秋》则是"礼义之大宗""天地之常经"。他不仅把"春秋大义"推崇为国家施政的指导思想,而且把它作为指导司法实践、进行诉讼活动的准则。这一主张,得到了汉武帝刘彻的肯定和支持。董仲舒的《春秋》断狱案例,曾汇编成长达十卷的《春秋决事比》,在两汉时期的审判实践中被广泛引用。现大多已失传,仅有少数案例存留。以《春秋》如何断狱?先看三个留传下来的案例。

第一个是甲的父亲因与人争吵发生斗殴,对方用佩刀刺其父,甲情急之下,抄起棍子就向对方打去,不料误伤了父亲。按律殴打父亲当被斩首,后董仲舒根据"君子原心,赦而不诛"的"春秋之义",认为父子乃至亲之情,为救父亲而误伤父亲的行为,并不是法律上的殴打父亲行为,甲只有救父之心,并无殴父之意,故不应受到处罚。

第二个说的是汉代商洛一盗墓者,盗墓时撬开棺木,发现棺木中"尸体"尚有气息,开棺则正好救活了棺中之人。但审判官员认为,盗墓者有心为恶,无意行善,因此仍对盗墓者处以笞刑三百。

第三个案件是有个渔民出海遇风暴，溺死在海中，无法安葬。四个月后，其妻遵父母之命改嫁他人。按当时的法律，夫死未葬不许改嫁，否则就是私嫁，按律当杀头。董仲舒援用《春秋》中记丈夫死了如果没有儿子就可以再嫁的成例和儒家纲常原则，认为这个女子是遵父母之命改嫁，而且她没有淫奔之心，只是为了生活，所以无罪。

从以上案例，我们能看出《春秋》断狱的基本精神吗？

学员6：我感觉，审判官以《春秋》断狱，主要是根据犯罪事实中犯罪者的主观动机来判决如何处罚。如果动机纯正善良，即使违法也会从轻发落；如果动机邪恶，即使犯罪未遂也要论罪。

徐卫东：不错，《春秋》决狱的基本精神就是"原心定罪"，即你说的在审判过程中，着重考察人的主观动机、意图、愿望，然后再引经据典来确定其是否有罪和量刑的轻重。

我们知道秦朝实行法家思想统治，法家的惩处异常严酷。到了汉朝，废除了大量的秦朝苛酷之法，也导致法律出现一些空白或是僵化。在儒家思想取得正统地位后，纲常原则与司法实践之间还存在不少矛盾，如果教条式地执用法律，不免出现一些严重不合情理、不符纲常的判决结果，所以需要用《春秋》大义对司法进行一些必要的调节。孔子在《春秋》中宣扬礼义，集中体现了尊王攘夷、尊君卑臣等封建宗法等级原则，这正符合汉武帝试图巩固中央集权、稳定等级秩序、强化伦理道德的统治需要，而且《春秋》言语简练，便于随意解释、发挥，于是，董仲舒极力用儒家的思想去指导、改造当时的司法实践，以至于去代替当时的某些具体的法律规定，把儒家经典法律化，以全面确立儒家思想在封建立法和司法中的统治地位。《春秋》断狱盛行于武帝时期，绵延七百余年，到隋唐时期，封建法制完备，《春秋》大义的精义已经基本法律化，中央集权愈发严重，《春秋》断狱才淡出司法领域。

学员7：原以为用《春秋》这样一部编年史去断案，简直不可思议，至少法官可能因此"葫芦僧乱判葫芦案"，不会有什么法律公正。但从这几个案例看，好像还既合乎法理，又近乎人情。特别是从董仲舒用《春秋》中平常的史实为那个可怜的再嫁妇人开罪来看，"春秋断案"还是蛮通情达理的。

徐卫东：儒家一向主张重德轻刑，所以用《春秋》断狱，融情入法，就有了从轻判决救活人命的案例，在一定程度上起到限制酷刑、滥刑的作用。这有利于推行儒家"仁政"的理想；有利于缓和社会矛盾，稳定统治秩序；也有助于宣扬礼仪教化，提升社会道德水平。但是，我们也必须看到其消极的一面。由于

《春秋》文义抽象深奥，便于穿凿附会，因此断案标准难于统一，司法官员的主观臆断事实上成为断案的依据，这就极易导致罪刑擅断，同罪异罚，也为以后的言论定罪、严惩"思想犯罪"、大兴文字狱埋下伏笔。

对于董仲舒倡导的《春秋》断狱，2000 年来一直存在着截然对立的评论，它是中国法律史研究中一个尚有争论的问题。

《春秋》对于华夏民族文化意识的觉醒，民族文化传统的发扬，影响更为巨大。中原地区的内乱，周边"四夷"的侵扰，是中国古代文化道统延续之两大忧患。由此，"尊王攘夷"便成为中华历史之巨大课题。作为这一思想的"原典"，千百年来，《春秋》一直闪烁着独有的精神之光。逢乱世，其影响感召力弥强。两宋之际，在抗击金兵、收复中原的大背景下，《春秋》之学日渐兴盛。在抗战最为艰苦的 1943 年，马一浮先生在重印宋本《春秋胡氏传》序中讲："中国之终不沦于夷狄，赖有《春秋》。"

《春秋》一书对于中国数千年历史文化，曾经产生过巨大影响；作为人类历史之共同财富，这部巨著也是华夏民族给予天下后世的一笔特殊文化遗产。如果说"尊王攘夷"是《春秋》历史精神的体现，那么"天下大同"，即是《春秋》对于人类文化前景的预测与憧憬。

孔子作《春秋》本是我国历史上意义重大、影响深远的壮举，然而长期以来对它的研究始终扑朔迷离，成了中国文化史上延续千年，至今依然困惑着我们的一桩疑案。在座的若有兴趣，可以尝试破解之。

学员培训感言选录

陈道海：国学真是博大精深，四天的时间太少了，很难深入讲，很多问题只能点到为止，真是遗憾，徐老师的学问只发挥了一点点，希望继续办下去，或者能增加课时就更好，下次还来哦！

李达：国学是那么接近我们的生活，徐老师的讲解很精彩。

陈淑英：学习国学不仅是关乎自身的发展，与民族的长远利益和民族的前进更是紧密相连的，作为一名人民教师，学习国学任重而道远，因此我们要将学习国学进行到底！让华夏民族的天空永远飘荡着国学之彩！

第十五课

《左传》:史学和文学的典范

徐卫东: 继《尚书》《春秋》之后,开《史记》《汉书》之先河的重要典籍是《左传》。《左传》原名《左氏春秋》,又称《春秋古文》《左氏》《左氏传》。东汉以后有人称之为《春秋左氏传》,简称《左传》,并认定它是解《春秋》的"传"。那么,《左传》是否解经之作呢?是否传《春秋》呢?

学员1: 从它的原名来看,感觉它应该是传《春秋》的。不然怎么会叫《左氏春秋》或《春秋左氏传》呢?

徐卫东: 嗯,很多学者认为《左传》传《春秋》。主要理由是:

其一,解释说明《春秋》笔法。如我们前面提到的《春秋》隐公元年第一条经文:"元年春王正月。"《左传》则云:"元年春,王周正月。不书即位,摄也。"首先在"王"字下增一"周"字,说明是周王,同时也说明这里的"正月"是周朝历法。其次解释经文"不书"鲁隐公"即位",是因为隐公是代桓公摄政,并非真正鲁之君王。告诉我们,依照《春秋》笔法,鲁国十二君,在其即位的元年,应该书"元年春,王正月,公即位"。

其二,用事实补充并说明经文。如《春秋》隐公元年第三条经文:"夏五月,郑伯克段于鄢。"《左传》则用了700多字,完整、清晰地记叙了郑庄公兄弟、母子之间错综复杂的矛盾和尔虞我诈的斗争。郑庄公的阴险狠毒、共叔段的愚蠢张狂、姜氏的自私贪婪和颍考叔的淳厚机智等,都给人留下深刻印象。文中又对《春秋》的"郑伯克段于鄢"作了解释:"共叔段不遵守做弟弟的本分,所以不说他是庄公的弟弟;兄弟俩如同两个国君一样争斗,所以用'克'字;称庄公为'郑伯'，是讥讽他对弟弟失教；赶走共叔段是出于郑庄公的本意，不写共叔段自动出奔，是史官下笔有为难之处。"

但是，把《左传》当《春秋》的解经之作，历来颇多异议。汉代的博士已称此书"不传《春秋》"，晋代王接认为"《左氏》辞义赡富，自是一家书，不主为'经'发"。朱熹更明确断言："《左氏》是史家，《公》、《穀》是经学。"

本人也认同《左传》并非"依经作传"的经学著作，而是一部自成一家的我国第一部记事详备的编年体史书。但因为其记事详备有助于说明《春秋》，所以也不能说它与《春秋》毫无关系。

《左传》起于鲁隐公元年（前722），终于鲁悼公四年（前464），比《春秋》多出17年。若按叙事时间论，则到鲁悼公十四年（前454）为止，下限比《春秋》多27年。所记鲁国君主也比《春秋》多1位，为13位。文字增加更多，共计18万余字，补充并丰富了《春秋》的内容，不但记鲁国一国的史实，而且还兼记各国历史；不但记政治大事，还广泛涉及社会各个领域的"小事"；不但记春秋时史实，而且征引了许多古代史实。在史料和文字价值上远远超过《春秋》。《左传》还一改《春秋》流水账式的记史方法，代之以有系统、有组织的史书编纂方法，即以年为纲，以事为目，纲举目张，网罗众事。对确立编年体史书的地位起了很大作用，所以后代以《左传》为"编年"之祖。

《左传》的作者是谁，历来也是颇有争议。

学员 2：作者难道不是左丘明吗？

学员 3：据说左丘明是瞎子，那怎么可能是作者？那时可没有盲文的哦。

徐卫东：《左传》究竟何人所作，历来多有异说。汉代时司马迁、班固都认为作者是与孔子同时代的鲁国史官左丘明。他们说左丘明在口授《春秋》以教弟子时，怕弟子"各安其意，以失其真"，所以用事实来补订《春秋》，作《左氏传》。关于左丘明的史料，文献中记载得很少。最早的记载为司马迁，他称左丘明为"鲁君子"，又称其失明或无目。春秋时代有两种史官，即太史与瞽矇，瞽矇，也就是失明或无目的史官，其职责在传诵历史，太史职在用记录辅助传诵。那么可以断言，左丘明出身鲁国贵族，是一个有文化历史知识的瞽史。

左丘明大概与孔子同时，或稍长于孔子。《论语》中记载孔子说："巧言、令色、足恭，左丘明耻之，丘亦耻之。匿怨而友其人，左丘明耻之，丘亦耻之。"花言巧语，眉飞色舞，点头哈腰，左丘明认为可耻，我也认为可耻；藏起自己的怨恨，却与别人表面上交朋友，左丘明认为可耻，我也认为可耻。孔子引左丘明以自重，可见他曾聆听过左丘明讲诵历史，并同意左丘明对历史人物的评价。

刚才有学员问了，既然左丘明双目失明，那时又没有盲文，司马迁、班固等为何就认定他是《左传》的作者呢？我国古代学术，最重传授家法，最先传授者，便是书的作者。左丘明最早把《左传》中大部分史料加以传诵，因此他就是《左传》的作者了。

但是，也有很多人认为《左传》的作者并非左丘明。现在一般认为《左传》是战国初年人根据各国史料编成的，可能并非出于同一作者之手。

学员4：请问，您前一课说《春秋》是儒家重要的经典，那《左传》属于儒家经典吗？

徐卫东：《左传》本不是儒家经典，但自从它立于学官，后来又附在《春秋》之后，就逐渐被儒者当成经典了。《左传》在叙事中敢于直书不讳，带有鲜明的政治与道德倾向性。这种倾向性，大体上和当时的儒家思想倾向是一致的，强调等级秩序与宗法伦理，重视长幼尊卑之别，同时也表现出"民本"思想，因此也是我们今天研究先秦儒家思想的重要历史资料。尤其是《左传》中适应当时历史潮流的民本思想，表现了作者进步的思想倾向。

在《左传》记事中明确地表达了民重于天、民为神主、民重君轻、民为邦本的观点。这样的观点，已经接近孟子"民为贵，社稷次之，君为轻"的思想了。

春秋以前，天、上帝、神的地位是至高无上的。殷商时代，国事无论大小，都要通过占卜的形式，请求上帝来作裁定，这就更为上天至高无上的观念蒙上了一层神秘色彩。西周时期，统治者总结商亡经验教训的时候，一方面感到"天命不可违"，另一方面又感到"天命靡常"，于是相应地提出了"敬天保民"的思想，这说明这一时期人们已经对天、上帝、神的信仰产生了怀疑。到了春秋之际，随着社会的剧变，以及民的社会地位的改善与提高，传统的"尊神""敬天"等观念也相应地发生了动摇，天、神的地位已开始下降，如郑国执政子产，公然主张重"天道"不如重"人道"，因为"天道远，人道迩"，天道是不及人道的。

随着天、神地位的动摇，神与民之间的关系也出现了变化，由当初的"尊天""尊神""敬天"思想逐渐变化到了"民为神主"的观念。《左传》记载了这一重大变化。如桓公六年，季梁在劝阻随君不要轻易对别国动用武力时就指出："臣闻小之能敌大也，小道大淫。所谓道，忠于民而信于神也。"这说明他已经有了重民意识，将"忠于民而信于神"作为以弱胜强之"道"了。随后他进一步指出"夫民，神之主也。是以先王先成民而后致力于神"，更将民的地位加以提高，将天、神置于人的附属地位。这说明这一时期人们对民、神关系的认识已发生了重大变化，是这一时期民的地位得到改善与提高这一现象在观念形态上的反映。"庄公三十三年"记载了关于民、神关系的一段话："国将兴,听于民;将亡,听于神。"这说明时人不但已接受了"民为神主"的思想,而且将其与国家兴亡联系到了一起,重民轻神的意识已十分明显了。这是民本思想发展的第一个阶段。

民本思想的核心是"民为邦本"。将"本"的概念引入到君民关系中,更为强调的是民对君的制约这一方面。《左传》在记述事件和描写人物时,明显地表露出了"人心向背"的重要作用,把国家的兴亡、战争的胜负,看成能否得到人民支持的结果。这说明当时有识之士已经认识到了民力、人力的重要性,认识到了民对君制约的一面。襄公十四年,晋悼公跟师旷在论及卫国人驱逐其国国君时,认为卫国人做得太过分了,而师旷则认为是卫国的国君做得太过分了,才会招致如此之"礼遇"。师旷认为:

> 良君将赏善而刑淫,养民如子,盖之如天,容之如地。民奉其君,爱之如父母,仰之如日月,敬之如神明,畏之如雷霆,其可出乎? 夫君,神之主而民之望也。若困民之主,匮神乏祀,百姓绝望,社稷无主,将安用之? 弗去何为? ……天之爱民甚矣,岂其使一人肆于民上,以从其淫而弃天地之性? 必不然矣!

贤明的国君将奖赏善良而惩罚邪恶,抚养百姓有如抚养儿女一样,覆盖他们有如苍天一样,容纳他们有如大地一样。百姓侍奉他们的国君,热爱他如同热爱父母一样,敬仰他如对日月一样,崇敬他如对神灵一样,畏惧他如对雷霆一样,难道能把他驱逐出去吗? 国君,是祭神的主持人和百姓的希望。如果使百姓的生计困乏,神灵失去祭祀者,百姓断绝希望,国家没有主人,哪里还用得着他? 不驱逐他干什么? ……上天是非常爱护百姓的,难道会让一个人在百姓头上任意妄为、放纵他的邪恶而失去天地的本性吗? 一定不会这样的!

师旷这番针对卫国百姓驱逐暴虐无道的卫献公而发的议论,可以说是"水可以覆舟"的一个事例。这表明,在当时的历史条件下,民作为被压迫、被奴役的对象,其社会地位是很低贱的,而君主往往忽视下民之微而肆其私欲,由此招致杀身亡国之祸。因此,作者通过大量事例反复强调必须重民和民的可畏性,以此来达到矫正统治者的轻民心理的目的。

春秋时期形成的民本思潮,有其深刻的历史原因。它是在传统的天道观念发生动摇、天神地位开始下降之时,在当时社会结构出现转型之机,随着社会生产力的提高、劳动者社会地位的改善和提高,以及新兴中下层势力的不断崛起而产生的一种新的社会思潮，是当时社会变化和社会要求下的产物。它的出现，是历史的进步。

但是必须指出的是，这里说的民本思想和我们今天的人民是国家主人的观点不相同。它强调民的作用，是要统治者抚民、息民，目的是赢得民心，最大限度地维护统治阶级的整体利益和长远利益。因此，讲民本归根到底是为了维护君本，这是根本之所在。

与《尚书》《春秋》有所不同，《左传》不仅是历史资料翔实、思想内容丰富的史学名著，而且它情韵楚楚，文采熠熠，也是一部散文成就很高的文学名著。就散文艺术而言，《左传》已趋于成熟、完善，无论叙事、写人、记言，都有不少新成就，达到了前所未有的最高水平，后世作家往往视其为典范。

《左传》散文最突出的成就是长于叙事，精于剪裁，这首先就表现在它故事性强。我国的散文从早期的甲骨卜辞到《易》卦爻辞，从金文到《尚书》，从《春秋》到《左传》，其发展经历了一个漫长的历史时期。从叙事的角度看，虽然甲骨卜辞、《易》卦爻辞中有叙事的成分，但其文字简略，还处在萌芽和雏形时期，而金文和《尚书》则主要是记言。《春秋》虽是一部完整的叙事性散文著作，但其记事简略，完全没有事件过程的记叙和情节的描写，因而没有故事性可言。与《春秋》相比，《左传》的叙事艺术可说是大大进步了，它富于故事性、戏剧性，有紧张动人的情节。

如《晋灵公不君》，写晋灵公从高台上用弹弓射路人，观看取乐；厨师没有把熊掌炖烂，他就把厨师杀了，放在筐里，让宫女们用头顶着经过朝廷。荒淫无道之极。于是大臣赵盾三番五次地去规劝晋灵公。晋灵公口头表示会改，暗地里却派杀手钼麑去刺杀赵盾。刺杀过程原文是这样写的：

> 晨往，寝门辟矣。盛服将朝，尚早，坐而假寐。麑退，叹而言曰："不忘恭敬，民之主也。贼民之主，不忠；弃君之命，不信。有一于此，不如死也。"触槐而死。

说钼麑一大早就去了赵盾的家，只见他家卧室的门开着，赵盾穿戴好礼服准备上朝，因为时间还早，他和衣坐着打盹儿。钼麑便退了出来，感叹地说："这人不忘记恭敬国君，真是百姓的父母官啊。杀害百姓的父母官，这是不忠；背弃国君的命令，这是失信。这两条当中只要占了一条，都是死罪，还不如自杀吧！"于是，钼麑一头撞在槐树上死了。

情节可谓跌宕多姿呀。但是你看出什么问题来了吗？

学员5：被老师这么一提醒，我看出来了。这个杀手钼麑临死前的一段内心独白是不真实的，应该是作者虚构的吧。

学员 6：是的。因为谁也没听见杀手的自言自语。但是，作为历史散文，可以虚构吗？那不成了小说了？

徐卫东：好眼力，好问题。在古人眼里，"史"本来就是一种充满夸饰、想象的东西，因此，在先秦历史散文中有模拟、编造的成分，其中的人物对话我们更不能单纯地认为这是"记言"，而应当像钱锺书先生说的那样，把它看作是"代言"或"拟言"，是作者根据揣测虚拟而成。这种写法，可以看作后代小说家为人物虚拟对话的萌芽。

我们继续来说晋灵公，他派钅且麑刺杀赵盾未遂后，决定亲自出马。一天他宴请赵盾，席间埋伏下武士，准备伺机杀掉赵盾。在堂下等候的赵盾保镖提弥明发现了这个阴谋，跑上殿堂，说："臣下陪君王宴饮，酒过三巡还不告退，就不合礼仪了。"一边扶起赵盾就逃。晋灵公唤出猛犬来咬赵盾。提弥明徒手上前搏斗，打死了猛犬。赵盾乘机逃走，而提弥明被埋伏的武士包围，独自一人应战，终因寡不敌众，遍体是伤，力尽而死。

这些情节的叙述和描写，有悬念，有虚实，有动感，令人惊悚，动人心魄。我们不能不由衷地叹服《左传》在写故事方面的深厚造诣。由此可见，记事详细，善于描绘事件的曲折过程，的确是《左传》的重要特点，也是《左传》故事性强的一个重要标志。

尤为出色的是，《左传》特别善于写战争，这是它高超的叙事艺术集中体现。全书所记大大小小的军事行动大约四百余次，最突出的特点也是最成功之处是，写大战役，总是围绕战争的起因和性质来写，侧重展示战争的背景、战前的准备、双方兵力的部署、力量的对比变化、将帅士兵的活动、战略战术的运用、战争双方成败的原因等等，而写战斗的场面往往惜墨如金。

例如大家熟知的秦晋殽之战，是春秋前期一次著名战役，战争的进展是以秦军的全军覆没、三帅被俘宣告结束。《左传》记叙这次战争最引人注目的是它通过描述一系列生动的引人入胜的故事情节揭示出波澜起伏的战争发展过程。全文的情节大体上可以作如下概括：大战在即，晋人借助枢声作动员；杞子告密，秦君计议偷袭郑国。蹇叔哭师，欲救远征将士；穆公武断，遂令秦师东行。王孙满观师，断言秦军必败；郑弦高犒师，秦即灭滑而还。先轸论战，晋国群情激昂；殽山决战，秦师惨遭覆亡。文嬴请求，晋襄公放走三帅；先轸骂朝，阳处公追捕孟明。孟明舟中谢赐，决心报仇雪耻；秦伯素服哭师，罪己而不罪人。作者并不拘泥于正面的战争场面渲染，而主要着眼于秦败晋胜的原因，突出了遣责秦穆公"劳师以袭远""以贪勤民"这一主题。整个故事矛盾错综复杂，情节张弛有致，事件环环相扣，结构谨严，层次清楚，而又中心突出。真可谓妙笔生花，引人入胜。

善于写人物是《左传》在文学上的又一重要成就，往往寥寥数语，便能传人物之神。《秦晋殽之战》中，写"蹇叔哭师"，预见远征将士将惨遭覆亡，秦穆公闻之，派人去骂："尔何知！中寿，尔墓之木拱矣！"老不死的，你知道什么！假如你只活六七十岁，你坟上的树木早就长得有两手合抱粗了！因为此时蹇叔已经是七八十岁的高寿了。你看，一句话，秦穆公刚愎自用、一意孤行的形象就跃然纸上，呼之欲出。

工于记言也是《左传》散文艺术的突出成就。《左传》大量采录当时精彩纷呈的外交辞令，再经过作者的提炼、润色，从而使之更为丰润富艳，成为千古传诵的美文，为后世文学家和文学史家所津津乐道。还是来看《秦晋殽之战》中所记叙的三段辞令，即"弦高犒师""皇武子辞杞子""孟明谢赐"，在《左传》的辞令中颇具代表性：

> （弦高犒师）曰："寡君闻吾子将步师出于敝邑，敢犒从者，不腆（富厚）敝邑，为从者之淹，居则具一日之积，行则备一夕之卫。"

> （皇武子辞杞子）曰："吾子淹久于敝邑，唯是脯（干肉）、资（干粮）、饩（音系，已宰杀的牲畜）、牵（未宰杀的牲畜）竭矣。为吾子之将行也，郑之有原圃，犹秦之有具囿也。吾子取其麋鹿以闲敝邑，若何？"

> （孟明谢赐）曰："君之惠，不以累臣衅鼓，使归就戮于秦，寡君之以为戮，死且不朽。若从君惠而免之，三年将拜君赐。"

这三段辞令，含蓄隽永，各具特色。"弦高犒师"，可谓意在言外，谦恭有理，既不冒犯强秦，又弦外有音，迫使秦军不敢进犯；"皇武子辞杞子"，旁敲侧击，在表示抱歉的客气话中委婉又严肃地揭露敌人的阴谋，下达了逐客令，使厉兵秣马的秦军狼狈逃窜；"孟明谢赐"，则绵里藏针，话中有刺，在感恩戴德的客气话中，隐含雪耻报仇的决心，嘲笑晋君放虎归山的愚蠢。这样的美文，在《左传》中不胜枚举。唐代刘知幾《史通》说，《左传》"其言简而要，其事详而博"。清代刘熙载认为："百世史家，类不出乎此法。"可见其语言精要已成为历代楷模。

《左传》把历史的真实性、倾向的鲜明性、表达的形象性结合起来，通过具体的人物活动去展现历史画面，创立了中国历史撰述的优良传统，为后世史传文学的发展打下了良好的基础。

学员培训感言选录

唐丽琼:培训老师能根据学员现有的工作状态,结合国学的内容,风趣幽默地进行授课,让学员在笑声和掌声中获得知识,启迪智慧,真的是一次非常有价值的培训,希望多有这样的培训!

戚克威:古人的智慧是无穷的,生活在当下的我们则身肩重任,如何沿袭古人的经典文化和智慧,促进自身的发展,从而带动社会的进步,着实需要实践,更需要时间,庆幸的是我们已经出发了……

储昌菊:培训过程中还有一个很特别的感受,就是感觉自己读书太少。每当老师跟学友们侃侃而谈交流时,我只能惭愧自己荒废了许多时光,没去好好读几本书。工作忙碌,但时间要挤总是有的。以前只知道捧着一颗爱学生的心,再加上耐心,就算是一个好老师了,今天深刻意识到,除了要爱学生,能够给他们更好的知识启迪才是更重要的。所以要努力读书,提升自我文学修养。希望这样的培训以后还能经常参加。

第十六课

亦邪亦正的杰作《战国策》

徐卫东：之前我们讨论的《尚书》《春秋》《左传》都是儒家经典或研究儒家思想的重要资料，而接着要说的这部历史散文著作，却被儒家视为异端，斥为离经叛道的"邪说"，指为"会坏人心术"之书，似乎唯恐避之不及，大有不灭此书放心不下之意。

但是，郑振铎先生对此书却大加赞赏，说："在《战国策》里面，我们看不到一切迂腐的言论，与一切遵守传统的习惯与道德的行为，这个时代是一个新的时代，旧的一切，已完全推倒，完全摧毁。所有的言论都是独创的、直捷的、包含可爱的机警与雄辩的，所有的行动都是勇敢的、不守旧习惯的。都是审辨直接的、利害极为明了的。"

在中国文献史上有如此特殊境遇的这部书就是《战国策》。

学员1：很好奇，《战国策》究竟宣扬了什么思想，让儒学者们这么激愤？

学员2：国学书籍中，好像很少有讲《战国策》的，是不是因为它与儒家思想不一致的原因？

学员3：记得以前读过一篇《赵威后问齐使》，写赵威后问齐使，首先问年成和百姓，而不先问候齐王健康，并且说："假如没有好的年成，靠什么来养育人民？假如没有人民，又怎么能有国君呢？"那时大学老师据此说《战国策》有民本思想，给予了很高的评价。民本思想不是与儒家思想相吻合吗？为什么还会被称为"邪说"？

徐卫东：有点纠结哦。我们先来尝试了解《战国策》的作者和性质。《战国策》的作者是什么人？《战国策》是"史"还是"子"？对此历来众说纷纭，莫衷一是。

关于《战国策》的作者问题，古代主要有两说：一是战国游士说。《战国策》，原有《国策》《国事》《短长》《事语》《长书》《修书》等名称。西汉末年，刘向校录群书时在皇家藏书中发现了六种记录纵横家的写本，但是内容混乱，文字残缺。于是刘向按照国别进行编订。因其所记录的多是战国时纵横家为其所辅之国的政治主张和外交策略，因此刘向把这本书名为《战国策》。《隋书·经籍志二》亦称"盖战国游士记其策谋"。二是西汉蒯通说。《史记》有记载说："蒯通者，善为长短说，论战国之权变为八十一首。"近人罗根泽据此认为《战国策》始作于蒯通，刘向加以增补编次而成。现在多数学者认为，刘向只是《战国策》的校订者和编订者。此书作者不可确指，但并非一人之作。从此书所具有的鲜明的"纵横"色彩看，它可能出于战国或秦汉之际的纵横家或习纵横术者之手。

关于《战国策》的性质问题，古代也主要有两说：一是将《战国策》归入史类。《战国策》虽然比《左传》有更多的"增饰非实"之辞，不可尽信，但它仍然是研究战国历史的重要史料。二是将《战国策》放入"子部"，认为其属纵横家言。其实从《战国策》所收内容的实际情况看，此书是一部亦史亦子的杰作。从显性的编撰形式、内容等方面看，它是战国"杂史"；从思想等方面看则属于"纵横家言"。

《战国策》的思想内容较为驳杂，儒、墨、道、法、兵等各家的思想都有所反映。但是，像《赵威后问齐使》这样的体现鲜明的民本思想的篇章，在《战国策》中不占主要位置，不代表《战国策》一书的主要思想倾向。真正代表纵横家的思想、成为《战国策》一书的主要倾向的，还是书中大量存在的苏秦、张仪等人的言论。其中有些尽管是虚构的，却是代表这派人物的思想的。

这里且以《秦策》所写苏秦的一段话为例。苏秦用连横的策略游说秦惠王，但其主张不被秦王采纳。费用花光了，苏秦只得离开秦国回家。这时，有这样一段描述：

> 归至家，妻不下纴，嫂不为炊，父母不与言。苏秦喟然叹曰："妻不以我为夫，嫂不以我为叔，父母不以我为子，是皆秦之罪也。"乃夜发书，陈箧数十，得太公阴符之谋，伏而诵之，简练以为揣摩。读书欲睡，引锥自刺其股，血流至足，曰："安有说人主，不能出其金玉锦绣、取卿相之尊者乎！"

回到家中，妻子不下织机，嫂子不去做饭，父母不与他说话。苏秦深深地叹息说:"妻子不把我当丈夫,嫂嫂不把我当小叔,父母不把我当儿子,这都是我的过错啊!"于是他晚上拿出藏书,摆开几十只书箱,找到了姜太公的兵书《阴符》,埋头诵读,选择要点加以研究、体会。读书读到昏昏欲睡时,就拿锥子刺自己的大腿,鲜血一直流到脚跟,并自言自语说:"哪有劝说君主,而不能让他拿出金玉锦绣、取得卿相的高位的呢?"

果然,苦心研读一年后,苏秦成为赵国的宰相,富贵发达了。一天,苏秦要去游说楚王,路过洛阳,父母妻嫂闻讯后到郊外三十里地去迎接。这时,苏秦感慨地说:

> 嗟乎! 贫穷则父母不子,富贵则亲戚畏惧。人生世上,势位富贵,盖可忽乎哉!

唉! 贫穷的时候就连父母也不把你当儿子,有钱有势了亲人们看到你都害怕。一个人活在世界上,权势地位钱财怎么能忽视不顾呢!

关于这样的记载,考之历史,也许未必是真实的,但是,作为纵横家苏秦这流人物的言论,则是比较典型的。

如此公开宣扬追求"势位富贵",争名逐利,这与儒家的重"义"非"利"针锋相对。孔子曾说:"君子喻于义,小人喻于利。"孟子还借《齐人有一妻一妾》的寓言故事,对那些不择手段孜孜于"求富贵利达者",予以无情的讽刺。《战国策》所记的纵横家则不同,苏秦游说赵王得用,即被封为武安君,并授以相印,兵车 100 辆、锦绣 1000 束、白璧 100 双、金币 20 万两,可谓"富贵利达"之至。当他得意还乡之时,尤其趾高气扬,不仅骄其妻、嫂,而且骄其父母,然后大发感叹:"一个人活在世界上,权势地位钱财怎么能忽视不顾呢!"这般露骨地追求富贵利达,在《战国策》以前的著作里,很少见到。这显然是战国时期纵横之士的一种新的人生观。但就这种前人未曾道、后人不敢言的人生观,《战国策》作者却以羡慕之情大力颂扬,难怪它会被儒家视为异端,斥为"邪说",指为"会坏人心术"之书了。

随着苏秦新资料的出土,专家们已经指出了《战国策》中若干有关苏秦的篇章与史实不符。没有其事,而作者非要把苏秦写成那种样子,这就越发表明了其思想倾向之突出。

学员 4:纵横家这种人生观,乍看起来,非常丑恶;仔细想想,却很真实。虽丑恶而真实,和那虽美丽而虚假相比,我肯定前者。

徐卫东:我同意。儒家胸怀天下、仁民爱物的情怀和刚正不阿、舍生取义的节操为无数后人所学习,道家崇尚自然、珍爱生命、蔑视权势的精神为后人所追求，纵横家发奋进取的人生观和其他诸子百家的思想也都不同程度地对后人发生了影响。苏秦那种"头悬梁，锥刺股"的意志和精神，在正义目的下，同样是我们社会应该提倡的。

虽然《战国策》的思想倾向遭到正统文人的指斥，但是它的艺术性受到人们的高度重视。《战国策》直接孕育了汉代的史传文学。

《战国策》的叙事有很高成就。书中围绕谋臣策士的游说活动，描写了一大批个性鲜明的人物：上自国君、太后，下至平民百姓；老者"年九十余"，少者年方"十二"；公子王孙、武将谋士、说客策士、嬖臣宠妃，无所不有。其中尤以"策士"的各类形象最为精彩。作者以生动的笔触，再现了他们在战国政治舞台上的卓越风采。与《左传》在编年叙事中随事写人有很大不同，《战国策》往往在一篇作品中集中叙写一个人的事迹，在叙事中又有不少夸张、渲染乃至虚构，作者不仅通过富于特征的言行表现人物性格，而且注意揭示其内心世界，这样就使人物形象血肉丰满、形神兼备。例如，我们刚才说到苏秦以连横说秦王，受到冷遇，文中便有这样的描述：

> 说秦王书十上而说不行。黑貂之裘弊，黄金百斤尽，资用乏绝，去秦而归。羸滕履蹻，负书担橐。形容枯槁，面目犁黑，状有愧色。

苏秦劝说秦王的奏折多次呈上，但他的主张不被采纳。苏秦黑色貂皮大衣穿破了，一百斤黄金用完了，费用全花光了，只得离开秦国回家。他裹着绑腿，穿着草鞋，背着书箱，挑着行李，面容憔悴，脸色黄黑，一脸羞愧。

对人物作如此具体的形貌描绘，在此前的《左传》等历史散文中很是少见。还有，通过语言、动作、细节来描写苏秦回到家中的那段文字，展示了苏秦自信、刻苦、坚韧、执着的性格特点和他刻意谋求"势位富贵"的内心世界，也非常生动。更加出彩的是最后的一段描述：

> 将说楚王，路过洛阳。父母闻之，清宫除道，张乐设饮，郊迎三十里；妻侧目而视，倾耳而听；嫂蛇行匍伏，四拜自跪而谢。苏秦曰："嫂，何前倨而后卑也？"嫂曰："以季子之位尊而多金！"

苏秦将去游说楚王，路过洛阳，父母听到消息，收拾房屋，打扫街道，设置音乐，备办酒宴，到郊野三十里地去迎接。妻子不敢正面看他，侧着耳朵听他说话；嫂子像蛇一样伏在地上爬行，拜了四拜，自己跪下谢罪。苏秦问："嫂子，为什么过去那么趾高气扬，而现在又如此卑躬屈膝呢？"嫂子说："因为您现在地位显贵而且金钱很多啊！"

作者出色地运用了对比、细节、语言等描写手法,对苏秦发迹前后其父、母、妻、嫂待他"前倨而后卑"的情状做了生动描绘,不但深刻地揭示了人物的精神面貌,而且形象地暴露了当时的炎凉世态,使苏秦这一形象更加真实可信。

较之《左传》,《战国策》更注重情节的设置、气氛的渲染、人物神情的描绘,充溢着纵横驰骋、铺张扬厉之气,多处表现出有意识地加工虚构。因此,从这个角度看,《战国策》的文学成就超过了《左传》,对后世文学有很大的影响。司马迁的《史记》得到了《战国策》中体情状物的那种酣畅淋漓的长处,很多文字很像《战国策》。《战国策·燕策》中写荆轲,写得沉雄悲壮。最动人的是易水送别一段:

> 太子及宾客知其事者,皆白衣冠以送之。至易水上,既祖,取道。高渐离击筑,荆轲和而歌,为变徵之声,士皆垂泪涕泣。又前而为歌曰:"风萧萧兮易水寒,壮士一去兮不复还!"复为慷慨羽声,士皆瞋目,发尽上指冠。于是荆轲遂就车而去,终已不顾。

真的是写得情景交融、慷慨悲壮,在叙事中有着强烈的抒情笔触。司马迁几乎是把它一字不改地录入《史记》。

学员5:《战国策》中的策士,为了让君王采纳自己的观点,可谓是巧舌如簧。老师可否讲讲他们的辩论技巧呢?

学员6:是的,都说教师是灵魂工程师,但要做好学生的思想工作还真不那么容易。策士们有哪些说服人的高招可以让我们学习的?

徐卫东:《战国策》可谓是一部论辩艺术的宝典,所以这个话题说起来可就太长了。我们还是通过阅读《触龙说赵太后》,来探讨谋臣辩士们高超的说服艺术,希望能对你们的教育工作有启迪和教益。

> 赵太后新用事,秦急攻之。赵氏求救于齐,齐曰:"必以长安君为质,兵乃出。"太后不肯,大臣强谏。太后明谓左右:"有复言令长安君为质者,老妇必唾其面。"

秦国大兵压境,赵国危在旦夕,但是,执政的赵太后固执任性,坚决不同意让小儿子做齐国人质,甚至扬言,如果有谁再敢劝说,就一定把口水吐到他的脸上!你看看,一边是怒气冲冲的拥有生杀大权的当权者,一边是生死存亡的国家命运,要在这两者之间化解危机,其难度之大不言而喻。综观《战国策》全书,许多说服都是在矛盾冲突非常激烈,说服者面临相当艰难的情境下完成的。如果你碰到这样的情况,会如何去做思想工作呢?

（学员无语，思考着，看大屏幕上显示的文字）

> 左师触龙愿见太后，太后盛气而揖之。入而徐趋，至而自谢，曰："老臣病足，曾不能疾走，不得见久矣。窃自恕，而恐太后玉体之有所郄也，故愿望见太后。"太后曰："老妇恃辇而行。"曰："日食饮得无衰乎？"曰："恃粥耳。"曰："老臣今者殊不欲食，乃自强步，日三四里，少益嗜食，和于身也。"太后曰："老妇不能。"太后之色稍解。

"盛气而揖之"，很多教材注解为："盛气，怒气冲冲。揖，拱手行礼。"从下文触龙"入而徐趋"可知，此时触龙尚未进见，太后又怎么会在"怒气冲冲"的情况下，早早地给一个可能是来劝谏的大臣拱手行礼呢？这里的"揖"，应作"胥"，通"须"，意为"等待"。这已经为长沙马王堆汉墓的帛书《战国纵横家书》所证实。从具体语境看，也应该是"太后很生气地等着他"。说明太后的思想上有准备，即使你是身居高位的老臣，只要你敢为这事劝谏，照样让你过不去。

可触龙见面后，只字不提"令长安君为质"之事。而是诉自己的病苦，问太后起居，在嘘寒问暖中使太后的脸色渐渐和缓下来。这貌似闲谈，实是触龙巧妙地说服赵太后的第一步：打破僵局，消除逆反心理和敌对情绪，为进谏创造有利的条件。一招缓冲法，以柔克刚，初见成效。

接着，触龙又会使用什么招数呢？

> 左师公曰："老臣贱息舒祺，最少，不肖；而臣衰，窃爱怜之。愿令得补黑衣之数，以卫王宫。没死以闻。"太后曰："敬诺。年几何矣？"对曰："十五岁矣。虽少，愿及未填沟壑而托之。"太后曰："丈夫亦爱怜其少子乎？"对曰："甚于妇人。"太后笑曰："妇人异甚。"对曰："老臣窃以为媪之爱燕后，贤于长安君。"曰："君过矣！不若长安君之甚。"左师公曰："父母之爱子，则为之计深远。媪之送燕后也，持其踵，为之泣，念悲其远也，亦哀之矣。已行，非弗思也，祭祀必祝之，祝曰：'必勿使反。'岂非计久长，有子孙相继为王也哉？"太后曰："然。"

学员 7：按理讲，敌对情绪逐渐消失，紧张气氛趋于缓和，就可以提"以长安君为质"之事了，触龙为何不说正事，而是为自己的小儿子做王宫卫士开起后门来了呢？

徐卫东：首先，触龙提及小儿子舒祺的工作，不仅消除了赵太后心中的戒备，而且使她在爱子的问题上引起共鸣。接着，借太后的爱子之情，避实就虚地将燕后与长安君作比较，顺势引出"父母喜欢孩子，就要替他作长远打算"的观点。这是说服赵太后关键的一步:旁敲侧击,使太后心悦诚服。好一招引诱法,动之以深情。之后,触龙又会如何进一步引水入渠呢?

> 左师公曰:"今三世以前,至于赵之为赵,赵主之子孙侯者,其继有在者乎?"曰:"无有。"曰:"微独赵,诸侯有在者乎?"曰:"老妇不闻也。""此其近者祸及身,远者及其子孙。岂人主之子孙则必不善哉? 位尊而无功,奉厚而无劳,而挟重器多也。今媪尊长安君之位,而封之以膏腴之地,多予之重器,而不及今令有功于国,一旦山陵崩,长安君何以自托于赵? 老臣以媪为长安君计短也,故以为其爱不若燕后。"太后曰:"诺。恣君之所使之。"于是为长安君约车百乘,质于齐,齐兵乃出。

触龙连发两问,借赵侯和各国诸侯的子孙不能永保爵位的历史教训,当面指出赵太后在爱子问题上的错误:只是给长安君尊贵的地位、肥沃的土地和很多的金玉珍宝,而不趁现在让他为国立功,一旦您去世,长安君凭什么在赵国立足? 所以这只能算是对儿子目光短浅的爱。触龙运用事实法,晓之以大义,终于使赵太后改变了态度,欣然同意长安君到齐国做人质,换来了齐国的救援之兵,解除了危机。

触龙是个杰出的灵魂工程师和心理学家,其委婉的言辞,巧妙的方法,对人洞察入微的心理把握,处处从对方本身利益着想的真诚态度等,使良好的动机与圆满的效果统一起来了。

"一言之辩,强于九鼎之言;二寸之舌,胜过百万雄兵。"语言艺术、论辩技巧反映着一个人的思维水平和知识素养,的确具有非同凡响的力量。学习《战国策》的论辩艺术,增加自己的思辨能力,对我们的工作和生活都将受益匪浅!

学员培训感言选录

皮孔伟:对古代经典我一直存有偏见,总觉得两千多年前的东西对我们能有什么帮助呢? 经过这次的学习,我改变了自己的看法。只要我们在阅读过程中能够推陈出新、古为今用,古代先哲的思想火花,照样可以点燃我们现代的教育圣火。

盛茗玲:国学经典是中华民族五千年的精髓,是华夏沃土灿若星辰的瑰宝,亘古至今,经典名句滋润了一代又一代中华儿女的心灵,这次有幸参加了徐卫东教授主讲的"国学素养提升培训",聆听了徐老师风趣幽默的讲解,觉得心灵接受了一次洗礼。几天的学习让我更深入地了解了国学的精华，明白了我们的祖辈们的经历、经验、方法、思想、感悟，懂得了先人们修身齐家治国平天下的博大胸怀，告诫自己能做到经世致用。

　　陈绍忠：感谢徐老师别开生面地为我们开启"国学的大门"，引领我们走进"国学的殿堂"，让我们初步领略了"国学的美丽风光——博、大、精、深"。真是不枉此行，徐老师渊博的国学知识令人感叹，独到犀利的见解令人耳目一新，极有"听君一席话，胜读十年书"之感。

光耀史学话巨著

第十七课

毛泽东一生青睐的历史巨著

徐卫东：我们都知道毛泽东酷爱读书。从青年时代起，他就喜欢阅读传统的经、史、子、集著作。在照片和影视剧中，你或许惊讶地看到过，毛泽东他老人家睡的硬木板双人床十分宽大、简朴，而且大床的一半放满了整整一尺高的书籍。毛泽东对史籍尤其爱好，你知道他读得最多的、批注最多的历史书籍是什么吗？

众学员：《史记》？

徐卫东：是包含《史记》的"二十四史"。毛泽东一生酷爱读史，尤其青睐"二十四史"。1952年，工作人员为毛主席添置了一部清乾隆武英殿版的"二十四史"，从此，每次去外地视察工作、参加会议和调查研究时，他老人家都嘱咐工作人员带上这部巨著，走到哪里，带到哪里，读到哪里。火车上、飞机上、会客厅、书房、办公室、卧室，都留下了他老人家凝神静气地读"二十四史"的身影。这部"二十四史"，毛泽东整整读了24年，直到生命的最后一息。1976年9月8日这一天，毛泽东看文件、看书11次之多，共计2小时50分钟。毛泽东读过多遍的这部"二十四史"中的《晋书》《南史》等分册就一直放在他的身边。

"二十四史"，这是怎样的一部巨著，值得毛泽东如此下功夫去苦读？

学员1：听到过"二十四史"，但是说不清。它是中国古代历史著作的总称吗？

徐卫东：它不是中国古代历史著作的总称，而是中国古代各朝撰写的二十四部史书的总称，被历来的朝代纳为正统的史书，故又称"正史"。它记叙了从传说中的黄帝,到明朝崇祯十七年即 1644 年,长达 4000 多年,包括氏族公社制、奴隶制、封建制几个时期的我国历史。共计 3213 卷,约 4000 万字。具体是哪些史书? 我们来背一个顺口溜就会记住了:

> 四史晋宋南齐梁,
>
> 陈魏北齐周隋上,
>
> 南北二史旧新唐,
>
> 旧新五代史家唱,
>
> 宋辽金元明登场。

"四史晋宋南齐梁"包括八部史书:"四史"指的是《史记》《汉书》《后汉书》和《三国志》,因为它们属于二十四正史中的前四部,所以称为"前四史"或"四史";"晋宋南齐梁",即指《晋书》《宋书》《南齐书》和《梁书》。

"陈魏北齐周隋上"包括五部史书,分别是:《陈书》《魏书》《北齐书》《周书》《隋书》。

"南北二史旧新唐"包括四部史书:《南史》《北史》《旧唐书》《新唐书》。

"旧新五代史家唱"包括两部史书:《旧五代史》《新五代史》。

"宋辽金元明登场"包括剩余的五部史书:《宋史》《辽史》《金史》《元史》《明史》。

学员 2:"二十四史"为什么不包括清朝的史书呢?

徐卫东:这"二十四史"是在清朝由乾隆皇帝钦定的,那时自然还没有《清史稿》。后来有将《清史稿》与"二十四史"合称"二十五史"的,或者,将《新元史》和《清史稿》都列入正史,则形成了"二十六史"。

梁启超在《中国历史研究法》中说:"中国于各种学问中,惟史学为最发达;史学在世界各国中,惟中国为最发达。"中国古代史学是一座瑰丽的宝库,是中国古代文化的重要组成部分,而"二十四史"则被公认为是中国古代史学中最重要、最具有研究和参考价值的文献。这并不是因为它是"正史",而是因为它完整地记录了我国历史的进程,详细记录了我国几千年历史文明的延续,对中华民族的文化传承起到了重要作用。因此,一切涉及中华文明的研究都应该对"二十四史"给予关注和重视。毛泽东是伟大的政治家、革命家、理论家和战略家,也是认真学习历史、善于运用历史知识的模范。他的著作,不论是理论著作、军事著作、书信以至于诗作中,都含着丰富的历史底蕴和对于历史知识的灵活运用,具有深刻的说服力和巨大的感召力,成为他的伟大思想不可分割的一个方面。

但是,这些年很多人一讲"国学",讲的就是儒家的经典。"国学"如果只被理解为儒家的经典,把儒家同中国的传统文化、传统思想等同起来,这是一种极大的片面性。中国传统史学是"国学"的重要组成部分。要了解中华民族五千年的悠久历史是怎样发展过来的,如果没有史学能行吗?而中国传统史学的核心就是"二十四史",这一点是不容置疑的。

中国作为世界上最古老的四大文明古国之一,是至今仍然存在的唯一的文明古国,其他古国的文化或者民族已经或被同化吸收,或被占领灭亡消失,只有中华文明在数千年之后依然表现出十分旺盛的生命力和巨大的活力。这除了因为中华文明自身的创新性的特点,还有一条至关重要的因素就是中华文明被很好而且比较完整地保留下来,从而可以为后人不断学习、继承、发扬、创新。同时,"二十四史"对于中华文明的形成和民族性格的养成都起到了不可忽视的重大影响。因此,我们要加强对"二十四史"的研究,促进社会公众提高对"二十四史"重要地位的认识。

"二十四史"记载的我国长达五千年的社会历史,几乎是无所不包、无所不有,既有史学价值,又有文学价值,是历代政治家、军事家、思想家鉴往知来、治国安邦、修身齐家、为人处世的镜鉴宝库。其实,我们今天随处可见的成语和故事、历史典故大多数是出于"二十四史"的。你们不妨说些来听听,看看是不是这样。

学员3: 这样说来,像网开一面、指鹿为马、先发制人、破釜沉舟、约法三章、运筹帷幄、高屋建瓴、招摇过市等等成语就是出于"二十四史"的了。

学员4: 焚书坑儒、鸿门宴、霸王别姬、毛遂自荐、完璧归赵、负荆请罪、纸上谈兵、背水一战等故事、成语也是。

徐卫东: "二十四史"是一个丰富的宝库,我们关于过去历史的认识和研究都源于、基于"二十四史"的记载,你们提到的这些典故、成语都已经在社会中不知不觉地潜移默化到我们的民族主流文化中,影响着每一个身在其中的人。这种深远的、根植于社会成员思想中的影响,对于一个民族文化的生成和发展的意义是至关重要的,决定了其文化的性质和特点,同时也决定了其文明基础的属性。

现在青年人盛行出国留学,最近 5 年海归人员的数量是前 25 年的总和。但是真正学有所成的有几成?东方文明在世界文明内,要占半壁的地位,而东方文明又以中华文明为主要代表。"二十四史"的内容非常丰富,记载了历代经济、政治、文化艺术和科学技术等各方面的事迹。可是现在我们都不读、不研究自己国家的古今学说制度的大要，就到西洋去留学，肚里空空，没有可资比较的东西，又怎么可能取得良好的留学成效呢？"二十四史"就是了解我国"古今学说制度的大要"的最好的、最完整的知识宝典。要全面地了解中国几千年的历史，不可不读"二十四史"。

怎么读？毛泽东曾说，一部"二十四史"大半是假的，所谓实录之类也大半是假的，但是，如果因为大半是假的就不读了，那就是形而上学。不读，靠什么来了解历史呢？反过来，一切信以为真，书上的每句话，都被当作真实的信条，那就是历史唯心论了。正确的态度是用马克思主义的立场、观点和方法，分析它，批判它，把颠倒的历史颠倒过来。风雨春秋二十四载，毛泽东在日理万机之余，用顽强的毅力通读了这部历史长卷，有些史册和篇章还两遍、三遍、四遍地研读过。他在研读"二十四史"时，用不同颜色的笔写下了大量批语。这些是毛泽东的情感和思想同中国最辉煌的历史记录"二十四史"的结合。我们可以从中得到许多启示。

毛泽东评点"二十四史"，十分关注历史上治国安邦的重大政治谋略。例如，他对西汉的贾谊关于历史形势的认识与政治形势的分析，给予很高评价。

贾谊是西汉文帝时期的政论家、史论家和文学家。他的《过秦论》，是总结秦朝兴衰成败的宏文；他的《治安策》，是分析汉初政治形势的名篇。《治安策》针对匈奴的掠扰、封国的膨胀、风俗的侈靡、制度的疏阔等严峻形势，深刻地揭示出种种社会矛盾，并提出了建设性的治国安邦大计，以达到"建久安之势，成长治之业"的目的。他的许多建议被汉文帝所采纳，对"文景之治"政治局面的形成，有重要的积极作用。毛泽东认为，贾谊的《治安策》"是西汉一代最好的政论……全文切中当时事理，有一种颇好的气氛，值得一看"，对贾谊敢于直言、文帝能够真诚纳谏予以充分肯定。

毛泽东评点"二十四史"，十分关注历史上政治人物的得失成败。

例如，他读到时人评论项羽残暴、刘邦"宽大"处，明确指出："项羽非政治家。汉王则为一位高明的政治家。"评论可谓画龙点睛。项羽的力量曾一度发展到足以号令四方，但是他不能采纳别人正确的建议，尤其不能顺应民意，"自矜功伐""欲以力征经营天下"，临死之前还说"天亡我，非用兵之罪也"，对自己为何失败仍然不能觉悟。可见，这是一个悲壮的英雄，但不是一个政治家。与项羽不同的是，刘邦则是一个善于用人，善于采纳别人合理建议和批评的人，所以聚集了大批人才，力量日渐壮大，终于成为楚汉战争中的胜利者，建立了盛大的西汉皇朝。此后，又能接受陆贾的尖锐批评——"居马上得之，宁可以马上治之乎?"于是命陆贾"试为我著秦所以失天下,吾所以得之者何,及古成败之国"。因此陆贾写出了《新语》一书,一时间,总结历史经验成为刘邦朝廷上的大事、盛事。这些都足以表明刘邦是"一位高明的政治家"。

在毛泽东看来,唐太宗这样的一代英主,在重要问题决策上也有重大的失误,即没有坚持自己的正确判断,改立"有文武才""中外所向"而又"英果类我"的第三子李恪为太子,而是采纳长孙无忌的建议,仍以李治为太子。对此,毛泽东评论道:"李恪英物,李治朽物,知子莫若父。然卒听长孙无忌之言,可谓聪明一世,懵懂一时。"在这里,毛泽东不仅批评了唐太宗,也尖锐地批评了唐高宗李治,说他是个"朽物",这当然是从高宗朝的政治得失中得出的结论。

毛泽东评点"二十四史",对古人的工作方法和工作作风甚为关注并有所评论,使人多有联想,以至于自警、自励。

毛泽东读《南史·韦睿传》,批语甚多,对这位梁朝名将评价颇高,如称赞韦睿巡行战地是"躬自调查研究",对韦睿"案行山川"观察地形的做法也批曰"躬自调查研究",又说韦睿指挥作战时"将在前线",还说他"不贪财",做到了"干部需和""劳谦君子",又说韦睿是"仁者必有勇",等等。最后毛泽东郑重地写下这样的评语:"我党干部应学韦睿作风。"在毛泽东评点"二十四史"中,韦睿当是受到最高评价的历史人物。

从毛泽东评点"二十四史"中也可看出,毛泽东在阅读中善于运用比较的方法看待历史上的人和事。例如,他以项羽和刘邦相比,以刘表和曹操相比,以韦睿和刘秀、周瑜相比等,都能纵横驰骋,指点评说,真知灼见,屡屡而发。这又同他具有渊博的历史知识是分不开的。

彭德怀说,在党内真正懂得中国历史的只有毛主席一人。周恩来说,毛泽东读古书使他的知识更广更博,更增加了他的伟大。

从毛泽东酷爱历史、孜孜不倦地学习研究"二十四史"中,我们应该领悟到,了解历史更是为了借鉴,从历史中寻求治理国家的启示、经验和教训。学习研究"二十四史",最重要的目的是要学习了解中国几千年的文化遗产,有批判地继承和发展我们民族的文化遗产的精华,汲取对今天、明天,政治、社会、经济、科学、文化等建设和发展有益的东西,让其更好地为建设有中国特色社会主义事业服务。

学员培训感言选录

吴逸钦：这次国学培训让我深深地陶醉，既兴奋又惭愧。兴奋的是终于有一个良好的平台系统学习中国传统文化，使我这个小学教师能以中国睿智的思想和深邃的人生哲理去思考和解决工作和生活中所遇到的诸多矛盾和困惑。惭愧的是在自己老祖宗留下的瑰宝中，我知之甚少，对于很多璀璨的国学精华一知半解，不能很好地理解和经世致用，实乃汗颜。

何敏芬：四天学习尽管短暂但受益匪浅，重新唤起了我学习经典的热情，并且对日常教学也有很大启发。徐老师课堂上风趣幽默、声情并茂，是我学习的榜样。期待明年再修这门课。

朱色峰：徐老师你丰富的阅历、睿智的语言、儒雅的气质给我留下了深刻的印象。听你的课是一种享受，感谢着，期待着。

第十八课

从司马迁的画像说起

徐卫东：现在我们知道了"二十四史"所记朝代和编撰人员是不同的，但是它们采用了统一的本纪、列传的纪传体来编写。这个体制的设计者，就是司马迁。我们以前讲过两种历史体裁，《春秋》《左传》是编年体，《国语》《战国策》叫国别体，那些全是以记事记言为主的。《史记》是一部纪传体史书，是司马迁的首创，它是以记人为主的。整部《史记》就是由上百个人物传记所组成——司马迁充分重视人的价值，把人当作历史主体来写，这是进步的历史观。《史记》以后，"正史"就全部采用纪传体的形式编写了，因此，也可以说，司马迁就是"二十四史"的总策划，他的伟大，由此可见一斑！

但是，不知在你们的心目中，这位伟大史学家的形象又是如何的呢？百度一下，能搜到的主要是下面这几幅画像：

第一幅画像被人民教育出版社高中一年级语文教材选为插图，因而流传

也是最广的；第二幅则是《辞海》中的插图；第三幅被选入哪里我不太清楚。如果要你们选，你会选哪一幅，为什么？

学员1：我选第一幅。感觉这幅画像会更接近真实的司马迁。司马迁受过宫刑，应该不会像第二幅画像那样，是一位具有阳刚之气的俊男帅哥吧？

徐卫东：我会选第二幅，和你的看法不同。第一、第三幅画的作者，之所以把司马迁画成这样，或许正是根据司马迁受过宫刑而推理出来的。我们通常在影视剧中看到，受了宫刑的男子就是太监，太监都是不男不女、不阴不阳的。的确，司马迁出狱后任中书令，而在汉武帝时出任中书令的人全是宦官。那么是否就可以因此认定司马迁长得类似常人印象中的太监了呢？这恐怕也不能太想当然。因为司马迁受宫刑时不是一个尚未青春发育的男孩，而是一个46岁的成熟的壮年男人。一个成熟的壮年男人是否在接受了宫刑之后，外貌就会变成一个中性人或者女人呢？在那个没有雌性激素可以用来注射或服用的时代，对这个问题怕是要打个很大问号的。当然，受了宫刑的司马迁，估计也不会像电视剧《汉武大帝》中的那样，长须飘飘。

历史上，司马迁究竟长得阳刚还是阴柔，目前已是无法考证。但你们可以非常肯定地告诉学生的是，即使司马迁长得中性或像一个女人，然而，他在我们的心目中永远是一个顶天立地的伟丈夫，这毋庸置疑。

36岁那年，司马迁的父亲病重，叮嘱司马迁要完成他未完成的心愿——写一部以人为中心的史书，以尽史家的历史责任。带着历史使命和父亲的重托，司马迁38岁担任太史令，不久就开始写《史记》。不料，在他46岁那年，卷入"李陵之祸"，他的巨大悲剧由此发生了。

天汉二年，即公元前99年的夏天，汉武帝派贰师将军李广利领兵讨伐匈奴，另派李广的孙子李陵随从李广利押运辎重。李陵带领步卒五千人出居延关，孤军深入浚稽山，与单于遭遇。匈奴以八万骑兵围攻李陵。经过八昼夜的战斗，李陵斩杀了一万多匈奴，但由于得不到主力部队的后援，结果弹尽粮绝不幸被俘。

李陵兵败的消息传到长安后，汉武帝本希望他能战死，后听说他却降了匈奴，便愤怒万分。几天前还跟着汉武帝称赞李陵如何英勇的满朝文武官员，现在又都附和汉武帝，落井下石，夸大李陵的罪名。对这种趋炎附势的言行，正直有良知的太史令司马迁自然是很看不惯，因而当汉武帝询问他的看法时，与李陵并无私交的司马迁，一方面为了安慰汉武帝，一方面也是痛恨那些见风使舵的大臣，所以尽力为李陵辩护。司马迁认为李陵平时孝顺母亲，对朋友讲信义，对人谦虚礼让，对士兵有恩守信，常常奋不顾身地急国家之所急，有国士的风范。他对汉武帝说："李陵只率领五千步兵，深入匈奴，孤军奋战，杀伤了许多敌人,立下了赫赫功劳。在救兵不至、弹尽粮绝、走投无路的情况下,仍然奋勇杀敌。就是古代名将也不过如此。李陵自己虽陷于失败之中,而他杀伤匈奴之多,也足以显赫于天下了。他之所以不死,而是投降了匈奴,一定是想寻找适当的机会再报答汉室。"

但是,司马迁万万没有想到,自己出于一片公心和忠心的辩护却触怒了汉武帝,汉武帝认为司马迁是在指责贰师将军李广利没有尽到救援的责任。贰师将军李广利是谁?明明是没有尽责,为什么就说不得了?原来他是汉武帝的宠妃李夫人的哥哥,你司马迁败坏了皇上大舅子的名声那还了得,于是给司马迁扣上一个"辱上"的罪名,将他打入了大牢。在牢中,司马迁忍受住各种肉体和精神上的残酷折磨,没有屈服,也不认罪。不久,有传闻说李陵曾带匈奴兵攻打汉朝,汉武帝信以为真,便草率地处死了李陵的母亲、妻子和儿子。司马迁也因此事被判了死刑。

据汉朝的刑法,死刑有两种减免办法:一是拿五十万钱赎罪,二是受宫刑。司马迁官小家贫,当然拿不出这么多钱赎罪,而亲朋好友也因害怕受牵连而不敢营救。宫刑既残酷地摧残人体和精神,也极大地侮辱人格,司马迁在《报任安书》中说,按他的性格,他宁愿死也不愿意接受这样的刑罚。可后来他想到,人总有一死,但"死或重于泰山,或轻于鸿毛",死的轻重意义是不同的。考虑到自己的《史记》才刚着手,父亲的遗愿尚未完成,如果就这样"伏法而死",就像牛身上少了一根毛,是毫无价值的。他想到了孔子、屈原、左丘明和孙膑等人,想到了他们所受的屈辱以及所取得的骄人成果。于是,他以受苦难的人为榜样,选择了宫刑。他只有一个信念,那就是一定要活下去,一定要把《史记》写完。

司马迁的人生观、生死观是积极而壮烈的。出狱后的司马迁忍受身心的痛楚和巨大的屈辱,竭尽毕生精力,终于完成了这部气势恢弘的史家绝唱《史记》。

在那个只能在竹简上艰难书写的时代,要完成这部长达52万字的皇皇巨著,非大丈夫岂能做到?忍辱负重真男儿! 其坚强的意志,不屈的精神,令人钦佩。

学员 2:确实了不起。中国上下五千年的历史,司马迁竟写了上三千年,可以说是一部百科全书。但是,这部巨著,内容博大丰富而不紊乱,这要归功于司马迁精心创作的一个人工系统工程——五体结构:一是《本纪》十二篇,二是《表》十篇,三是《书》八篇,四是《世家》三十篇,五是《列传》七十篇。有学者认为《史记》的五体结构包含了哲学义理。对此,应该怎么理解?

徐卫东:说到"五",这还真是一个神秘的数字。如五体、五官、五脏,都和"五"挂钩,推而广之,有五味、五色、五音等。连带生成的许多数字都有特定意义,如每手有五指,双手为十指,十就是满数。司马迁时代盛行五行哲学,认为天地万物是由金、木、水、火、土五种元素组成的，人间社会历史也表现为五德终始循环。古代不懂什么阶级斗争，就用这种相生相克的道理来解释改朝换代。所以，有学者认为《史记》创为五体，与"五"的数字相配，一定是受到了那个时代历史哲学的影响：

《本纪》十二篇，"十二"的数目象征一年十二个月；《表》十篇，"十"的数目象征十日为一旬，为数之极，即满数；《书》八篇，"八"的数目是一年四季的倍数；《世家》三十篇，"三十"的数目象征一个月为三十天；《列传》七十篇，"七十"的数目象征五行中一行的数目，是环周天三百六十度的五分之一，省去尾数"二"，取一个"七十"的整数。

学员3：我感觉，学者这样的说法是不是有点牵强附会？

徐卫东：《史记》的五体以及各体的篇数，是否真的反映了五行哲学思想，你们可以去研究。但是，即使这些数目具有如上所说的哲学意义，我以为，你们在中小学的语文教学中也是大可不必去理会的。我们要理会的是司马迁自己评述《史记》，说它要达到的三个目的："究天人之际，通古今之变，成一家之言。"这话该怎么理解？我们依次来议议。

学员4："究天人之际"就是研究天与人的关系，这主要有两个方面的内容。第一是说天是有意志的，冥冥之中为君王的保护人，所以君王称天子，是代表天统治人民的。第二是说天是自然界，讲人文社会历史，要放在天地大环境中，所以天文地理都被纳入了历史。

徐卫东：尽管这个研究中有诸如"天人感应""君权神授"之类的荒诞之处，但是，换个角度我们能看到其进步性：君主施政，不能逆天而行，政荒暴虐就是逆天，逆天即要丧失天命，改朝换代。这其实也在告诫君主要兢兢业业，爱护人民。在认识自然界的天的时候，并不重在宣扬"畏"天，而是主讲"人为"，这又是它的进步性。

学员5："通古今之变"，就是讲历史要贯通古今，通过历史的发展演变，寻找历代王朝兴衰成败之理。所以《史记》从黄帝写起，是一部通史。他想告诉我们，世间一切都在变，应该用变化、发展的观点去探索事物的发展规律，去掌握历史兴衰治乱的规律。

徐卫东：虽然司马迁重视历史的发展演变，但不守旧，不循古。他对古今的关系是略古详今，目的是以古为鉴，着眼的是现世和未来。

学员6：所谓"成一家之言"，就是在叙述历史中，阐明他自己的历史见解，表达他的某些社会、政治思想。这种一家之言，集中地表现在赞扬道家以及为商人、游侠立传这几个方面。

徐卫东：确实，像《游侠列传》中的"布衣之使"是当时官方认为"大逆不道"的人物，司马迁却为他们立传，颂扬了他们见义勇为而又廉洁退让的高贵品质，反映了广大人民反抗暴政的愿望。司马迁不与圣人同是非，突破了旧的思想传统和官方哲学的框架，因此，他的这种创新思想，班固在其所著的《汉书·司马迁传》中予以批评。实际上，司马迁是通过赞颂道家、商人、游侠来表达他对开明政治的向往，对人民求利和反强暴的肯定。

除此之外，我们在《史记》里还可以明显地看到以下几个方面的"一家之言"：

其一，司马迁从他的唯物主义思想因素和批判的精神出发，对于封建帝王就持有和当时封建统治者不同的态度。当时封建统治者大讲阴阳五行之学，对刘氏获得统治政权一事，加以神秘化。司马迁在写到汉高祖刘邦时，虽然也写了一些神异之处，但基本上能本着实事求是的精神，还它历史本来面目。对刘邦这个人物，写出了他的坚韧不拔等长处，但同时也暴露了他的流氓品质和残忍本性。《高祖本纪》里写刘邦少年时"不事家人生产作业"，做了亭长后，更是"好酒及色"，是个地道的无赖汉。《项羽本纪》里写刘邦鼓城战败后，仓皇逃命，为了减轻车子的载重量，竟然三次把他的儿子、女儿从车上推下去。项羽准备烹杀刘邦的父亲，刘邦却说自己与项羽是结拜兄弟，"吾翁即若翁，必欲烹而翁，则幸分我一杯羹"，充分暴露出刘邦为了自己可以弃子女、父亲于不顾的残忍本性。司马迁对"今上"武帝也作了大胆的暴露和批判。如在《大宛列传》中，暴露汉武帝为了获得大宛的汗血马，特封李广利为贰师将军，万里伐宛，兴师动众，劳民伤财，为了一己私欲，耗费了大量人力财力。

其二，《史记》里面在写到秦朝统治政权的灭亡时，对农民起义领袖陈涉、吴广"首发难"之功作了充分的估价，把陈涉和商、周的开国之君汤、武并提，写了《陈涉世家》，留下了反映中国历史上第一次农民大起义的珍贵资料。另一位反抗暴秦的英雄项羽，最后败死在刘邦手下，但司马迁不以成败论人，在《项羽本纪》中，饱含同情地描写了项羽的一生，肯定了他摧毁暴秦主力的历史功绩，并根据当时"政由羽出"的实际情况，把项羽写入"本纪"，与帝王同列，给了项羽很高的历史地位。

其三，《史记》里面写一些出身中下层社会的人物，颂扬他们的可贵品质和智慧才能。除了前面说到的游侠外，《刺客列传》颂扬了刺客们反抗强暴的仗义精神，表达了广大人民反抗强秦的愿望。《史记》还记录了其他一些下层人物，如大家熟悉的毛遂等，颂扬了他们的优秀品质和出众的智慧、才能，肯定了他们在政治斗争、军事斗争中所起的积极作用。

以上这些是司马迁思想中最为光彩夺目之处。作为历史著作，以后封建时代两千年的"正史"，绝少敢于大胆地写这样一些内容。在文学史上，敢于讽刺当朝的开国之君和在位的皇帝，敢于正面地歌颂农民起义的领袖人物的作品也不是很多的。

学员 7：司马迁还写了《酷吏列传》，对酷吏的恶劣行径作了无情的揭露和批判。让我印象最深刻的是河内太守王温舒，他捕人，相连坐犯罪的有一千余家，以致杀人杀到流血十余里。开春后，不能行刑了，他竟跺脚叹道："唉！如果冬季再延长一个月，我的事情就办完了。"

徐卫东：接着，司马迁还愤慨地写道："其好杀伐行威不爱人如此。天子闻之，以为能，迁为中尉。"《酷吏列传》既是对酷吏草菅人命、残害百姓的罪行的揭露，也是对汉武帝重用一批"以恶为治"的官吏进行暴虐统治的罪行的暴露。这些都是《史记》巨大的思想意义。

《史记》继承《春秋》的"寓褒贬"的精神，但是和《春秋》又有不同。《春秋》的"褒贬"，是用文字暗示出来的，《史记》的"褒贬"是通过人物形象的描绘来表现；《春秋》的"褒贬"主要是根据统治阶级的伦理纲常观念，《史记》的"褒贬"却包含人民的观点。司马迁的这种批判精神和他的唯物主义思想因素有关系。他能够比较实事求是地观察和分析问题，能够具有比较清醒的头脑，在当时的历史条件下，他站在了思想的顶峰。

说司马迁是中国历史上永垂不朽的真男儿、真英雄一点也不为过，因为悲情英雄也是英雄！

学员培训感言选录

包雪琴：学国学，学文化；学国学，学修养；学国学，学做人。学点国学，好好工作；学点国学，好好生活。国学培训，收获颇多，最深的感受是：学点国学，真的挺好！

俞存良：这次培训受益匪浅，不管是对经典名著还是对现实生活，都有了新的认识与觉悟。徐老师的人格魅力时刻感染着我们，以后我会毫不犹豫地报徐老师的课。

何国平：通过徐老师的课，自己对国学知识的认识和视野打开了很多，也引起了自己的诸多思考。以后类似国学培训，时间允许的话，希望对先秦诸子的一些思想多多介绍和深入探讨。

第十九课

《史记》锻造民族精神

徐卫东：司马迁这位悲情英雄，不仅自己独具人格魅力，他还把这种积极而壮烈的观点贯穿在《史记》的各个篇章、人物、事件上，大力地弘扬了中华民族崇尚气节、杀身成仁、舍生取义的民族精神与气节风范。这对中华民族凝聚力、向心力的形成产生了深远而巨大的影响。在这方面给你们留下深刻印象的人物或事件有没有？

学员 1：那还是很多的。《廉颇蔺相如列传》中，蔺相如在强秦意图兼并六国、斗争逐渐尖锐的时候，不仅凭借着自己的智慧和勇气，让秦国的图谋屡屡受挫，更难得的是，他有容人之量，以大局为重，"先国家而后私仇"，是一位胸怀广阔的政治家。廉颇识大体，勇于改过，负荆请罪的形象也给我留下深刻的印象。

学员 2：我敬仰屈原。他为了心中的理想，即使处在楚国统治集团内部尖锐纷繁的风口浪尖上，在昏君谗臣的重重包围之中，仍刚正不阿，决不趋炎附势，更不愿与之同流合污，他"嫉"佞臣，"刺"昏君，针锋相对，锋芒毕露。尤其难能可贵的是，屈原的爱国之心不因楚国的治乱兴衰而改变，更不随个人的荣辱升沉而动摇，他为了风雨飘摇的祖国奉献出了满腔的赤诚。

徐卫东：《史记》的人物画廊中这类忠君爱国、彪炳千秋的仁人志士占有一定的比例，司马迁高度评价他们的志向品行，赞屈原"虽与日月争光可也"，而司马迁自身人格的立场和操守也正表现在这些方面。

学员 3：这些天电视上正在放《赵氏孤儿案》，"程婴救孤"的故事最让我感动。春秋时期晋景公时，忠臣赵氏一族三百余口被奸贼屠岸贾所害，赵朔的门客公孙杵臼和朋友程婴为了保全赵氏遗孤，挺身而出，舍身救孤。后程婴又冒着不忠不义的罪名，经历了十五年常人难以想象的艰辛，将赵氏遗孤抚养成人。程婴身上闪耀着人性的光辉，折射出坚忍、顽强的民族精神。

徐卫东：在这个凄绝悲怆的故事中，公孙杵臼、程婴等代表了正义的力量。他们拼死保卫的不仅仅是赵氏血脉传承，更重要的在于赵氏三代高风亮节、人心所向，是晋国光明正义的象征。正因为如此，所以这个故事被司马迁弘扬之后，在后代产生了深远的影响。"赵氏孤儿"被广泛地改编成为戏剧、影视和其他文学作品，并在几个世纪以前就被介绍到海外。但是，考察现存的史籍，这一历史事件却与《春秋》《左传》《国语》的记录有很大出入。司马迁在《赵世家》中将《左传》中记载的一段家族内部矛盾冲突引起的血案改造成为一幕惊心动魄的忠奸、善恶之间的尖锐冲突，热情歌颂了程婴、公孙杵臼为维护正义、坚持真理而舍生忘死、前仆后继、舍生取义的伟大的自我牺牲精神和崇高而伟大的人格精神。

坚守气节、为道义而献身不仅是一个道德认识问题，而且是一个道德实践问题。尤其是当面临生死、荣辱、祸福、穷达之抉择的关键时刻，更能凸显出一个人品德之优劣、气节之高下、人格之正邪。孟子所说的"富贵不能淫，贫贱不能移，威武不能屈"，高度概括了气节与人格表现的三个最重要的方面。一个人如果能够经受得住"富贵""贫贱""威武"的三重考验，那么他就是一个真正的仁人志士。在这三重考验中，威武不屈，刚正不阿，宁可玉碎、不为瓦全，是坚守气节最鲜明的标志。孔子的"杀身成仁"、孟子的"舍生取义"强调的都是这种气节。这一悲壮而伟大的牺牲精神与西方的宗教式殉道而死大不相同，它是一种植根于现实社会人生却又超越一般生命意义的道义献身。这一悲剧精神产生的人格力量和道义精神足以震撼人心，从而使人感到崇高、庄严、悲壮，是生命意义的最高完成形式。

学员 4：老师这话，让我想到了荆轲。"荆轲刺秦王"是《史记》最成功、流传最广、最形象感人的故事之一，荆轲也因为《史记》的流传而成为家喻户晓、尽人皆知的侠义英雄人物。荆轲出身微贱，但志行高洁。在秦国大兵压境的危机面前，为了反抗贪得无厌的暴秦对六国的残酷镇压与侵略，为伸张正义，主持天下公道，他毅然答应燕太子丹，只身深入虎狼之秦，勇敢无比地去刺杀秦始皇这个暴君，最后尽管已"断左股"、身披八创，仍勇敢地徒手搏斗，直至生命的最后一刻，表现了高度的社会正义感与大无畏的精神。

徐卫东：在"荆轲刺秦王"故事中，司马迁还着力刻画了几位舍生取义的英雄人物形象。太子丹为了反抗暴秦，保卫祖国，散其家财，破费养士，屈膝求贤，深谋策划，不遗余力，表现了高度的爱国精神和民族责任感与坚强的气节；老壮士田光为了国家利益推荐勇士，为了激励荆轲，坚其意志，也为了保守机密，信守承诺，不惜自杀以明志，是一个崇义尚德、舍生取义的爱国长者；樊於期为反抗暴秦，深明大义，不惜献出自己的头颅，一腔忠诚，志行高洁。

在《史记》的人物传记中，最催人泪下的正是这些为坚持正义和公道而悲壮牺牲的仁人志士的感人事迹，司马迁以深挚的情感，浓墨重彩地塑造了一批舍生取义、扶正祛邪的人物形象，热情讴歌与弘扬了舍生取义、超越功利目的、为道义而献身的民族精神。这种精神与品格对后世产生了深远而巨大的影响。

但是，如果你因此认为司马迁在生死抉择时只主张牺牲，那就大错特错了。司马迁认为，人死，有重于泰山，有轻于鸿毛，所以在生死关头要慎于选择，选择生与死的尺度只有一个，那就是看有没有价值。如果是"舍生取义""杀身成仁"，那么虽万死而不辞。如果是死得犹如蝼蚁，没有价值，那么就不要做无谓的牺牲。因此，司马迁在大力弘扬与赞颂屈原式的为追求理想政治与道德信仰而死、游侠刺客们为扶危济困的正义而死、仁人志士为坚持人格尊严而死的同时，也热烈赞颂那些发愤图强的历史人物，讴歌他们坚韧不拔的生存毅力，表现出对生命价值的执着追求。如伍子胥父兄无辜被杀，他忍辱负重，历经千辛万苦，逃往吴国，借兵为父兄报仇，终于实现了自己的价值与理想。所以司马迁评论说："向令伍子胥从奢俱死，何异蝼蚁？……故隐忍就功名，非烈丈夫孰能致此哉！"假如当初伍子胥跟着其父伍奢一道死了的话，那与蝼蚁之死又有什么区别呢？所以，克制忍耐，成就功名，如果不是刚毅的大丈夫，怎么能达到这种地步呢？

学员5：大家熟知的"卧薪尝胆"的故事，也是在肯定隐忍发愤的抗争精神吧。越王勾践为雪亡国之耻，立志灭吴。他带着夫人和大臣范蠡到吴国去求和。吴王让他住在石屋中养马，范蠡跟着做奴仆的工作。夫差每次坐车出去，勾践就给他拉马。两年以后，勾践回到越国，立志报仇雪耻。他唯恐眼前的安逸消磨了志气，在吃饭的地方挂上一个苦胆，每逢吃饭的时候，就先尝一尝苦味，还自己问："你忘了会稽的耻辱吗？"他还把席子撤去，用柴草当作褥子。勾践决定要使越国富强起来，他亲自耕种，叫他的夫人自己织布，来鼓励生产。与百姓同甘苦，最终灭掉了吴国，成就了霸业。

徐卫东：这是何等的慷慨激烈啊，正所谓"苦心人天不负，卧薪尝胆，三千越甲终吞吴"。

学员6：说到"卧薪尝胆"就想起韩信忍辱负重的故事。早年的韩信受尽了困辱，甚至淮阴市上卖肉的年轻人也欺负韩信说："你虽然长得高大，喜欢带刀佩剑，其实是个胆小鬼罢了。"又当众侮辱他："你要不怕死，就拿剑刺我；如果怕死，就从我胯下爬过去。"于是韩信仔细地打量了他一番，低下身去，趴在地上，从他的胯下爬了过去。满街的人都笑话韩信，认为他胆小。韩信为了建立功名事业的理想，竟能容忍常人难以忍受的耻辱，不肯因小失大。最终被萧何推荐给刘邦，拜为大将，施展了抱负才华，在楚汉战争中立下了不朽的功勋。

徐卫东："自古英雄多磨难，从来纨绔少伟男。"逆境对于人是一种打击也是一种锻炼，在逆境中忍辱发奋，这需要比一般人具有更加坚强的意志和坚韧的毅力。

《史记》不仅给我们描绘了这样一群人物，司马迁也用自己的一生很好地诠释了这样的信念。他因李陵事件遭受了宫刑，从肉体还有精神都受到了严重的摧残，"是以肠一日而九回，居则忽忽若有所亡，出则不知其所在"。这种煎熬恐怕不是一般人能够承受得了的，但是司马迁做到了，写出了"史家之绝唱，无韵之《离骚》"的千古绝唱，成为了一个强者。

司马迁肯定的是隐忍发愤的抗争精神，反对的是将殉道推向极端，主张不为一时之辱而舍弃生命。因此《史记》中虽然写了许多历史人物的悲愤屈辱遭遇，但并不令人感到消沉颓废，相反，却都具有一种激越高亢的精神人格力量。在人格主体遭遇到的生死冲突中，他不但是向人们展示了历史人物及自己所面临的苦难、屈辱，更令人感到他们为实现理想与抱负、为正义和真理锐意进取的巨大勇气和不屈从于命运摆布的强者精神。这种精神融入到千百年来的中华民族的血脉之中，成为我们民族精神的重要组成部分，对中华民族产生了深远而巨大的积极影响。

因而，整部《史记》都激荡着一种崇高悲壮的生命旋律。走近这些可歌可泣的人物，沐浴在他们人格的光辉中，读者自会感觉到一种崇高的美感激荡满怀，转而化作一股慷慨激昂的感情洪流催人奋进。这就是为什么《史记》中的很多人物、故事会成为后人做人的标杆。《廉颇蔺相如列传》《赵氏孤儿》等后来被改编成多种剧目在历代上演不衰，除了故事本身好看之外，更多的还是因为这些人物、故事彰显的都是我们民族都认同的价值观，是我们血液中流淌着的民族精神。所以，从某种意义上说，是《史记》这样的史书在锻造、模铸和延续着我们的民族精神。

但是，当前的大、中、小学生在继承祖国的优良传统和精神遗产方面，却明显存在一种偏离的迹象，他们在不知不觉中疏远着崇高、责任和奉献，这不能不引起我们教育工作者的警觉。所以，《史记》的教学，除了文言知识的积累，我们语文老师更应该下功夫通过语言的品赏去把握鲜活的人物形象，进而触摸人物形象背后那流淌在我们民族血液中的价值与意义，使学生去思考生命的价值，关注生命的存在与价值，尊重个体对生命的体验，理解多元的生命价值取向。这有利于学生确立正确的人文价值观，提升学生的修养，健全学生的人格。

从优秀的古代文学作品中汲取民族精神的养料，以历史人物为榜样激励今天的学生，应该是我们语文教学中进行人文教育的重要内容。

学员培训感言选录

程信妹：本次参加国学素养提升培训真的是受益匪浅，徐老师精彩生动的授课已深深地印在我的脑海之中。好崇拜哦，期待再次聆听。

俞薇薇：大学毕业快三年了，再次接触国学时感到既熟悉又陌生。徐老师说，短短的32堂课只能带着我们唤起对传统文化的记忆，可是实际上带给我们的是对传统文化的碰撞，令人难忘。

包成刚：细心聆听着徐老师生动、感人的国学课，获益良多。"国学经典"，是中华优秀的传统文化。手捧一卷古籍，凝神静气，神交古人，心飘万里，那是何等的怡然自得，何等的心神俱醉！每读一本，自己的知识库里又补充了新的血液。古今中外、天南地北，又多了一份了解、少了一份无知，如若在和学生交流时被学生问到相关知识，更少了一份面红耳赤的尴尬。

第二十课

《汉书》的爱国主义情怀

徐卫东:《汉书》是中国史学史上第一部纪传体断代史。关于其体制的创立,历来史家多持肯定的态度,但是,对于班固史学思想及历史观的评价,则存在较大的分歧。

班固 27 岁时私撰《汉书》,33 岁时因有人告其"私改国史"而锒铛入狱。后获释,33 岁遵君命在兰台续撰《汉书》。从此,《汉书》变为官修。这让班固明白了一个道理,作史必须符合皇帝的口味,否则便有杀身之祸。于是,班固撰《汉书》以正统思想为指导,采取了明哲保身的哲学,这是事实。那么,班固是不是完全被封建的正统思想所蒙蔽?《汉书》的思想内容是不是没有进步性了呢?

学员 1:不是的。《汉书》中有一些传记也歌颂了爱国主义精神、伟大的民族气节和高尚的品质,《苏武传》就是其中的典范。苏武出使匈奴被扣押十九年,凭着民族的自尊和一颗忠于汉室的心,含辛茹苦,受尽折磨,任凭引诱、威逼、濒临死亡而不屈服,须发尽白而无所改移,表现出伟大的民族气节和铁石一般的民族精神,千百年来一直受到人们的尊敬。

学员 2:而且从艺术上看,苏武这个人物也写得栩栩如生。给我印象最深的是,在苏武这个具有坚定的民族气节的人物形象周围,环绕着一批屈节仕敌的投降者,如卫律、张胜、李陵等等。卫律劝降张胜与苏武时,采用了同样的威胁手段:举剑欲击。面对生死存亡的考验,张胜请降,而"武不动";面对荣华富贵的诱惑,卫律自以为得计了,而"武不应"。同样是家庭惨遭不幸,皇上不明,臣下深受冤屈,李陵绝望了,苏武却仍然一片赤诚。正是在这层层衬托下,苏武的形象才格外显得高大。许多戏剧纷纷把"苏武牧羊"的故事搬上舞台，向广大人民进行爱国主义教育。

学员3：苏武究竟是爱国还是忠君？李陵告诉苏武：他哥哥因被弹劾大不敬，伏剑自杀；他弟弟因为逐捕犯罪的宦骑不得，服毒药自杀；他母亲已经逝世，妻子已经改嫁；他两女一男，也是存亡不可得知。而且汉武帝"法令无常"，十分残暴，已完全不值得效忠。在这种情况下，苏武竟然还是说："我侍奉君主，就像儿子侍奉父亲一样，儿子为父亲死，没有什么好痛恨的。"这不是忠君吗？而且还是愚忠！

（有学员点头附和）

徐卫东：研究苏武的爱国主义，一定要立足当时的历史条件，尊重历史事实。我们可以想象得到，当李陵告诉苏武家中一系列的变故时，苏武所受的打击该是怎样的巨大。如果苏武是留恋着汉朝的家庭而拒不肯降，那么现在的苏武可以说是家破人亡，已没有什么可顾虑了；如果苏武是为了效忠君主而拒降，则李陵认为汉主已完全不值得效忠了，而且苏武兄弟之死，全与汉主的残暴有关。这里，李陵处处为苏武着想，把家庭安全、效忠君王等一般人视为信念的东西一一推翻。辅之以李陵自己的遭遇，更使他的劝降具有很大的说服力，再加上李陵与苏武的关系，苏武又受到友情的逼迫。这时候，只要苏武的思想稍有一点杂念，精神就会全面崩溃。但是，苏武依旧是断然拒绝，这使他的形象更加光耀夺目。李陵的劝降衬出苏武的精神境界上升到一个极高的层次——国格！

苏武是中国西汉时期国格的倡导者和实践者。我们知道，先秦儒学只有人格观念，所以先秦儒学可以称为人学。经秦统一六国，直到西汉时期，才提出并践行了"国格"观念。"国格"的提出，是中国成为多民族统一国家以后的产物。董仲舒所讲的"无辱宗庙，无羞社稷"，强调了对西汉王朝的忠心，首先提出了"国格"观念。司马迁在《史记》中讲了一句名言："先国家之急而后私仇"，也把国家放在首位。苏武持节出使匈奴，当他得知副使张胜参与匈奴内部谋反事发的消息之后，认为此必牵连到自己："见犯乃死，重负国"，欲自杀；当苏武得知单于决定拘降汉使时，又对部属说："屈节辱命，虽生，何面目以归汉！"再次引佩刀自刺。两次自戕，表现出他处处把自己的生死置之度外，始终把国家的利益放在首位的爱国情操和民族气节。

苏武十九年中不为威逼，不为利诱，不为情动，始终忠贞如一。这种忠诚表面看起来是对君主，但实际上是对国家，因为，这是一个国与君难以分开的时代,忠诚汉武帝,就是忠诚于他治理下的国家。不然,难道要苏武像李陵一样投降了匈奴才不叫愚忠吗?李陵曾因汉武帝杀了他的母亲、妻子等亲人,认为与汉主已恩义断绝,因此投降匈奴也心安无愧。但是,面对苏武高大、英勇、威武不屈的形象,他不得不自惭形秽、自愧自恨。苏武越是坚贞不渝,表现出对国家民族的忠贞不贰,李陵就越是感到自己罪孽的深重、良心的愧疚。所以当苏武义正辞严表明决不有负汉主、决不投降时,李陵深深地为之感动,悲叹道:"嗟呼!义士!陵与卫律之罪上通于天!"可见,一个背叛祖国的人,他永远失去了支撑自己的精神力量,一辈子只能生活在永无希望的追悔之中,与苏武得到的精神上的充实和光荣归汉后功名上的成就形成了鲜明的对比,由此彰显出苏武精神追求的高尚和不凡之处。

苏武这种英雄气概,直观地看,似乎是来自于他"勇敢""坚毅""视死如归"等这些个人气质的力量,如果深入地想想,是基于我们民族、国家和文化力量的强盛。苏武虽然孤处匈奴,远在异域,势单力薄,但精神上却是优势的、强大的。当卫律劝苏武投降时,苏武义正词严予以怒斥,并列举:"南越王杀汉使者,结果九郡被平定;宛王杀汉使者,自己头颅被悬挂在宫殿的北门;朝鲜王杀汉使者,随即被讨伐诛灭。"最后指出:"匈奴的灾祸,将从我开始了!"正是这背后矗立的强大的祖国,一个发展到极高的优越的文化和巨大的民族精神力量,使苏武能勇气百倍,不感孤立,并能居高临下,蔑视敌人以及匈奴加诸他的威逼和迫害。

苏武作为封建社会上层统治集团中的一员,一方面对祖国无限热爱,具有可喜的民族气节;另一方面,又有浓厚的忠君思想,这是相当真实的。传记正是把忠君爱国思想与保持民族气节融合在一起,才使人物显得如此血肉丰满、真实可信,成为古代史书中人物传记的绝唱,苏武也成为中华民族的道德丰碑。研究苏武的爱国主义要立足当时的历史条件,同样的,发掘苏武精神的现实意义,也必须进行一种时代转换,将其置于现时代的土壤之中,这样才能使传统美德焕发生机与活力,才能有效地发挥和提升苏武精神所蕴含的道德价值的现实功能。

学员4:我依稀记得,大学教材认为《史记》和《汉书》都出自卓绝的历史学家之手,他们都具有史家的实录精神和正义感,所以两部史书都歌颂了爱国主义精神和民族气节。但是,在广度和力度上《汉书》远不如《史记》。

徐卫东:我看到的一些教材也都有这类的表述,但实情貌似不完全如此。我们知道,《汉书》的很多地方是因袭《史记》的,但在不少方面有不同,有发展,从而形成了自己的一些特点，比较重视爱国就是《汉书》的特点之一。

司马迁无疑是宣扬了爱国的，这在前一课我们已经有过专门的讨论。然而，我们应该看到，司马迁是一个比较感性的人，如果他笔下的人物具有他特别欣赏的其他某种道德因素，但此人的所作所为却与国家利益有抵触时，就不免暴露出司马迁的一些不足之处。而班固的爱国主义，不是从抽象的个人品质和道德观念出发，而是明确地着眼于政治，着眼于国家利益，并把爱国作为一项品评人物的原则来对待。班固与司马迁对李陵评价的不同，就能让我们看出二人在认识爱国问题上的这些差异。

从《史记》来看，由于司马迁过于看重李陵平素"事亲孝，与士信，临财廉，取与义，分别有让，恭俭下人"等品质，因此他对李陵是很有感情的，以致到李陵已经投降匈奴时仍在武帝面前为之辩护。一再指出，李陵作战极为英勇，提五千步兵深入匈奴，为匈奴骑兵八万所困，杀伤一万余人，且退且战，连斗八日，直至弹尽粮绝而投降，李陵绝非贪生怕死之徒，亦非作战失误导致失败。尽管司马迁的辩护显示出人性和理性的光辉，但司马迁是犯了错误的，至少说他是犯了糊涂的。班固虽然也比较欣赏李陵平素为人，赞美其战功，《李陵传》在这些方面写得也极富感精，但在大是大非上他却不含糊："李陵战败后不能自裁，辱没了李氏宗族；苏武伸张气节，不负王命。"《李陵传》叙李陵投降匈奴后，封为右校王，受到重用，有机会仍不愿返汉，以致李陵家乡的士大夫们以姓李而感到羞愧。《匈奴传》记李陵与匈奴大将"将三万余骑追汉军"。所有这些，贬义至为明显。班固对李陵更进一步的揭露是在《苏武传》中，我们前面有所提及，这里再让我们看看李陵送苏武返汉一节：

> 于是李陵置酒贺武曰："今足下还归，扬名于匈奴，功显于汉室。虽古竹帛所载，丹青所画，何以过子卿？陵虽驽怯，令汉且贳陵罪，全其老母，使得奋大辱之积志，庶几乎曹柯之盟，此陵宿昔之所不忘也！收族陵家，为世大戮，陵尚复何顾乎？已矣，令子卿知吾心耳！异域之人，一别长绝！"陵起舞，歌曰："径万里兮度沙幕，为君将兮奋匈奴。路穷绝兮矢刃摧，士众灭兮名已颓。老母已死，虽欲报恩将安归？"陵泣下数行，因与武决。

在苏武即将光荣归汉之际，李陵与苏武诀别，评价苏武会在匈奴中扬名，在汉皇族中功绩显赫。即使古代史书所记载的事迹，图画所绘的人物，都不能超过他。后又起舞、作歌，剖白心迹："走过万里行程啊穿过了沙漠，为君王带兵啊奋战匈奴。归路断绝啊刀箭毁坏，兵士们全部死亡啊我的名声已败坏。

老母已死，虽想报恩何处归？"唱罢，泪下纵横，情不自已。

这是对李陵内心世界极其具体的解剖和极其充分的揭示。在这里表现了李陵对苏武荣归的羡慕和他在苏武面前的自惭形秽。表现了他面对堂堂的民族正气自己所感到的可怜与孤独。但是他那段话仍然是从个人恩怨上讲出来的，与苏武那种重国家民族而不计个人得失的思想形成强烈的对比。恩格斯在谈到人物描写时曾要求"把各个人物用更加对立的方式彼此区别得更加鲜明些"，而一般来讲，使用对比也很能反映出作家对他自己所写的东西有无深刻认识，《苏武传》的对比手法的成功运用充分表现了班固自觉的爱国思想。

学员5：班固为什么能自觉地提倡爱国主义，并在某些方面超越司马迁呢？

徐卫东：这是个复杂的问题，不好回答。大致来讲，有以下几方面的原因：

首先，班固的时代给了班固认识这一问题的历史条件。爱国主义作为一种道德伦理观念，与社会的发展应该是相适应的。分裂的春秋战国之后，秦朝时间很短可以不论，西汉时建立起了统一强盛的泱泱大国，按说爱国主义的新面貌无须有待于东汉的班固。从苏武等人的活动和思想看，爱国主义在汉武帝时已经成为比较普遍的社会心理，但它要上升为一种意识形态被自觉提倡，还要靠思想家的认识和总结，这是需要时间的。西汉集大成的思想家司马迁适逢汉武帝全面开拓之时，所缺少的主要就是认识和总结的时间。再者司马迁曾受到汉武帝的残酷迫害，在国与君难以分开的时代，自然也不免影响到他对这个问题的认识。

班固就不同了，一方面，他可以从容地认识和总结西汉的历史材料；另一方面，他所处的东汉前期的国势国威，实不亚于西汉中期，当时在政治、经济、军事、文化各个领域都取得了超越前人的成就。若论对世界的影响，那更是空前的。爱国思想就是为当时的社会发展所激发起来的一种崇高意识，反过来又是推动国家发展前进的一种巨大精神力量，是当时社会发展的必然要求。但班固之时也存在着不少严重的社会问题，威胁性最大的是社会离心因素的膨胀对东汉政权统一外壳的冲击。东汉末年乃至随后出现的中华民族历史上的长期分裂状况，其端倪已见于班固之时。在当时的情况下，爱国主义作为一种凝聚力和向心力，可以说是社会的迫切需要。

其次，班固的家庭对班固爱国思想的形成有直接的影响。班氏一家，其成员留名于我国历史者之多，在封建社会的家庭中是名列前茅的。宋代"三苏"已成千古美谈，然而班固的家庭中不仅包括"三班"，即班彪、班固、班昭，还有班超,而且班彪的上一辈尚有班伯、班婕妤。班固之父班彪是个地地道道的正统派,曾坚决反对割据一方的野心家隗嚣。班固曾随父诵读多年,其思想必然要受到班彪的影响,《汉书》甚至直接采用了班彪的一些观点。另外,据《后汉书·列女传》载,班固之妹班昭也是一个"博学高才"之人,以致汉和帝让皇后和诸贵人拜她为师。最值得一提的是,中华民族历史上杰出的爱国英雄班超乃是班固的弟弟。班超抱有积极的人生理想,投笔从戎。他一生在西域的活动为增进汉族与西域各族人民的友谊,为维护多民族国家的统一,立下了不可磨灭的功勋。他的思想不能不使班固有所感发,他的事迹更不能不使班固格外崇敬与自豪。大家知道,班固是非常重视少数民族问题的,也是非常注意写民族斗争中的爱国人物的,这中间恐怕就有班超的影响。

当然,班固从其家庭氛围所受到的熏陶主要是忠君,但这只能说是班固爱国思想的一个基点,或者说是起点,是不能用来概括一切的。在我们所分析到的班固的爱国思想中,有的主要表现为忠君,有的主要表现为忠于朝廷,有的则超出了这个范围而主要表现为爱国家。不过,它们仍然是交织在一起的,这是封建社会爱国主义的一个特点,非班固所能避免。尽管如此,我们也必须承认,这种具有时代局限的爱国主义在历史上所起的作用是积极的。

再次,班固的个人经历也是他爱国思想形成的重要条件。班固幼时主要随父诵读儒家经典,深受其家学熏陶,但他又个性极强,博览古籍,研究诸子百家的言论。所学无固定的老师,不拘泥于章节字句,明白要义即可。可见班固并不那么保守,他能对正统思想的束缚有所突破是符合他的这种性格的。实际上,不仅儒家的书本没有束缚住他,就连洛阳的书斋也没有束缚住他,他曾亲身参加了旨在解除北匈奴威胁的民族战争。

班固能提倡爱国主义并提出一些新的内容,乃是其时代、其家庭、其个人经历等方面原因的作用所产生的必然结果。

班固的时代早已过去了,由于爱国主义是一个历史范畴,所以班固的爱国思想与我们今天所要求的爱国主义在具体内容上已有不同。不过,作为古代精神文明遗产,它的价值是永存的。鲁迅先生曾说:"历史上都写着中国的灵魂。"在"中国的灵魂"中,班固的爱国思想一定是包括其中的。仅凭这一点,我们就可以说,指出《汉书》中有很强的正统思想是必要的,也是很正确的,但由此而诋毁班固,贬抑《汉书》就属过当之举了。

作家张贤亮曾经说过,中华民族虽在严格意义上并无宗教,但从某种程度上历史就是我们的宗教。汉民族是如此重视历史,为国者以史为鉴,百姓借史修身，数千年的历史便像长江、黄河样奔腾、融汇在代代华夏儿女的血液中，汩汩不息。

学员培训感言选录

沈金花：培训内容丰富，容量庞大。老师自身国学素养很深厚，深入浅出，教态自然，语言风趣，教风清新，如沐春风。课堂内高潮迭起，笑声不绝，效果非同凡响。

黄夏霞：四天的培训，又重新唤起了我对国学的热爱。读书时期我就很喜欢中国的古典文学，感受国学之美。这次培训，徐老师对国学独到的见解，幽默风趣的授课方式，让我留下了深刻的印象，再加上在国学知识竞答中喜获大奖——81部国学经典电子书，一定会让我离国学更近。希望下次还有机会聆听！

王科颖：培训那么多次，唯有这次让我意犹未尽。每天几个小时的学习时间，总是在不经意间悄悄溜走。身心愉悦，这便是徐老师国学课堂的魅力！期待，下一期。

眈紫嫣红说戏曲

第二十一课

中国传统戏曲的特性

　　徐卫东：这一讲，想说说中国传统戏曲。在国学普及类书籍中，很少有讲到戏曲的，例如章太炎的《国学讲义》对戏曲就只字未提。那么，戏曲是否属于国学的范畴呢？在第一课我们重点探讨了"国学"的内涵。尽管定义多样，但是，一些具有代表性的观点还是表明，戏曲是属于国学范畴的。例如：认为国学即中国传统文化学术，现在更多的人认同国学是指中华各民族的历史和传统文化，即"大国学"。文化指人类在社会历史实践中所创造的物质文明和精神文明的总和。戏曲属于社会的上层建筑，是意识形态的一种，也是中国人在历史上传承的精神文明现象。以普遍流行的文化分层理论来衡量，戏曲应该属于精神文化，所以，在这个意义上，传统戏曲无疑是属于国学范畴的。还有学者认为国学即四部之学，主要研究对象是经、史、子、集，如《四库全书》。《四库全书》在集部词曲类中收入南北曲。众所周知，南北曲都是戏曲音乐，所以实际上已经把戏曲涵盖进去了，只是轻视戏曲文本而已。梁启超《国学入门书要及其读法》更是向国人推荐了《西厢记》《琵琶记》《牡丹亭》《桃花扇》和《长生殿》这些元明清人曲本。

　　传统戏曲不仅属于国学的范畴，而且在国学教育功能上有着不可替代的文化价值。在历史上，国学教育主要是通过官办学校和私立学校进行，另外，家庭教育、社会教育也是十分重要的补充形式。从一定意义上来看，戏曲家班是一种艺术化的国学的家庭教育形式。此外戏曲在宋代以后的社会教育当中也扮演了非常重要的角色。戏曲作为大众文艺、通俗文艺，来自于民间，反哺于民间，自始至终为广人市民百姓所喜闻乐见，因而，戏曲在宣扬国学内容上上发挥着积极的社会教育作用。近年来，无论是公办学校，还是私立学校，抑或家庭教育、社会教育，戏曲的国学教育意义越来越受到人们的重视。2008 年 3 月，教育部在北京、天津、黑龙江、上海、江苏、浙江、江西、湖北、广东、甘肃等 10 省(市)中小学开展京剧进课堂试点，充分说明政府对戏曲传承与弘扬国学的教育功能十分重视。教育部提出"戏曲进高校"的目的和意义概莫能外。

　　呵呵，现在我们可以名正言顺地来对话中国传统戏曲了。对戏曲你们了解多少呢？

　　学员 1：戏曲是中国传统的戏剧形式，历史悠久，剧种丰富。如京剧、昆曲、越剧、川剧、评剧、黄梅戏和我们宁波的甬剧等不下几百种吧，尤其是京剧影响最大，是我们的国粹。

　　徐卫东：你说的都是比较流行著名的剧种，还有秦腔、河北梆子、湖南花鼓戏等。据统计，我国各民族地区的戏曲剧种，约有三百六十多种，深受广大群众喜欢，你看现在二人转还特别火。

　　学员 2：剧种是多，但剧目更多。我喜欢看传统经典剧目，除了老师提到的《西厢记》《琵琶记》《牡丹亭》《桃花扇》外，我还看过《窦娥冤》《白蛇传》《天仙配》《女驸马》《红楼梦》等等，那个唱腔，那个表演，都有板有眼，特优美。

　　徐卫东：确实如你所说，传统剧目多得数以万计，除了你说到的这些，还有很多我们可能熟悉的经典，如元南戏的辉煌之作《荆钗记》《白兔记》《拜月亭记》和《杀狗记》。又如白朴的《墙头马上》、马致远的《汉宫秋》、郑光祖的《倩女离魂》、纪君祥的《赵氏孤儿》，再如《连环记》《林冲夜奔》《十五贯》等等。看来你是个戏曲迷了，能否唱上一段，让我们真切感受一下中国传统戏曲的魅力？

　　（在一片掌声中，学员唱了一段越剧）

　　啊，声音悠扬婉转，确实好听。如果能配上动作，一定会更加优美典雅。好了，现在我们对中国戏曲的特点是否有了更真切的了解？中国戏曲艺术，作为戏剧艺术的一个组成部分，既具有戏剧的共同特征，又因其独特的表现手段和独有的审美特征，从而有别于其他戏剧形式。尤其是戏曲艺术深深根植于中华民族传统文化，具有鲜明的民族特色。那么，较之西方戏剧，你们感到它有哪些特点呢？

　　学员 3：中国戏曲，不管是什么剧种，貌似都要咿咿呀呀地唱。西方的话剧就只有台词，只说不唱。

　　学员 4：传统戏曲的舞台布置特别简单，有时就一张桌子几把椅子，不像西方戏剧那样丰富真实。

学员5：传统戏曲中的人物都脸谱化，观众一看到演员的脸谱，就立刻可以知道他是忠是奸还是小丑。

徐卫东：你们都说到点子上了。说白了，戏剧就是在舞台上表演故事给大家看，中国的戏曲则是用歌舞来表演故事给大家看。这是中华民族创造的独有的戏剧形式，和西方戏剧有着鲜明的区别。概括起来，主要有三个特性。

一是中国戏曲呈现出表现形态的多元性。相对而言，西方戏剧在表演元素上比较单纯，而东方戏剧在表演元素上呈现多元化。因为戏剧艺术最早的形态是歌舞结合，戏剧原本是从祭祀性的舞蹈中产生出来的，但西方戏剧在发展过程中已不再拥有歌舞结合的形态：或者是依靠台词的"话剧"，或者是只歌不舞的"歌剧"，还有专舞不歌的"芭蕾"。歌舞分家成为西方戏剧的某种特征。相比起来，东方戏剧则保留着古老的歌舞结合的传统。东方戏剧的典型代表类型——中国戏曲的各剧种，几乎无一例外包含有唱、念、做、打各要素。"唱"指歌唱，戏曲唱腔一般有固定的曲牌以及板式，像京剧中的导板、慢板、快板等；"念"指说白，说起来朗朗上口，抑扬顿挫，十分动人；"做"指表演，讲求身段、工架，如整冠、理鬓、趟马等都有固定的程式；"打"指武打，有各种套路。其实，从"戏曲"这一名称也可以看出，"戏"指舞蹈与动作，"曲"指歌唱部分。戏曲是运用音乐化的对话和舞蹈化的动作去表现现实生活的，"载歌载舞"成为中国戏剧不可分割的部分。而同属东方的日本歌舞伎、印度梵剧等也是如此。

二是中国戏剧侧重写意。在审美上，西方戏剧侧重"写实"，从表演到布景，都要使看戏的人感觉到如同生活的真实形态，比如《雷雨》等经典话剧的布景与音响都逼近生活形态。中国戏剧和中国画、中国诗歌一样，它不追求形式的逼真性，而是充满着一种"似与不似"的写意性，重在表现意境，这是戏曲的绝妙之处。在戏曲舞台上，拿一根马鞭舞动就意味着骑马奔驰；而跑一个圈就算走过了十里八里甚至千里万里；四个龙套就代表千军万马等。似乎有点像我们幼儿时骑着竹竿就仿佛骑在高头大马上一样，是极富想象力的创造。这种不求生活再现，而用高度提炼、夸张、美化来达到神似的方式，打破了时空的限制，扩展了表现生活的领域，把观众带到五光十色的生活联想之中，让人获得高度的艺术享受。

三是中国戏曲讲究程式。所谓程式是指规程法式，就是无论唱、念、做、打都有着规定。如何起身，怎样走路，对打有套路，甩袖子有讲究，而旦角的哭、小生的笑、花脸的怒吼"哇呀呀"、丑角的念白等也都有讲究，一丝一毫都不能差。声腔的规定化与动作的统一化是中国戏曲的基本功，演员正是在程式的规则中发挥各自的功底和才能。西方戏剧却不拘泥于程式，虽也有台词与动作，但更多的是需要演员的发挥。舞台上演员发挥得好坏，直接影响了戏剧的成败。

中国戏曲还有一个特点，就是刚才你们说到的脸谱化。西方戏剧比较生活化，演员虽也化妆，可从来没有把整张脸都盖住。他们让我们无法直接猜到忠奸善恶，却更加真实。中国戏曲的演员画上了脸谱，忠奸立辨，写意性在这里不再适用，"直接"才是最有效的表达方法。关于中国戏曲的脸谱，我们后面来作专题讨论。

总之，中国戏曲文武相杂，有说有唱，载歌载舞，是包含文学、音乐、舞蹈、美术、武术、杂技以及表演艺术各种因素综合而成的。这是中华民族创造的独有的戏剧艺术，需要我们发扬光大。但是，令人尴尬的是，中国的年轻人不太接受这一戏剧形式，于是现在很多剧作者一味地模仿欧美音乐剧，结果缺失了我们自己独有的特色，造成中国戏曲"四不像"的局面。这就需要我们老师在国学教育中去普及戏曲知识，培养学生的戏曲兴趣；同时剧作家们应深入研究中国古典戏曲，并且将之与现代剧场艺术理论相结合，从中找到适合今天中国本土的戏剧表达方式，提升国民的戏剧品位。

学员培训感言选录

单勤超：培训内容丰富，培训老师阅历丰富，讲解风趣、精彩，很有吸引力，而且互动效果好。学员到课率都在90％以上，从头到尾无人讲空话、打瞌睡，精彩之时，总是笑声、掌声阵阵。

陈桂君：在宁波教育学院徐卫东教授深入浅出的讲座中，明白了国学博大精深、源远流长，始终伴随着国家前进发展的脚步，体现着中华大地与众不同的文化魅力。数千年的文化积淀使得我国的文化有着深深的民族烙印。我们祖国的文化是伟大的！

毛赛琴：徐老师渊博的知识、生动的讲解，使我这个国学门外汉，也听得津津有味。不仅做了笔记，还特意向徐老师拷贝了讲座课件，为了以后能再次温故而知新，也是为了加以珍藏。在此，真心地感谢徐老师精彩的讲座。这是我有生以来，听过的认为最受用的讲座。

第二十二课

戏曲脸谱与传统文化

　　徐卫东:中国戏曲脸谱,是戏曲文化现象中一个重要的组成部分,它以其高度抽象而又生动的艺术形式,流传千年,有着深厚的文化意蕴和丰富的历史内容。就其渊源可追溯到远古图腾时代,而作为一种戏剧的化妆方法,是在唐宋涂面化妆的基础上发展起来的。元代杂剧演员扮演剧中人物,已有了一定的分工,而涂粉墨的净、丑角色从简单色彩的涂抹,进而运用对比色彩,使观众易于识别剧中人物的类型。这类花面化妆为后来戏剧脸谱奠定了一定的基础。明代戏曲表演的行当分工更为细密,各大剧种逐步有了规范化脸谱,人物脸谱已经分为红脸、黑脸、赭石脸、蓝脸、绿脸等谱式。

　　至清乾隆以后,随着各地民间戏曲的发展,尤其是京剧的兴起,脸谱造型日臻完善,在构图上奠定了"整脸""三块瓦脸""十字门脸"的基本勾法。清末,又发展出了新谱式,各类角色的脸谱已趋向定型化。至此,脸谱的勾画已不仅仅是一种简单化妆,而且能突出人物的性格和角色的身份,成为一种具有高度象征性和典型化的民族艺术。在经过了长期的、无数人的努力之后,戏曲脸谱艺术臻于五彩缤纷、辉煌灿烂的艺术境地,成为我国古代艺苑的一朵奇葩。

　　戏曲脸谱不仅仅是供悦目的,而且是戏曲艺术家与观众进行对话的一种极富表现力的文化语言,折射着中国传统文化的许多方面。

　　学员1:儒家强调忠、孝、节、义,依我看,戏曲脸谱艺术主要就是用来标明它善恶分明、舍生取义、劝人向善的道德观。这在戏曲中有充分体现。戏曲的道德化概括起来主要表现在:善恶分明的人物形象,舍生取义的浩然正气,药人寿世的教化功能等方面。戏曲脸谱着重表现人物性格、品德,寓褒贬,别善恶,充满着浓厚的道德评价色彩。

徐卫东:这正是儒家文化的伦理道德内容在戏曲脸谱中的体现,也可以说是脸谱道德化。它其实就是一种象征性、寓意式的符号,透视出绘制者对人物的道德评价,使观众能目视外表,窥其心胸,从而达到"寓褒贬,别善恶"的艺术功能。戏曲脸谱这种象征和寓意的特性,具体是通过"形"和"色"两个方面来表现的。

先从"形"看。你们记得哪些印象深刻的形态?

学员2:月亮、蝴蝶。

学员3:类似刀剑这些兵器。

徐卫东:说得没错。脸谱中的"取形",就是为了象征。脸谱中常勾画某种自然形态的东西,如螳螂、蝙蝠、蝴蝶、太阳、月亮等来象征、寓意;也有把使用的兵器,如戟、钩等画到脸上的;也有把人物的生理形态,如年龄特征、长相特征等勾画出来的;还有直接把字勾画到脸上的;等等。这些形态都经过了图案化、装饰化了的变形处理,以突出该人物的最大特征。

例如,京剧鲁智深的脸谱里,有一对螳螂眉,这两只争臂相向的螳螂图案,既象征鲁智深的怒眉,又寓意这个梁山好汉豪爽、好斗的精神与路见不平、拔刀相助的性格。杨七郎的脑门上勾一草书"虎"字,原是象征他是黑虎星下凡,同时也隐喻杨七郎像老虎一样勇猛无比的"虎气"个性。后羿的脸上勾画了九个太阳的形象,以说明他曾用箭射下九个太阳。

脸谱中象征符号的"形",大体上都有相对确定的寓意。人称包青天的宋朝大忠臣、大清官包拯大家一定不陌生。宋亡不久,元代杂剧里就出现了《包待制陈州粜米》《包待制智斩鲁斋郎》《包待制三勘蝴蝶梦》《叮叮当当盆儿鬼》等多种包公戏。在这些戏里,包拯代朝廷执法,为百姓做主,刚直不阿,不畏权势,处决欺压贫民、强吞灾粮的刘衙内、小衙内父子;智斩强抢民妻的皇亲鲁斋郎;为善良无辜的孤儿寡母平反冤案;为被人谋害的冤魂申冤报仇。历史上的包拯已经被编戏的、演戏的、看戏的理想化,甚至神圣化了。700年后,京剧形成,包公戏发展得更加完整、成熟。为表现他的刚直、严峻、铁面无私、正义凛然,包拯满脸涂黑色,两眼部位画一对紧锁的白眉子,眉头"拧"成一个大疙瘩,犹如太极图的阴阳鱼形,突出刻画他为国为民、与邪恶斗争而忧愁的神态。最独特的是包拯脑门上还画了一个白色月牙,这又是什么意思?

学员4:象征他具有神奇的力量,白天主持人间公道,夜晚判断阴界是非。

强化其铁面无私的形象。

学员5：是青天的象征，黑暗社会中，人民仰望包拯犹如夜空的皓月，使他内在的性格与外在的形态达到高度的一致、和谐。

徐卫东：所以，有的脸谱的"形"又是多义的，可让人作出不同联想和解释。还因为一个人物在不同年龄阶段，或在不同场合情境里，会有不同的情绪、心理、行为方式，所以有时候一个人物的脸谱也不止一种勾法。另外，不同剧种对同一个人物脸谱的处理，也会因为各地流传的民间故事、生活习俗和对人物的理解等方面的不同而有所区别。

再从"色"看。颜色是脸谱艺术的另一重要方面。世界上每个民族都有对颜色的理解和偏好，在儒家思想烛照下，中国人也形成了颇具民族特色的色彩伦理与价值观念。戏曲脸谱的设色与我们民族的文化传统、价值取向、生活习惯等密切相关，脸谱中每一种设色都具有特定的象征意义。刚才我们说到包拯满脸涂黑色，称为"黑头"，而包公乃一介书生，天生白脸，为什么不给他涂成白色呢？

学员6：好像白色描绘的多是反面人物，暗喻人物生性奸诈、手段狠毒，例如曹操。还有太监之类也会涂成白色。

徐卫东：是的呢。白色在戏曲脸谱中一般象征奸诈和虚伪，如果给包公也如实地画上白色脸谱，显然就违背了戏曲脸谱视觉符号系统的表征意义。于是，京剧便给包公黑色的脸谱，体现人物富有忠诚、正直、勇猛、智慧的品格。那么，给包公涂成像关公一样的红色可以吗？

学员7：不恰当。红色虽然是描绘正面人物，但主要表现的是忠勇侠义形象，所以在脸谱中只能是黑包拯、红关公。

徐卫东：呵呵，分析得不错。我们来看几个脸谱。

我感觉关公的脸谱是把人物的外表和内心结合得最好的。据民间传说，关云长早年为民除害惹了官司后，为逃避搜捕躲进枣林藏身，因其看的、吃的、喝的都是红枣和枣子水，关云长的脸因而变成了枣红色，舞台上的关云长便被

赋予一副通红的重枣脸,外加一对丹凤眼和卧蚕眉,象征着庄重和威严。

戏曲脸谱的基本颜色,除了红、黑、白外,还有紫、蓝、绿、黄、灰及金银色等。紫色象征智勇刚毅,不媚权贵;蓝色寓意刚强勇猛;绿色勾画出人物的侠骨义肠,勇猛莽撞;黄色表示武将骁勇善战、残忍暴躁,表示文士内有心计;瓦灰色则是老年枭雄;而金、银二色,多用于神佛、鬼怪,象征虚幻之感。

上面我们所说的脸谱设色的象征意义那是大体的指向,它有很大的灵活性,切不可作简单、绝对的理解。如红色一般表示关公这样的忠勇侠义者,但《法门寺》里的太监刘瑾,勾的也是红脸,这是肤色的夸张,表现他养尊处优、权压朝臣的地位,再加上眉、眼、嘴部勾出的奸诈表情,一看就是一位擅权的太监。又如水白色一般表示奸诈,而《野猪林》中的鲁智深,本是英雄豪杰,却偏偏勾成白脸。所以,对一个脸谱的认识,应把脸谱的"色"与脸谱的"形"结合起来,还要与服装的颜色和样式结合起来,并且结合具体剧情和具体人物,才能有较为准确的认识。

学员 8:戏曲脸谱,让观众一目了然地判断出罩在脸谱后面的角色人物是忠还是奸,是善还是恶,包拯、关羽、张飞等人一出场就能看出是好人,高俅、严嵩等人一露脸便知道是恶棍。这久而久之,会不会误导观众在现实中也去以貌取人呀?

学员 9:我也有同样的担心。而且在审美价值观上,存在非此即彼、非善即恶的极端思想,不利于观众对人物作全面客观的评判。

徐卫东:既然你们看到了这个问题,我们就说开去一点。从表象上看,中国戏剧脸谱是一种戏曲人物造型的手段,是中国传统戏曲特有的化妆艺术,其目的是通过规范而统一的视觉符号,向观众传递出戏曲人物的性格特征、精神情操、道德品质,以最直观、简洁而有效的方式,完成对剧中人物善恶褒贬的道德评价。

然而,实际上折射出来的是中国传统文化追求人格表里如一的道德观念或非善即恶的价值判断。它绝对不允许内外矛盾、表里不一的人格现象存在,认为一个人有怎么样的人品必定具有相应的外表。这种外表,在戏曲里用脸谱这种视觉符号加以夸大化,让观众能轻而易举地通过人物外表作出忠奸辨别、善恶判断。

脸谱被创造出来后逐渐与人的关系发生异化。现实中大多数国人的人格价值取向也不由自主地以活人脸谱化,以貌取人,只敬罗衣不敬人,视千人如一面,以一概全,以全概特,等等方式予以表现。即使在 21 世纪的今天,看看我们的周围,很多人不是依然在自觉不自觉地按照"只敬罗衣不敬人"的价值取向作为衡量人才的唯一标准吗?只要是博士就一定是人才,只要是富翁就敬若财神,长得潇洒、漂亮的更容易得到机会。至于将活人脸谱化的现象就更是成为一种惯性。前段时间有个官员艳照门被爆料后,网友们对其"长相"极尽讽刺和挖苦。称"鬼斧神工,把历史上的各种难看、猥琐、丑陋熔于一炉","看长相就像贪官";"有句话叫相由心生,今后祖国挑选官员的时候,长得太像那种爱干坏事的人,就别纳入官场了"。

视千人一面、以一概全、以全概特的人格价值取向,实际是漠视作为个体的人的存在。以貌取人,只敬罗衣不敬人,使人在警惕恶棍的同时,无视甚至歧视武大郎和钟馗那样其貌不扬的好人。对表里如一的迷信,也会使凡人迷信伟人和英雄,把他们视为尽善尽美的化身。孔子云:"吾以言取人,失之宰予;以貌取人,失之子羽。"自古就有貌丑之良臣,也不缺美貌之腐官,过分夸大官员的长相,其漏洞至少有二:第一,形象潇洒并符合高大、帅气、貌美的官员,是否就可以不警惕、不监督,如此一来哪里还有"斯文扫地"一词?"你们看我的长相,像个贪官吗?"这是某省原副省长在露出腐败马脚后的名言,这样的笑谈,岂能成为评判贪官的"潜规则"?第二,长得不高帅美或略有"丑态"却兢兢业业、勤勤恳恳的官员,是否要背负心理的罪过,觉得自己对不起谁呢?就如《中国青年报》所评论的,围观官员"长相",是公民的权利。但这个长相,一定不只是眼睛小不小、脸蛋大不大、下巴尖不尖,而应该赋予更多内容:手脚干不干净、作风正不正派、干事有才无才、内心黑与不黑、票子有污无污……自由、立体、透明的评判,构筑着全面的官员长相,呈现着官员美誉度的差别。

还是回到中国戏曲的脸谱上来。前一课我们提到戏曲综合了多门类传统艺术成果,因此,也必然地受到各门传统艺术美学思想的影响。例如,从诗歌中引进了"意象""意境""趣味"等;从小说中引进了"真假"等;从绘画中则引进了"虚实""神似""形似"等。自然地,戏曲脸谱的审美意识同样也受到各门传统艺术的影响,甚至是直接渊源于中国画的美学思想。如中国画中"重神似"而"轻形似"的写意风格,就被运用到戏曲脸谱中。

古今中外的戏剧演出都追求外部形式的美感,但外部形式的形态、手法、方法等很不相同。西方传统戏剧的人物造型追求的是写实,也就是如实反映现实中的人物造型。中国戏曲中的人物造型则是非写实的,而且还要承担道德外现的义务,因而也就与现实中的人物造型有一定的距离。戏曲脸谱就是一种变形极大的化妆艺术。

脸谱的变形首先要"离形"。"离形"就是不拘于现实生活的自然形态，大胆地进行夸张、装饰。戏曲舞台上各种颜色的脸谱在生活中原本没有，却又源于生活实情，如生活中形容人脸常用"漆黑的脸""枣红脸""脸色蜡黄""面色苍白"等，勾画脸谱的话，就分别用黑、红、黄、白等颜色夸张地进行表现，鲜艳的纯色就与现实中人脸的颜色拉开了距离，这是色彩的"离形"。另一方面，脸谱勾的都是图案化的形，与现实人脸形状拉开了距离，这是形状的"离形"。

脸谱的变形还要"取形"。"取形"就是把现实生活中的某种物象的自然形态取来，加以变化。取形的方法和样式很多，例如眉窝的勾法就有云纹眉、火焰眉、凤尾眉、螳螂眉、虎尾眉、飞蛾眉、剑眉、宝刀眉、寿字眉等多种。这就改变了眉的自然形态，使其成为图案化的形，具有浓厚的装饰趣味和感情色彩。其他部位如眼窝、嘴岔、脑门等部位也都如此。

脸谱的"离形""取形"达到图案化、装饰化的艺术效果，其目的是"传神"——传人物的性格、神情、心理、品德之神。这就是中国画中"遗貌取神"的"重神似"的美学思想的体现，其主旨乃要求"神似"要高于"形似"，写形要为传神服务，为了达到神似，可以突破形似。

总之，中国戏曲的脸谱想象丰富，造型美观，形神兼备，手法独特，寓褒贬于图案，寄爱憎于色彩，既反映了我们民族的审美情趣，又吻合了我国戏曲写意的风格，散发出生动、迷人的光彩。

学员培训感言选录

王玲珍：培训的内容非常实用，对我这一个小学语文老师，简直是量身定做，针对性强。徐老师博学多才，旁征博引，妙趣横生，亦庄亦谐，形式丰富。通过对话、观评、竞答等，我对国学茅塞顿开。真的是"快乐百分百，受益百分百，幸福百分百"。希望以后能继续享受徐老师其他内容的培训。

徐桦：徐老师丰富的知识和精彩的表达，无时无刻不在感染着我，冲击着我的内心。本次学习效果甚佳，给我的教学道路指明了新的方向。

胡学雁：老师精彩的讲座，令我身心愉悦、受益匪浅。在轻松愉快的学习过程中，让国学经典的智慧之光，引领我们的人生之路。本次培训通俗易懂，寓教于乐，形式非常好，希望以后多举办这样的培训。

第二十三课

儒家思想对传统戏曲的影响

徐卫东：中华民族的艺术之所以不同于其他民族的艺术，应该说，与儒家思想也有着极为密切的关系。在中国奴隶制和封建制的社会中，儒家思想长久地渗透在人们的观念、行为、习俗、信仰、思维方式、情感状态之中，形成了一种把艺术和政治教化紧密联系在一起的传统，这样就必然会影响传统戏曲的内容和表演形式等，形成传统戏曲特有的价值观和艺术观。

从内容上看，传统戏曲主要表现为弃恶扬善的伦理观和舍生取义的牺牲精神，体现出中华民族精魂的道德美。其"善"和"义"也就是传统戏曲的社会作用——教育职能。还是让我们结合《赵氏孤儿》来展开讨论吧。

《赵氏孤儿》是元杂剧中著名的悲剧作品，也是第一部传入欧洲的中国戏剧，交融着人生忧患的深切感受和善恶分明的道德意识，具有较高的社会意义和美学价值。《赵氏孤儿》的故事我们前面说到过，现在哪位学员再简述一下主要情节？

学员1：春秋时晋国大将军屠岸贾蓄意陷害上卿赵盾，采用卑劣的手段向晋灵公进谗言，将赵盾全家大小三百余口诛尽杀绝，赵盾之子赵朔是驸马也未能幸免，赵朔之妻生下一遗腹子。全剧的矛盾冲突即围绕着赵氏孤儿的命运展开。屠岸贾命令将军韩厥把守公主府门，但等孤儿满月时立即杀死，而赵家的门客、草泽医生程婴将孤儿放在药箱里带出，公主自缢身亡。韩厥出于正义，放走程婴后自刎。屠岸贾得知消息后，下令如果搜不到赵氏孤儿，就将全国半岁以下、一月以上的婴儿全部杀死。程婴为了保护赵氏孤儿，拯救全国婴儿，找到退职大夫公孙杵臼，二人商定，以程婴未满月的婴儿假作赵氏孤儿，交给公孙杵臼，再由程婴出面告发。屠岸贾非常奸诈，令程婴亲手拷打公孙杵臼，并当着程婴的面，将搜出的"赵氏孤儿"剁成三截。就这样，程婴用自己亲生儿子、公孙杵臼用自己的生命救下了赵氏孤儿。二十年后，孤儿长大成人，程婴将其身世详细告知，孤儿擒杀屠岸贾，报了血海深仇。

徐卫东：剧作家纪君祥所作的元杂剧《赵氏孤儿》的故事，原本出自《左传》，情节较略，到司马迁《史记·赵世家》和刘向《新序》《说苑》才有详细记载。纪君祥又将故事的发展进行了戏剧性的变化，围绕着赵盾、屠岸贾文武不和，展开善与恶、忠与奸的矛盾冲突。还把原故事中的两个人舍命，拓展成四个人的牺牲，使得戏剧张力极大地增强，歌颂了程婴、公孙杵臼等人重义气、轻生死、忠勇义烈的高尚品质。这也是有意识地用浓墨重彩宣扬儒家伦理道德的忠勇和仁义。

剧的结局是大报仇，这种结局的处理是中华民族"善有善报，恶有恶报"传统审美心态的反映。赵家门客程婴只因赵家对他"十分优待"，他知恩报恩，所以才冒着生命危险、牺牲亲生儿子救出孤儿，虽然后来由于屠岸贾要杀掉全国半岁以下的婴儿，使他的行为具有拯救全国婴儿的性质，形象较之原来高大，但其出发点仍是报恩，这是儒家提倡的"忠"。韩厥、公孙杵臼等人舍生取义，是重承诺，是在与邪恶势力的斗争中表现出的刚烈，即所谓"忠臣不怕死，怕死不忠臣"。这种高风亮节、凛然正气正是中华精魂的体现，闪耀着道德的光彩，这是儒家所提倡的"节""义"。《赵氏孤儿》表现的忠臣义士对权奸弄臣等邪恶势力的斗争精神，渗透着儒家的伦理思想，突出了传统的道德精神，体现着一种人性的复苏和觉醒，其"惩恶劝善"的观念正是儒家道德的集中体现。

《赵氏孤儿》中的程婴与公孙杵臼等人表现的扬善弃恶的伦理观点和舍生取义的牺牲精神，体现出中华民族精魂的道德美，包含着一种巨大的伦理力量，并通过斗争让美德发射出照人的光彩，以此给人以鼓舞和感奋，交融着人生忧患的深切感受和善恶分明的道德意识，具有较高的社会意义和美学价值。王国维评价《赵氏孤儿》："即列于世界大悲剧之中，亦无愧也。"英国剧作家威廉赫察特改编其为《中国孤儿》，在英国文化界引起重大反响。他在献词中说："其中有些合理的东西，英国名剧也比不上。"

从《赵氏孤儿》可以看出，是否符合儒家提倡的"忠、孝、节、义"伦理规范是衡量传统戏曲审美价值的主要标准。比如戏曲舞台上久演不衰的传统剧目杨家将、包公戏、水浒戏以及三国、两汉、隋唐演义等，均不乏这些感人肺腑的内容。

学员2:《赵氏孤儿》最终以孤儿长大后终于得知血海深仇,杀死了屠岸贾为赵氏家庭报了仇雪了恨而落下帷幕。还有《窦娥冤》也一样,最后冤仇得报。似乎中国的戏曲基本都是大团圆的模式,和西方的悲剧不太一样,这是为什么呢?

徐卫东:这个问题有价值。要搞清楚中国悲剧的审美特点,我们确实有必要对中国悲剧的这一既存模式进行探讨。既然说到了《窦娥冤》,就先请哪位来介绍一下主要情节。

学员3:窦娥自幼丧母,七岁时父亲窦天章因无钱进京赶考,将其卖给蔡婆家为童养媳。窦娥婚后丈夫去世,留下她与婆婆两代寡妇相依为命。蔡婆外出讨债时遇到流氓张驴儿父子,被其胁迫。张驴儿要霸占窦娥,见她不从便想毒死蔡婆以要挟窦娥,不料反毒死了他自己的父亲。张驴儿诬告蔡婆,窦娥为救蔡婆自认杀人,被官府判刑问斩。窦娥在临刑之时指天为誓,死后将血溅白绫、六月降雪、大旱三年,以表明自己的冤情,后来果然都应验了。三年后她父亲任廉访使到了楚州,梦见窦娥鬼魂,于是重审此案,为窦娥申冤。

徐卫东:《窦娥冤》也是中国十大悲剧之一,是一出具有较高文化价值、广泛群众基础的名剧,据统计,我国约八十六个剧种上演过此剧。

苦命的窦娥,以勤善为本,只求做一个孝妇贤媳,只想与世无争地度过一生。但是命运偏偏不肯放过她,以致蒙冤被斩。这是一个怎样天昏地暗的世界、是非颠倒的时代呀,窦娥呼天抢地,求助无门,只能诅天咒地:"地也,你不分好歹何为地;天也,你错勘贤愚枉作天!"如果剧情就此结束,你们觉得可以吗?

学员4:我看可以。情节上是完整的,而且悲剧达到了高潮,更具有震撼的力量。

学员5:我同意。但是就让善良的窦娥这么冤死了,心里总是堵得慌,不舒服。

徐卫东:确实,如果剧情到此结束,不仅情节上是完整的,而且还很有震撼力。可是中国的观众却感到不爽,因为它会造成欣赏心理的不完全感。在人们的传统意识中是有冤必伸有仇必报,这种心理要求似乎比思索悲剧命运的要求来得更为迫切。更何况,作者在剧中也已经巧妙地把观众的愤怒引向了天地人世之不公上,于是,窦娥的三桩誓愿均能感天动地,最后冤魂不散告知中了状元做了御使的父亲窦天章,终于,窦娥冤仇得报,于是观众舒出一口长气,悲愤得平,拍手称快。整个剧情在观众欣欣然中结束。

从《赵氏孤儿》《窦娥冤》中我们可以用两段式来划分这种复仇剧的结构:蒙冤和复仇。如果光从因果关系来考察,古今中外的复仇剧大致如此,但在实施复仇的手段时,中西剧却存在着很大的差别。在莎士比亚的《哈姆莱特》中,哈姆莱特的悲剧性主要不是表现在王位的被剥夺,而是表现在复仇过程中的不可战胜自我的悲剧性。如果说西方复仇剧重点在于表现"人",那么中国悲剧则重点在于表现"情"。把悲剧的主人公放在背乎情理的逆境中苦其心志、劳其筋骨,从而放射出悲剧主人公的精神光芒。这应当是中西复仇剧悲剧内涵的重要区别。

中国是有着古老传统的国度,其礼仪之繁、道德之盛,可以说在世界上绝无仅有,故而,我们不难看出,传统的悲剧深深地打着道德伦理的烙印。窦娥自身命运悲惨,却有一颗极其善良的心,对待婆婆竭忠尽孝、体贴入微,但对待恶人的要挟却大义凛然、刚正不阿,表现了宁为玉碎、不为瓦全的气节。剧作不惜以浓墨重彩对窦娥的一片孝心大加渲染,特别是临刑前对婆婆仍悉心惦念,这里,剧本展示给观众的窦娥,已不仅仅是个循规蹈矩的孝妇,而是一个集传统美德于一身的善良和正义的化身了。同样,《赵氏孤儿》中,剧作者把重点放到救孤的过程中,由此展现程婴、公孙杵臼的悲剧性行动。没有这些人的悲剧牺牲,赵氏孤儿的复仇行动的悲剧魅力将会大大减弱。这些悲剧主人公往往是道德力量的化身。这种道德力量已经不是某种教条的附属物,而是人格化为一种活生生的形象,因此它具有积极的社会价值,是为观众所认同的。鲁迅说,悲剧是将人生有价值的东西毁灭给人看,而有价值的东西毁之越惨痛,人们的不忍之心便越强烈,由此而产生的同情便越广博。中国古典悲剧正是在这种道德力量的人性化的过程中,在情理交织的不忍中揭示人物内在的悲剧性的。

在中国古典的复仇剧中,不管开篇时人物的遭遇怎样的惨烈,但最后的结局总是令人满意和使人欣慰的。以复仇始、以团圆终的悲剧模式,在艺术上有着怎样的必然性倾向呢?这只能从中国人的文化心态上去找原因。因为揭示命运的悲剧,西方所表现的是人不可战胜自身的悲剧性,即某种本质力量,在这里天意与人意是直接对立的;而在中国人看来,命运的磨难只能是暂时的现象,天理终究不可战胜,而天意总是主持公道,是正义的代表,最终会战胜邪恶。窦娥诅咒天地,但她的誓愿仍旧发给青天,最后为她除冤雪恨的是天子的使臣,这说明中国人对天的企盼,实际上是对它的世俗代表——开明天子和清官的企盼。几千年的宗法制社会造就了人们的依附心理,也限制了人自身的权利,剥夺了他们实现自我的能力,直接造就了人们脆弱的心理机制:他们用戏剧的形式来完善残缺的生活,这是造成悲剧中大团圆结局的原因之一。

此外,传统的审美心理也直接促成了大团圆结局的产生。中国古典美学强调中和之美,主张哀而不伤、怨而不怒、温柔敦厚。这在戏剧领域里,便造成了中国特有的悲剧形式,这种形式不同于莎士比亚悲剧中喜剧因素的介入。莎剧虽然也在悲剧中加入一些弄臣或愚人的调笑成分,但总的悲剧基调是无可改变的,结局给人的感受仍旧是悲愤或悲壮;而中国戏剧是在冤冤相报之后促成一种理想化的令人欣慰的结局。西方的复仇悲剧往往通过悲剧主人公的遭遇,演示出人生奋斗之崇高悲壮的哲理;而中国的复仇剧则是通过悲剧主人公的遭遇,来达到惩恶扬善、缓解观众不平之气的目的,它用形象来告诉我们,悲剧主人公之所以受苦遭难,那不过是天将降大任于斯人的先兆。人们不能容忍他们的悲剧主人公永远倒霉,因为这就意味着好人永远不得好报,忍受苦难也变得毫无意义,这种想法是中国人不敢有的。

自身命运越悲惨,忍受的耐力便越坚韧,眼下的境况越险恶,寄于未来的希望也就越多越好,正是这样的民族心理状态,使中国的广大观众不能忍受窦娥含冤不报,也不能容忍屠岸贾逍遥法外,于是他们给现实的悲剧装上了一个美丽的童话般的尾巴——这就是大团圆的结局。

学员 6:尽管现在我们知道了中国悲剧的大团圆结局体现了中国传统的美学倾向,然而装上美丽童话般尾巴的大团圆的结局,就应该完全肯定吗?它是不是会损害了悲剧的实质?

徐卫东:我们只是说,这种从复仇到团圆的结构不能完全否定。这种大团圆的模式,其局限性是不容忽视的。

首先,这种结构很容易简化现实中悲剧冲突的复杂性,掩盖了社会悲剧的深层内涵,把观众对悲剧主人公命运的关注转化为对某种力量的关注,这就在客观上削弱了悲剧的深层力量,美化腐败的社会机制。

其次,大团圆结局常常会扭转悲剧的进程。亚里士多德在《诗艺》中指出:"悲剧是一个严肃、完整、有一定长度的行动模仿。"单一的偶发的惨痛事件并不就是悲剧。悲剧的结局反映一种必然,大团圆只是诸多可能中的一种。试想,如果窦娥没有一个做了官的父亲,赵氏孤儿没有自己当了官,那么他们的深仇又何以得报?以这种偶然性因素来充当悲剧逆转的结局,就扭转了悲剧发展的必然性,从而也破坏了悲剧氛围的整一性。

此外，大团圆结局妨碍了主人公内心矛盾的展示，掩盖了艺术形象的多层内涵。在走向大团圆进程中，人的复仇只简化为一次行动和这次行动的结果，至于人的内在心理矛盾及其灵魂的痛苦抗争，则是开掘欠深的，因此，悲剧主人公便只具有某种复仇属性，而其丰富的悲剧内涵，则被这种单一性所掩盖。特别是戏剧结尾中，悲剧主人公总是已亡的供为神明，未亡的加官晋爵，这不仅令人有续貂之感，也给具有悲剧崇高美的复仇抹上了低俗的色彩，因此，悲剧的形象也就显得单薄了。

学员培训感言选录

盛茗铮：徐卫东老师博学多才、通古识今，他对国学的阐述可谓深入浅出，他风趣的讲解让我感到这次培训收获匪浅，真是不虚此行，希望以后还能听徐老师的课。

陈培红：虽然以前也参加过某些类似的培训，但在宁波教育学院这短短的4天，特别让人感觉"轻松"。除了感受到老师博学、幽默的个人魅力，更让我有一股冲动，想把家中已经拥有的"国学"书去读个遍、读个透。我一定能把这股冲动变成现实。

刘敏敏：感谢徐老师的精心编排、生动教学，在我们繁琐机械的工作之余注入清新的空气，期待下一次的更精彩！

第二十四课

传统戏曲的传承与创新

徐卫东:2001年联合国授予昆曲"人类口头非物质文化遗产"称号,从此昆曲不仅是中国的文化瑰宝,更被世界所承认。消息传来,一片欢腾。然而现实令人尴尬:一是在现代娱乐形式横行的背景下,传统的娱乐形式——戏曲依然面临其萎缩的处境,年轻观众往往缺乏欣赏、观看戏曲的兴趣;二是"遗产"所带来的"传统效应",使回归传统成为戏曲界的主流声音,发展与创新似乎成了戕害戏曲的洪水猛兽。中国戏曲,该如何处理好传统与现代、传承与创新的关系? 在新文化视野下,传统戏曲究竟路在何方?

学员1:我认为创新有可能把传统戏曲搞成"四不像",把昆曲这样的高雅艺术改革成通俗文艺,从而丧失其作为"遗产"的价值。

学员2:越是民族的才越是世界的。对于传统戏曲,应该重在传统经典剧目的挖掘、抢救、保存、整理上。

徐卫东:可以印证你们观点的是,苏州昆剧院曾排演过一出"原汁原味"的《白兔记》,从舞台到演员的装扮一律复古,打出恢复明清昆曲演出原貌的口号。但这样的演出并没有带来观众的喝彩。因为观众走进剧场,需要的是艺术而不是文物。所以,究竟是让传统戏曲成为遗产的经典,还是活跃在舞台上的经典,这或许也是传统戏曲面临的困境。

学员3:我以为戏曲生存与发展的活力在于创新。由于观众的审美习惯和审美兴趣是随着时代的变迁而变化的,因此戏曲艺术也应随之而变化。一成不变的艺术只能走向衰落,与时俱进才能生生不息,这就是戏曲艺术的时代性。曾经从报纸上看到,青春版昆曲《牡丹亭》从剧本到表演等方面都进行了大胆创新,结果演出很受观众欢迎,尤其是年轻观众爱看了。

学员 4:听说过青春版戏曲深受大学生喜欢。这青春版就是专指演给青年人看的戏曲吗?

徐卫东:2004 年 4 月由白先勇策划的青春版昆曲《牡丹亭》在台北首演,5月轰动香港剧坛,6月又在苏州大学存菊堂内上演。随着青春版《牡丹亭》由台、港至内地的热烈上演,"青春版"这一概念广泛流行开来。所谓"青春版",其内涵包括:青春的演员用青春的舞台美术来表演关于青春的故事给青春的观众观看,完成古典艺术的青春传承,使其焕发出青春生命。

自青春版《牡丹亭》在台北首演以来,随着"青春版"这一概念的推广与传播,青春版戏曲逐年产生,青春版也就越来越被观众和演出市场所接受。在国内,出现青春版戏曲的地区有北京、上海、天津、四川、湖北、江西、江苏、浙江、山东、广东、陕西、河南、黑龙江、甘肃等 13 个省(市),这里既有北京、上海、广州这样的文化经济中心,又有河南、陕西、甘肃这样的经济欠发达的中西部地区。出现青春版戏曲的剧种有 14 种:昆剧、京剧、越剧、秦腔、豫剧、粤剧、黄梅戏、龙江剧、吕剧、扬剧、川剧、采茶戏、婺剧、甬剧。这其中既有历史悠久的剧种昆剧、秦腔,又有影响力巨大的京剧,还有一些很有地方特色的剧种如我们宁波的甬剧等。

从剧目看,有经典的传统剧目,如《牡丹亭》《西厢记》《桃花扇》《白蛇传》《琵琶记》《玉簪记》等。青春版戏曲这一现象成为当代戏剧演出中的一道亮丽的风景线。

当代,在很大程度上,戏曲的观众老龄化,似乎只有我老妈这样的老年人才会喜爱上戏曲。自白先勇青春版《牡丹亭》出炉后,在戏曲的观众中,年轻人的比例越来越高。自 2004 年在台北首演以来,直接进场的观众逾 30 万人,其中青年观众的比例高达 75%。青春版《牡丹亭》在苏州大学、北京大学、南开大学、南京大学、复旦大学、同济大学、厦门大学、中山大学等多所高校上演,形成了以学生为主体的新一代昆曲观众群。有些大学生像喜欢影视歌星一样追逐着戏曲演员,许多学校出现一票难求、长队索票的景象,青春的校园被古老的艺术感染着。

学员 5:青春版《牡丹亭》为什么会受到大学生的热捧?它主要有哪些成功的经验可以分享?

徐卫东:青春版《牡丹亭》,通过对传统文化与现代文化观念的结合,在现代与传统文化之间架起了一座桥梁,使古老的戏曲焕发出青春魅力。

首先,剧本的合理改编。剧本对于戏曲来说是至关重要的。汤显祖的《牡丹亭》本身所蕴含的人性人情以及超脱世俗的爱情,都是一种美的象征,带有非常强烈的"现代性"色彩。青春版《牡丹亭》改编者白先勇先生在改编时贴近汤显祖"情至""情真""情深"的理念来发展，在基本情节、主要人物和主要精神不变的基础上，对剧作的节奏和长度进行了适当的处理，把原本五十五折的《牡丹亭》删减为二十七折，分为上本"梦中情"、中本"人鬼情"、下本"人间情"三场，从第一出《标目》演到最后一出《圆驾》，基本上保持了原作剧情的完整，又展现了这部经典剧作的瑰丽精致。

其次，现代戏曲观念的融入。白先勇曾提出明确的戏剧观念："一方面尽量保持昆曲抽象写意、以简驭繁的美学传统，但我们也适当利用现代剧场的种种概念，来衬托这个古典剧种，使其既适应现代观众的视觉要求，同时亦遵从昆曲的古典精神。"白先生以"爱情神话"为主旨与核心，通过现代舞台的表现手法叙写古老浪漫的爱情故事，并且尽量简化人物的上下场，重视舞台包装，使古老的戏曲多一些现代因素。这在保持古典戏曲的基本审美品质的基础上，符合了现代人的审美观，尤其是青年一代的审美习惯。

再次，年轻化的市场选择。青春版《牡丹亭》对市场的选择是十分明确的。白先勇先生对《牡丹亭》进行了青春的演绎，他首先是直面戏曲的都市化。昆曲兴盛之初本是士大夫阶层的雅文化，它所植根的土壤是都市，白先生很早就意识到，要让昆曲的艺术生命力得以延续，年轻化是必不可少的。昆曲要年轻化，演员要年轻化，观众也要年轻化。从演员的选取到观众的定位无不着眼于青年人。通过古典与现代的交织，营造出一种诗画的情感幻境，既具有明显的雅化特征与唯美倾向，又折射出时代精神与时尚品质。使得"经典"以及它们所代表的古典文化能够得到青年受众的认同，从而使戏曲获得新的生命。

青春版戏曲的成功，促使我们思考：我们所要抓住的传统究竟是那些琐碎而具体的程式元素，还是隐藏其后的抽象精神？传统应该是创新的土壤，还是创新的坟墓？我们是应该穷考证之能事，将戏曲文本的传统复古地重现，还是恢复它作为舞台艺术真正意义上的传统？

当然，这些问题更多地让戏曲工作者们去研究吧。我们来探讨，作为中国传统文化的代表和符号，在素质教育的课表上，校园戏曲教育的现状如何？要让青少年对中国戏曲接受—认可—共鸣的前提是了解，那么，应该如何让他们去了解？

学员 6：据我所知，戏曲教育大学比中小学好些，但总体上校园戏曲教育的现状堪忧。要想青少年接受、认可甚至喜爱传统戏曲，必须让更多的青春版戏曲走进更多的大、中学校，同时，也能编排少儿版戏曲走进小学和幼儿园，让古老的艺术感染他们。

徐卫东：早从 2006 年开始，教育部、文化部、财政部就推出了"高雅艺术进校园"活动,同年 6 月 1 日,浙江启动了"浙江省民族艺术进校园"活动,在中小学中全面开展对中国传统戏曲的推广。据介绍,活动由昆曲、京剧、越剧及少数地方剧种组成,将以"政府购买"的形式走进浙江的中小学校。同为传统戏曲,日本规定小学生在校期间必须观看能剧,浙江开展民族艺术进校园,其宗旨就是"树根立魂",即树中华之根、立民族之魂。这事你们知道吗? 有没有送戏进你们学校?

学员 6:没有。还是第一次听说。

徐卫东:哦,都六年过去了,我们学校也没见戏曲艺术家来,看来推进的力度还不够大。

学员 7:我们学校也没呢,可能是学校太多了吧,艺术家们忙不过来。我觉得,除了专业剧团进校园,也可以组建学生戏曲社团,聘请当地的专业人士来教授。像我们学校就有学生越剧兴趣小组,培养学生的越剧兴趣和特长。

徐卫东:嗯,宁波市镇安小学在推进国学课程的同时,开办了京剧社,每周一、三的下午安排课时,邀请退休的京剧演员对爱好京剧艺术的学生进行授课。孩子们的学习热情挺高的。2011 年 9 月 15 日,浙江省京剧团老、中、青三代 70 多位演员,走进镇安小学,为师生们表演了京剧《贵妃醉酒》《哪吒闹海》等经典曲目。京剧社团的小演员们,还与艺术家们同台表演了红色经典京剧曲目《红灯记》。生动的表演、精湛的技艺、手把手的指导让师生们近距离感受到京剧艺术的非凡魅力。可以想见,以后这些孩子们是不会排斥传统戏曲的。

学员 8:现在唱歌、器乐、朗诵等赛事比较多,戏曲比赛几乎没有。建议从学校到全国,举办各层面的戏曲汇演、比赛等,以赛促教,推进校园戏曲教育活动的开展。

徐卫东:这建议很好。现在全国少儿戏曲大赛和全国大学生京剧演唱会已举办多届,影响广泛的全国大学生戏剧节也增加了戏曲专场演出,中央电视台也将于 2013 年春夏之际,重磅推出首届"全国少儿京剧电视大赛"。应该让戏曲比赛同传统的歌手大赛、朗诵大赛等一样成为校园文化的重要内容之一。民族文化的感染力只有在走近她、了解她之后,才会被她的美感和气韵所吸引、所震撼。

学员 9:戏曲是观演的艺术,可以亲临观赏、亲身表演自然是最好的,这应该是戏曲教育的重要组成部分,但是,由于种种客观条件的限制,有些学校开展起来可能会有困难。所以,也可以结合音乐课或通过开设选修课、举办讲座等形式来普及戏曲知识,提升学生欣赏中国戏曲的能力。

徐卫东:2008 年 2 月,教育部正式发布《关于开展京剧进中小学课堂试点的通知》,明确为"传承中华民族优秀文化,建设中华民族共有精神家园",将京剧纳入九年义务教育阶段音乐课程中,并于 2008 年 3 月至 2009 年 7 月,在北京、天津、黑龙江、上海、江苏、浙江、江西、湖北、广东、甘肃等 10 省市的中小学开展京剧进课堂试点，一至九年级学生将学唱 15 个京剧经典唱段。每个试点省市将遴选 10 所小学和 10 所中学作为试点校，试点后将逐步在全国推开。于是，以京剧为代表的戏曲正式走进了中国普通音乐教育课堂。这无疑是具有里程碑意义的，因为这是国家教育部正式发文的一次政府行为，标志着戏曲在官方号召下正式成为中国普通音乐教育的内容。

"京剧进课堂"是通过在中小学生中传播中国传统戏曲，从而达到中国传统音乐文化的传承与保护从孩子抓起、从孩子做起的目的，是对中国传统音乐文化传承与保护的有力措施。这一行为，也是解决中国戏曲危机中一再被提及的"观众老龄化"问题的有效途径。

教育部原计划在开展试点的基础上，将"京剧进课堂"逐步推展至全国。时至今日距离"通知"发布已经过去了 4 年多的时间，不知道你们学校有在实施吗？

众学员：没有。

徐卫东："京剧进课堂"这一工作在开展中遇到种种问题，目前趋于停滞状态，其中的原因可能较为复杂，但最主要的一定是师资的问题。师资是教育成败的关键环节。"京剧进课堂"活动开展之初，首先对中小学音乐师资进行了集中的培训，教唱京剧唱段，学习京剧知识，等等。但是培训并未取得理想的效果，这其中的原因，表面上是培训时间有限，学习不够扎实，实质上是中小学音乐教师对于中国戏曲音乐知识的普遍的、严重的缺失造成的。当然这不能责怪中小学的音乐教师，要怪只能怪培养音乐师资的中国高等音乐教育。中国的高等音乐教育，由于特定的历史文化原因，表现出典型的"欧洲中心主义"的特征，教学体系以欧洲音乐为主，而中国传统音乐所占的比重较小，这就造成了所培养的中小学校师资，知识结构偏重欧洲音乐体系，而中国传统音乐的相关知识有较大的缺口，比如学生都会弹钢琴，而会中国传统乐器的少之又少；学生能够熟练地演唱西洋歌剧，而对中国戏曲的唱腔则知之甚少。如此的状况下，全靠短时间的"突击培训"来解决中小学音乐师资的问题，"京剧进课堂"在这个环节上出问题也就不足为奇了。

"京剧进课堂"趋于停滞，是不是说明京剧等戏曲艺术不适合走进中小学课堂，所以可以取消了呢？从刚才的发言中可见大家是不认同这种态度的。与"京剧进课堂"类似的情况也发生在香港。20 世纪 90 年代，香港地区的普通音乐课程中加入粤剧、粤曲，那时同样遇到师资等方面的困难，但是他们并没有放弃，2004 年，香港教育署将粤剧研究成果编制成一系列粤剧教学单元的教学套书，香港教育学院也于最近申请获批了一个为期 3 年的大型粤剧教学研究计划，在中小学中继续研究具体实施方案，并计划进行推广。相信香港未来普通音乐教育中的粤剧、粤曲教学将会获得更大的成功。我们也一样，只要以积极的态度，继续研究、实践，并逐步推广，随着社会对传统文化重要性认识的不断深入，相信"京剧进课堂"一定会取得最终的成功。

关于校园戏曲教育，大家提了很多切实可行的好建议。我们达成了这样的共识：振兴国粹必须从中小学生抓起，应该让戏曲在校园中占有一席之地。开展戏曲教育，对于提高校园的文化品位、增强校园的传统文化气息、建立多元的校园文化无疑是十分必要的，也是切实可行的。同时，对于培植戏曲的观众市场也是大有裨益的。尽管我们不会幼稚地认为，通过戏曲教育就能让每个学生都喜欢戏曲，这是不太现实的。但是，我们相信，让学生和戏曲亲密接触，通过欣赏和了解，使大多数学生能够打消原有的对戏曲的偏见和远离，这一定是可以的。以后，少量的学生将会成为戏曲的铁杆观众，一部分则将从随机观众、潜在观众加入到固定观众的行列。

现代学校需要古老戏曲的传统文化积淀，人才培养需要中华传统文化的熏陶，戏曲艺术更需要年轻一代去传承和发扬。

戏曲的振兴任重而道远。

学员培训感言选录

竺安军：庆幸参加这次培训，导师用自己渊博的学识、幽默的授课方式、熟悉的案例，深入浅出的讲解，引领我们俯身拾起散落的经典。当面对博大精深的经典，我们总会无语，或许是要用一生来感受的。

刘晓全：国学，是每个中华儿女都该了解和浸润的，作为一个教师，更该借一切机会去开拓和提升自己这方面的素养。真的很得意自己这次报名参加了这个继续教育培训班。当时自己还有点忐忑，因为本人不是汉语言文学专业的，生怕自己消受不了。结果，在徐老师如此用心、精彩的讲授中，我还是学到了或是感悟到了好多我们民族的文化精粹。感谢徐老师，以后有机会我还会再报名参加您开的培训班。

李赞玉：感谢徐老师带我们进入了博大精深的国学课堂。几天的培训让我感觉回到了久违的学生时代，并激起了我学国学的再度热情。现在的人过于功利，如能沉静自己的心灵，多了解些国学知识修身修己实是益事。期望下学期徐老师再带给我们更精彩的国学课堂！

多源共生话小说

第二十五课

中国传统小说的两大系统

徐卫东：说过了戏曲，再来聊聊小说。中国传统小说有两大系统，即文言小说系统和白话小说系统。追溯中国小说的源头，可以发现，中国的小说乃是多源共生，或谓之多祖现象：神话传说、寓言故事、史传文学、诗歌辞赋、说话艺术等都深深地影响着中国小说的生成。其中，远古神话传说是我国小说最早的源头；先秦寓言故事也是我国小说的重要源头；先秦两汉高度发达的史传散文，则是我国小说最主要的源头和母体；诗歌辞赋、说话艺术对我国小说的形成也有重要的影响和作用。所以说，先秦两汉多种文体中的诸多小说因素，丰腴深厚的文学沃土，共同孕育产生了我国传统小说，因而，中国传统小说，艺术上具有鲜明的民族特色。这个问题，我们下一堂课再来交流。现在先要讨论的是中国传统小说的两大系统：文言小说系统和白话小说系统。

文言小说至唐朝才出现成熟作品——唐传奇。所谓"传奇"，就是作者往往以"记"或"传"名篇，以史家笔法"传写奇事，搜奇记逸"。内容主要是神怪、爱情和豪侠。其中爱情小说成就最高，代表作有《柳毅传》《李娃传》《莺莺传》《霍小玉传》等。唐传奇已经跳出了前代志怪小说写真人真事的圈子。故事情节曲折动人，细节描写婉转传神，语言典雅，多用典故。唐传奇的出现，使古代文言笔记小说定型化，并成为中国古代小说的一大支流，它标志着我国古代文言小说发展到了一个成熟阶段。

清代著名短篇小说家蒲松龄的《聊斋志异》使文言小说走向高峰。

白话小说的定型文本是宋元时期出现的话本小说。话本，原指书场说书艺人——"说话人"所用的底本。"说话"艺术唐代就有，到宋代进入繁盛时期，受其影响，发展形成了一种新的白话小说文体——话本小说，结束了此前中国古代小说仅有文言小说的单线发展局面，并且取代了唐传奇在小说领域的主流地位。宋元话本以爱情小说、社会问题小说成就最高，爱情小说的代表作有《碾玉观音》等；社会问题小说以公案小说为主，代表作有《错斩崔宁》《快嘴李翠莲》等。还有豪侠小说、神怪小说。其描写对象由帝王将相、才子佳人转向平民，大量的商人、店员、小手工业者成为小说的主角，因而作品的思想观点和美学情趣比前代发生了很大变化。

话本小说的最大成就是语言。它摒弃典雅的文言，使用通俗易懂的白话，大量吸收群众口语，朴实生动，增强了小说语言的表现力，为白话文学开辟了新纪元。

明清时期，古代小说从兴盛走向辉煌。明清小说的主流是从通俗小说中脱胎出来的长篇小说。经过宋元两代的孕育，在体裁上已定型为长篇章回小说。

你们都读过哪些长篇章回小说？

学员 1：老师，不好意思，我基本都没读过，但是知道四大名著《三国演义》《水浒传》《西游记》和《红楼梦》。

学员 2：我读过《西游记》，其他几本名著都没读完，但看过电视连续剧。另外感觉《儒林外史》也不错。

学员 3：还有《金瓶梅》。

徐卫东：你读过《金瓶梅》？

学员 3：看过碟片。

徐卫东：哦，那应该是香港的三级片吧？

（学员大笑）

《金瓶梅》产生在明代嘉靖、万历年间，比《红楼梦》早两百年，与明代的《三国演义》《水浒传》《西游记》合称四大奇书。因为这部书中的人物潘金莲、李瓶儿、春梅都是主要人物，书名就叫《金瓶梅》，又称《金瓶梅传》。因西门庆是书中更重要的人物，又称《西门传》。小说中着笔描写人的自然情欲，《聊斋志异》的作者蒲松龄又称此书《淫史》，相当于今天说的情爱史。

余秋雨老师曾经和北大学生一起给明清小说排过次序，我们现在就通过举手表决来给刚才提到的六大名著排个次序。

（学员对六大名著一一举手表决）

好,结果出来了:第一名《红楼梦》,第二名《西游记》,第三名《水浒传》,第四名《三国演义》,第五名《儒林外史》,第六名《金瓶梅》。

是不是听说《金瓶梅》乃天下第一淫书,所以就把它排在了最后?

众学员:是。

学员4:老师,你读过《金瓶梅》吧?

徐卫东:说来话长。那是在1978年我读大学的时候,第一次听说了《金瓶梅》。因为很"黄"色,所以找遍了书店、图书馆均不见踪影。10年后,我终于通过内部关系,买到了齐鲁书社出版的《金瓶梅》和搭售的《金瓶梅续书三种》,共计52元——1988年,52元可是一笔大支出了。当晚我便如饥似渴地阅读起来,结果发现页下有很多类似"此处删除59个字"这样的说明。原来向往十年费尽心血买到的是一套洁本《金瓶梅》。

(学员坏笑)

不过,在这里我还是要为《金瓶梅》说上几句公道话。《金瓶梅》产生之初,震撼了明末文坛,因为它开拓了新的题材,拓展了审美领域,塑造了前所未有的艺术形象。冯梦龙称赞《金瓶梅》"另辟幽蹊,曲中雅奏",开始称它是一部奇书,并把它与另三部长篇"赏称宇内四大奇书"。张竹坡继承了冯梦龙的四大奇书之说,把《金瓶梅》定名为"第一奇书",把它提高到小说史的最高地位。

说《金瓶梅》"奇",不是离奇古怪之义,而是说它在小说史上具有创新、开拓的意义。首先,《金瓶梅》是我国小说史上第一部文人独立创作的长篇白话小说,共100回,约90万字,写了700多个人物,形象生动完整的人物也有30多个。其次,《金瓶梅》以市井人物为主要角色,不再是帝王将相、神魔、英雄传奇。作家的新观察、新发现、新创造,使《金瓶梅》在小说史上具有了开拓、创新意义,使现实主义小说创作进一步发展,标志着我国小说创作进入一个新阶段。《金瓶梅》是一部里程碑性质的作品,它给《红楼梦》的创作,积累了艺术经验,开辟了道路。《红楼梦》发展了《金瓶梅》的现实主义,把古典小说推上现实主义高峰。

《金瓶梅》与《红楼梦》是中国古典小说现实主义的两种典范、两个高峰。《金瓶梅》主要写市民阶层的生活,侧重在下层;《红楼梦》主要写贵族生活,侧重在上层。《金瓶梅》描写金钱商业、经济;《红楼梦》描写政治、礼仪。《金瓶梅》重摹写生活,是写实的;《红楼梦》重表现情感,是写意的。《金瓶梅》是生活小说、市井小说;《红楼梦》是诗意小说。《金瓶梅》是下里巴人;《红楼梦》是阳春白雪。在帮助我们了解封建社会,了解历史这一点上,两书是互补的。《金瓶梅》与《红楼梦》，描写范围之广，情节之复杂，人物刻画之细致入微，均可与西方最伟大的小说相媲美，在中国小说史与世界小说史上都占有重要地位。

明代"四大奇书"，各自代表了一种长篇小说类型。即以《三国演义》为代表的历史演义小说，以《水浒传》为代表的英雄传奇小说，以《西游记》为代表的神话小说，以《金瓶梅》为代表的世情小说。这也规划了中国古代小说的基本格局，明清时代的所有长篇小说都可以在这几个类型中找到归宿。

学员培训感言选录

陈健儿： 听着徐老师生动、形象地娓娓道来，我突然发觉以前这些枯燥乏味的国语知识，也似乎有了生命力，个个鲜活起来。曾经看过四大名著，也曾断断续续看过改编的电影、电视连续剧，但总是关注其情节，也会随着人物的高兴而高兴，伤心而伤心，但从来没有深入地剖析人物的性格、命运，作者的写作目的等较深入的问题，就算学到，也基本是人云亦云，没有自己的思想。但听了徐老师对几本名著中几个主要人物的解读，我觉得对他们有了更深入的理解。期待还能参加徐老师的学习班，还能做一回幸福的学生。

王国栋： 尽管以前也读过四大名著，但以前的阅读只是浏览，只关注其中的情节，根本没有去剖析人物的性格特点。说真的何以称它们为名著，我也说不出所以然来。这次听了徐老师对古典小说的解读，使我对小说中人物有了深入了解。如诸葛亮人物性格的剖析，林冲英雄形象的塑造，其实都反映在小说的语言文字之中，感悟到了这类小说的语言魅力。可以说让我学会了应该怎么去阅读小说。

吴小云： 国学文化培训，使我对国学的兴趣大增。古代的一个个大师似乎在我眼前呈现，让我想更深入地去了解他们。兴趣激发了，这才是最好的培训。

第二十六课

中国传统小说的民族特色

　　徐卫东：因为中国传统小说在形成发展的过程中，深受神话传说、史传文学、诗歌辞赋、说话艺术等影响，所以艺术上具有鲜明的民族特色。

　　第一，传统小说具有神话传说的艺术幻想力。

　　无论艺术形式还是其文化精神，传统小说都明显地受到了中国古代神话的影响。对此，你们有同感吗？

　　学员 1：有同感。中国古代小说中，表现山妖水怪、花精狐魅、神魔斗法的作品，可以说是代不绝篇。这些作品所表现出来的奇特的艺术幻想力，都可以追踪到古代的神话传说中，在其中找到它们最古老的初始形态。

　　学员 2：中国很早就出现了人、兽、神结合的神话，如精卫填海。精卫是一只鸟，有兽性，善飞，用嘴衔树枝、石子；有神性，由人变成鸟；有人性，为了复仇不屈不挠。兽性、神性、人性三者结合，形象生动感人。《西游记》中的孙悟空，既有猴子的外形，灵巧、机灵，又有人的虚荣、骄傲、冒失和顽强的精神，同时又有七十二般变化、一个筋斗云十万八千里的神通，这使他超越了时空的限制，在天地之间自由驰骋。再如猪八戒，外形是猪，兼具猪和人的一些弱点，如好吃懒做、贪财爱色等，又有三十六般变化的神通。其他的神怪各个具有动物丑陋的外形，却不乏人的感情、欲望以及超人的神力。

　　徐卫东：《西游记》最大的成功就在于继承了神话运用神奇的想象、夸张的手法塑造艺术形象的方法。作者将动物的形象气质、人的精神、神的超自然力完美结合，使形象更具有生动性、巧妙性和传奇性。这种运用人、兽、神三位一体塑造形象的方法确实可以追溯到远古神话。被誉为"古今语怪之祖"的《山海经》中就有许多有关动植物精怪的神话，尤以人物变形神话居多，其中神的形象多以半人半兽姿态出现。如女娲为"人面蛇身"，西王母"其状如人，豹尾，虎齿而善啸"。随着神话的发展，进入英雄神话阶段，开始出现了人、兽、神三位一体的神话，其人性逐渐突出。除了精卫填海，还有女娲补天、夸父逐日等神话，无不表现出他们的神性和人性。古代神话在运用人、兽、神三位一体塑造形象的方法上，尽管还是片言只语，有神无话，但对后代文学的影响是显而易见的。

中国神话中所展示的原始生命观也对传统小说创作产生影响。神话中所展示的原始生命观，首先是生命的互渗。任何一个生命不是单一的，它和其他生命互渗，在某些关键时刻转化变形。其次，任何生命都会有磨难，尤其将要增益神性的生命之际，甚至要有死亡一类的经历。最后，生命的磨难不是消极的，它锻炼出来的是一个更具神性的生命，死亡的同时是新生的开始，是生命神性的真正显示。原始生命观给了小说家深远而又隐蔽的影响，溯本逐源，我们可以领略传统小说中承袭和发展的原始生命观。

如果说神话是记载原始生命观的最早的小说萌芽，那么《红楼梦》应是小说中展示原始生命观最成熟完美、精彩绝伦的神话了。小说叙女娲补天，独一石未用，石甚自悼叹，俄见一僧一道，以为"形体倒也是个宝物了，还只是没有实在好处，须得再镌上数字，使人一见便知是奇物方妙。然后好携你到昌明隆盛之邦，诗礼簪缨之族，花柳繁华之地，温柔富贵之乡，去安身乐业"。于是袖之而去。小说主人公贾宝玉即衔此玉而生，因名宝玉。细读《红楼梦》，谁不相信那补天石与宝玉间的神秘联系？谁不为了神瑛侍者与绛珠仙草的还泪情缘感叹？多少人从宝玉（石头）随大观园由盛到衰、由欢到悲、由情到空的人生磨劫，恍悟现实人生的意义？所以，尽管小说中的人物几乎完全是现实或历史中的凡有，研究者们也多从中感受到其批判现实主义的力度，但从反映、继承、传递原始生命观的角度说，它却是《山海经》一样的神话，只是并非简单的循环，它以那个时代人对生命智慧的感受、灵性的领略、成熟的表达，展示了不仅属于原始人，也属于整个人类的永恒的、共通的生命感受。

第二，传统小说采用了史传文学的叙事结构。

我们之前有介绍过，我国先秦两汉产生的史传著作，主要有《春秋》《国语》《左传》《战国策》《史记》《汉书》等，它们上承神话，下启小说，是我国叙事文学的艺术宝库。其中司马迁的《史记》不仅是史传文学的集大成者，更是中国叙事文学史上的里程碑。从神话到史传再到小说,是中国叙事文学的一条独特的发展路线。史传文学,或为传统小说积累了叙事的艺术经验,或为其提供人物或故事的创作题材,很自然地成为传统小说可资仿效的榜样。

这种影响,从我国传统小说的叙事结构方式上就可见一斑。

史传结构方式主要有编年体和纪传体两大类型。《春秋》《左传》是编年体,按时间顺序记叙历史大事;《史记》《汉书》是纪传体,以人物传记为中心叙述史实。较之编年体,纪传体对历史人物的生平以及以人物为中心的事件可以作连贯而又完整的记叙,可以对某些重大的历史场面进行从容不迫的绘声绘色的描写,因而能够局部地再现历史场景。纪传体对后世小说的影响尤为深刻。

唐代传奇小说和清代的《聊斋志异》等文言短篇小说在结构方式上,就明显地受到了纪传体的影响。《史记》中的作品,大多是以人物的名字作题目,故事亦围绕该人物的生平事迹展开,前文叙述故事,后面再直接发表一段议论。对比一下唐代传奇小说的传类作品,几乎也都是这个套路:开篇即介绍人物的姓名、籍贯、家世、时代等,接着叙述故事本末,结尾是交代人物的结局或者评赞,有的反复强调材料的来源,以示其真实可靠。如《霍小玉传》《柳毅传》《李娃传》等,都是围绕着题名人物的生平经历展开,历叙其一生的起落、命运归宿,甚至包括后嗣情况,宛如纪传体。这同《史记》的本纪、世家、列传的写法,在形式上雷同。

史传的编年体和纪传体结构方式,也为明清长篇小说结构类型的形成奠定了基础。在总体结构上采用编年体的小说如《三国演义》《金瓶梅》和《红楼梦》等,严格按时间顺序结构全书。《三国演义》是历史演义小说且不论,即以写世情人情的《金瓶梅》和《红楼梦》而论,它们的情节可以排列出一张大事年表,现今已有"金瓶梅系年""红楼梦年表"之类的研究专著发表。但是小说并不完全搬用编年体,它们在总体编年的框架中,又吸收了纪传体结构的优点,局部采用列传的写法。例如《三国演义》写关羽"千里走单骑、过五关斩六将",作者为了使情节一气贯通,叙事的焦点始终汇聚在关羽身上,在关羽过五关同时发生的其他事情都按下不表,等到关羽过了五关,故事告一段落后再来叙述同时发生的其他事情。在这局部章回中,作者采用了纪传体结构方式。在总体结构上采用纪传体的小说有《水浒传》和《儒林外史》等。《水浒传》的前七十回基本上是纪传体结构,作者似乎是分别给人物写传,其排列顺序是:鲁智深—林冲—杨志—晁盖—宋江—武松,等等,梁山聚义、三打祝家庄以后按编年体,但局部仍采用纪传体结构。《水浒传》这部小说,尤其是前大部分,理不出一张大事年表来。《儒林外史》可以看作是一部儒林列传,列传顺序是:周进—范进—严监生严贡生—蘧公孙—匡超人—杜少卿,等等,其结构比《水浒传》更松散,以上各个人物之间或者根本没有关系,或者只有极其薄弱的联系,我们也无法给《儒林外史》编年。

第三,传统小说大量运用诗词韵语。

中国传统小说受到了古代诗歌的重大影响。唐代的传奇小说开始糅进诗歌,宋代的话本小说、拟话本小说不但用了诗,而且用了词,此后的长篇章回体小说像《三国演义》《水浒传》《红楼梦》等不仅运用了诗词,还运用了曲、赋、骈句和联语等韵语形式。据统计,《三国演义》有三四百首之多;《红楼梦》仅前八十回,曹雪芹就为之插入了一百四十多首;《金瓶梅》有三百余首……运用诗词作为一种特殊的描述表达方法,是传统小说区别于世界上任何一种小说文本的最显著特点之一。

那么,传统小说中为什么会大量运用诗词韵语呢?

学员 3:中国是诗的国度,古代的文人应该都会写诗,而且喜欢写诗吧。

学员 4:还有古人也喜欢诵读诗词。不像现在我读古代小说,碰到诗词就跳过去了,哈哈。

徐卫东:你们说得有道理。这原因可能是多方面的:一是与诗的崇高地位、特殊身份有关。诗歌是一门古老的艺术,从先秦至晚清,其地位居高不下。在先秦时期,《诗经》就被看作经典,有所谓"引诗""赋诗"的习惯,"不学诗,无以言"。至唐代,小说进入成熟时期,也正是我国诗歌的兴盛时期。因此,作家通过诗与小说的嫁接以抬高自己和小说的身价。小说还经常以"有诗为证",一如今天引用名人名言一般,对所述内容予以佐证,达到增大小说可信度的目的。二是与作者自身的经历、学养有关。在文学史上,几乎所有的优秀小说家,都无一例外地也是杰出的诗人。三是与诗词本身的艺术功能有关。中国古代叙事诗不发达,而抒情诗却根深叶茂,历久弥新。小说作家借诗歌长于抒情和议论的功能,以抒发自己对人生、社会、历史、世事的概叹。如《三国演义》中在政治和军事斗争中有一定影响的人物去世后,罗贯中或托名于古人,或寄墨于时人,或假笔于后人,总爱用一首诗对其一生功过是非予以盖棺论定式的主观评判定性;曹雪芹自称《红楼梦》绝非"伤时骂世",实际上不少诗作仍有"伤"和"骂"的意味。四是与小说读者有关。他们生活在崇尚诗的国度,客观的现实环境历史地、社会地决定了读者必然受到以谈诗、作诗来标榜风雅的大气候的熏染。再则,诗词具有韵律美的外在语言优势,令人读起来顺目,听起来顺耳,记起来顺心。五是与说唱文学有关。宋元时期,我国说唱文学发达起来,韵散并用是说话人讲故事的典型方式,而这又是白话小说形成和发展的关键时期,影响所及,不仅话本、拟话本,以至明代的章回小说也形成了一种随处引诗的程式。

那么,小说中大量融入诗词,其主要功效又是什么呢?

学员 5: 古典小说中的诗词,特别是章回小说开头、结尾的那些诗词,常用来交代情节内容,揭示小说主题,表达作者观点等。

学员 6: 我印象中作家常常用诗词来描摹人物外貌,如《红楼梦》中写林黛玉的"一双似泣非泣含露目",写王熙凤的"两弯柳叶吊梢眉",还有写贾宝玉的等等,很多。

徐卫东: 正如你们所讲,点明宗旨是小说中诗词的一个非常突出的作用。由于中国的古典诗词具有很强的概括性和艺术性,小说作者常选取一首或一组诗词来点明小说的主旨。这样既言简意赅又具有文学价值,如《三国演义》篇首引用明代文人杨慎的一首词:

> 滚滚长江东逝水,浪花淘尽英雄。是非成败转头空,青山依旧在,几度夕阳红。白发渔樵江渚上,惯看秋月春风。一壶浊酒喜相逢。古今多少事,都付笑谈中。

看过《三国演义》小说的读者必定对这首词十分熟悉,看过《三国演义》影视剧的观众可能还喜欢唱这首词。虽然它并非作者所作,但此词气势磅礴、内蕴深远,虽有模仿苏轼的《念奴娇·赤壁怀古》之迹,却又能推陈出新。《三国演义》的整理者们将它拿来总结三国这一风云变幻、群雄并起的年代,可谓再恰当不过了。

用诗词描摹人物外貌确实也是一个很普遍的现象。小说中的出场人物总的来看都是貌如其人,所以看似描摹人物外貌,实是突出人物性格。一般来说,性格刚烈的不外乎豹头环眼,燕颔虎须;才子是风度翩翩,才高八斗;佳人是眉如春柳,眼湛秋波。这些诗词占据了小说很大一部分的篇幅,往往给人一种脸谱化的感觉。当然也有一些诗词是写得不错的,如你们提到的《红楼梦》中的人物描摹,无论是黛玉的"一双似泣非泣含露目",还是熙凤的"两弯柳叶吊梢眉",在用词遣句上都比前人要精致、用心,对人物性格的把握也更为深刻、细腻。小说还常常通过人物创作的诗词来体现人物,如黛玉创作的《葬花词》等,很好地体现了她那种冰清玉洁、孤芳自赏的性格,可谓"诗如其人"。

小说中的诗词，不仅描摹人物外貌、突出人物性格，还暗示人物命运。这一功能在《红楼梦》中表现得尤为明显，也是《红楼梦》诗词中数量最多、质量最高的。其中最有名的就是第五回中金陵十二钗的判词和红楼梦十二支曲。作者用这些诗词歌曲分别咏叹了金陵十二钗和宝玉的悲剧命运，并对日后各人的归宿都作了交代。所以，尽管中途有一批一批的女子进入大观园，内容像滚雪球一般越来越大，但是主要人物和主要线索还是很突出，思想意义还是这样丰富明了。

小说中的诗词除了塑造人物形象外，有时还用以促进故事情节的发展。这一点可以说是非常有中国特色的，国外的小说中也有用诗来表示情感的，但估计没有用诗来推进情节的。像宋江在浔阳楼上题的诗词，虽不能说是使他上梁山的主要原因，但我们也不得不承认，正是这两首诗词，断了宋江最后的一丝幻想，最终把他逼上梁山。

总之，小说中融入的诗词，或塑造人物形象，或抒发作者志向，或渲染气氛，或描写场景，或推动情节的发展，或揭示作品的内涵，成为小说意境和形象构成的有机组成部分。可以说，小说中引入诗词，使得二者珠联璧合、相映生辉。

第四，传统小说具有说话艺术的基本特征。

阅读中国传统小说，你感觉还有什么与西欧小说不一样的艺术特色？

学员 7：我感觉，中国传统小说故事性强，比较注重故事情节的快速推进，不像西欧小说那样，会中断故事情节的发展，作冗长的静态描写。

学员 8：有同感，西方小说经常有大段的静态描写，特别是心理描写，甚至都能写上好几页。但是，说实话，好像外国小说对人物的塑造要比我们丰满。

徐卫东：嗯，中国传统小说对人物外貌、心理、言语、行动、性格的描写都是在故事情节发展中进行的。甚至环境景物描写，中国古代小说也把它放在故事情节发展中进行，使得小说引人入胜，极具欣赏性。因此，关注故事情节的完整，叙述进展快、动感强，无疑是中国传统小说艺术的一个重要特色，这与西方小说注重人物塑造、以人物为中心、注重空间领域的横向展开、故事进展缓慢、动感较弱等特点迥然不同。

中国传统小说艺术的这些特色显然是受到了古代说话艺术的影响。至迟在宋代，说话艺术就已经相当成熟。受"小说家"说话的直接影响，产生了古代白话短篇小说。其演变过程为："小说家"说话到"小说"话本，再到拟话本小说。说话艺术对古代白话小说的影响是多方面的，它决定了古代白话小说民族形式的基本特征。我们就从小说的叙述时间和叙述角度两个方面来看看说话艺术对传统小说叙事特点的影响。

先说叙述时间。

小说中有"三种时间"：事件时间、写作时间和叙述时间。对于一篇小说来说，进入小说的生活是"事件"，因此事件从开始到结束，整个序列的过程就是事件时间。写作时间是作家在创作过程中的真实时间，是作者实际写作的时间。叙述时间则是作者经过对事件的加工改造提供给我们的现实的文本秩序。现当代小说经常采用顺叙、倒叙、追叙、插叙等各种叙述方法，追求不同的叙述效果：或回顾人物或事件的历史与经历，帮助读者更好地理解发生的事件；或填补故事中的空白；或对已经叙述过的事件重新加以描绘，表明对过去事件的意义加以改变或补充；或补充说明故事中的细节以便读者了解，达到更好的叙述效果。

中国现当代小说与外国小说经常不注重叙述时间的完整性与连贯性，常常有意通过扭曲小说文本中的时间，采用各种叙述方法，来服从作家主观创作意图。如《孔乙己》只截取孔乙己在咸亨酒店的几个时间，叙述目的达到了，不到3000字，非常简洁。如果是古人来写《孔乙己》，会怎么写？会从出生年月、籍贯、姓甚名谁一直写到其死亡，原原本本、完完整整、清清楚楚地按时间顺序为你娓娓道来，估计得写上好几万字。

从总体来看，中国古代小说基本上采用顺叙，非常注重情节时间的完整性与连贯性。不管是长篇，还是短篇，古代小说的章法、程式基本一致。例如《水浒传》，小说从"洪太尉误走妖魔"开始，写108个魔星下临凡世，成了啸聚山林的108条好汉。最后在征方腊中伤亡十之六七，余下的亦风流云散，主要人物宋江、卢俊义等亦相继遭奸臣暗害，以死于非命告终。故事相当完整，来龙去脉交代得一清二楚。这是就整个故事而言，具体到一个人物的故事也都如此。如武松，从柴进家碰见宋江写起，介绍了他的来历和投奔柴进的原因；接着写他景阳冈打虎、阳谷县认兄；后来为报兄仇，惩处淫妇潘金莲，斗杀奸夫西门庆，因而被发配孟州；在孟州为抱不平醉打蒋门神，又大闹飞云浦，血溅鸳鸯楼，以致不得不改装行者，到二龙山落草；之后到梁山泊聚义；最后在征方腊中断臂重伤，在杭州六和寺出家，活到八十岁而善终。这是一个人的完整故事，有头有尾，来龙去脉清楚。至于说到情节的联系性，明清长篇小说可以说做到了细针密缕、精巧之至。我们前面刚说过《红楼梦》第五回，贾宝玉梦游太虚幻境，所见金陵十二钗正、副、又副册的图画、判词以及听到的《红楼梦曲》，都隐伏着作品中主要人物和贾府衰败的结局。《红楼梦》的故事情节之间，或草蛇灰线，伏脉千里，或前有交代，后有照应，写得出神入化、灵活多变，令人神秘莫测、目不暇接。

话本和拟话本小说一般都不超过两条线索，有两条线索的，采取"话分两头""花开两朵，各表一枝"的方式，使听众或"看官"不致弄错，而且时刻提醒"看官牢记话头"。这样，无论多么复杂的情节，都能从容不迫地一一道来，完全没有读现代小说如意识流作品时的感觉。

为什么会这样？受到说话艺术的影响呀。古代勾栏瓦肆中的听众喜欢有头有尾、来龙去脉交代清楚的故事，对突如其来的情节往往不知所云。为了照顾听众的欣赏水平和审美习惯，说书人讲故事，总是原原本本地把来龙去脉交代得非常清楚。新的人物上场了，先得交代一下他的来历；重大事情将要发生了，先有某种预示或伏笔；事情发生以后还有余响，或引起另外的事情发生，如此等等。总之，他们很注意故事的完整、情节的联系、意象的明朗、线索的清晰。

再看叙述角度。

小说中叙述角度也有三种：全知叙事、限制叙事和纯客观叙事。全知叙事，就是叙述者无所不在，无所不知，即叙述者大于小说中的人物。一般采用第三人称叙事。限制叙事是叙述者知道的和小说中的人物一样多，即叙述者等于小说中的人物。限制叙事可采用第一人称，也可采用第三人称。纯客观叙事，则是叙述者只描写人物所看到的和听到的，不作主观评价，不分析人物心理。即叙述者小于小说中的人物。

中国传统小说的叙述大都采用什么视角呢？

学员9：古典小说好像都采用第三人称写，我想一定是全知叙事了。

徐卫东：是的，这也是说书人的叙述视角。作者充当一个无所不在、无所不知的上帝式的角色，借用一个全知全能的说书人的口吻，对故事中人物的过去、现在和未来及绝不可能为外人所知的隐秘等都了如指掌。如《水浒传》第四十三回："李逵见了这块大银，心中忖道：'铁牛留下银子，背娘去那里藏身了？必是梁山泊有人和他来。我若赶去，倒使他坏了性命。'"《红楼梦》第三回："黛玉便忖度着：'因他有玉，所以才问我的。'"全知视角让读者时而从旁观看，时而近距离观察，可以在叙述手法上享有极大的自由度，但无所不知的上帝般的叙述破坏了作品的逼真性和自然感。

中国现当代小说和外国小说在叙述角度上采取了不同的策略。由于现代读者对无所不知的叙述者是否真实可信表示怀疑,逼得作家改用限制叙述。如《孔乙己》《故乡》《最后一课》等作品,都采用了第一人称限制叙述。这样能将读者直接引入"我"经历事件时的内心世界,具有直接生动、较易激发同情心和造成悬念等特点,能让读者直接接触人物的想法。第三人称限制叙述中,作者往往放弃自己的眼光而采用故事中主要人物的眼光来叙述故事。读者的观察角度只能跟着作品中的人物走。人物不知道的,读者也无从知道。至于纯客观叙述更是一种全然不涉及人物内心活动的摄像式视角,以造就叙述的客观性与逼真感。其实是作者把自己的主观性隐藏得更深一些,用表面的客观给读者造成一种真实可信的感觉罢了。

说话艺术中的全知视角,为中国传统小说积淀了特有的时空意识,形成了它独有的中国气派。

学员培训感言选录

杨微微:国学课不但加深了我对中国古代文学的了解,感受到了中国古代文学的博大精深,更激发了我的学习兴趣。

孙央:从徐老师口中讲来,每一部小说都是那么有意思,那是对古典文学的热爱与研究积淀下来的一种魅力。我想,要是我也能把这些小说讲得这么吸引人,那还怕学生不爱读书吗?从教育的角度,我也需要去读书。你懂得多了,学生对你是满满的崇拜,而你又能用自身的魅力去影响学生,这不是一种很美好的境界吗?这次培训,给我最大的感受就是回家赶快读书,中华五千年的文化源远流长,古典文学的魅力也是无穷的,我打算再把这些经典翻一遍。

毛逸龙:国学培训让我们感受到了国学的博大精深,拓展了我们的视眼,让人回味无穷!推荐老师们参加此项目培训。

第二十七课

中国传统小说的文化内涵

徐卫东：中国传统小说在形成发展的过程中，除了受到神话传说、寓言故事、史传文学、诗歌辞赋、说话艺术等影响，具有鲜明的民族特色外，还深受以儒、佛、道三教思想为主体的封建群体意识的影响，具有独特的文化内涵。其中儒家思想对我国传统小说的影响又是最为深远的。小说家对儒学的伦理道德观念、审美理想的接受与认同，影响了小说中人物形象的塑造、情节结构的安排以及审美观念的变化。这些你们在读传统小说时应该能明显感受到吧？

学员1：是的，古代小说中的正面人物形象，多具有忠、孝、仁、义、礼、信、智、勇、贞、节等为儒家思想所褒扬的伦理道德，反面人物形象具有奸诈、残忍、忤逆、淫佚、背信弃义、忘恩负义、见利忘义等为儒家思想所贬斥的悖伦理无道德的低劣品性。

学员2：就像戏曲脸谱一样，小说人物也程式化了。如《三国演义》，以"忠义"为思想核心，将刘备、诸葛亮、关羽、张飞分别塑造成"忠""智""义""勇"的典范，而曹操则是性格奸诈残暴的乱世奸雄的化身。在《水浒传》中也一样，宋江集忠臣、义士、孝子于一身；李逵，也时时事事以"忠义"作为自己行事为人的行为标准，而高俅、蔡京等就是欺君罔民的奸臣。这都是以儒家伦理道德思想为标准的。

学员3：佛教和道教具有十分丰富的宗教想象，它们构建的规模宏大、结构完整的天神、菩萨系统和神仙谱系，及种种奇诡怪异的宗教意象、宗教故事和人物，是中国古代小说创作思路、题材和形象的重要艺术资源库之一。一些带有极强虚幻色彩的宗教故事和人物，甚至直接进入了小说作品之中。如《西游记》的石猴变成"齐天大圣"的孙悟空,天蓬元帅投错胎而出生的猪八戒,《封神演义》的三头六臂、荷叶莲花身的哪吒,《三国演义》的呼风唤雨的"活神仙"诸葛亮,《水浒传》的洪太尉误走妖魔、宋公明遇九天玄女,等等。凡此种种,莫不与宗教想象所构建的菩萨、神仙世界有着千丝万缕的联系。

徐卫东:封建群体意识对我国传统小说的影响,主要体现为儒家的价值观念对小说家创作目的和创作态度的规范和引导。它使小说家总是以高度的政治热情和强烈的社会责任感从事创作,使传统小说充满了乐观进取、讲道德修养等积极向上的美学思想,始终一贯地贬斥低级下流、鄙俗污秽以及其他极端个人主义的艺术情趣。但同时又产生了负面的影响,使中国传统小说的发展一直处于披枷戴锁的境遇。

小说在我国古代是备受轻视和鄙夷的,孔子视之为"君子弗为"的"小道",《汉书·艺文志》把小说家排在各家中的第十位,将小说排斥于正统文学之外。另一方面,又时刻不忘对小说这种处于臣妾地位的文学形式绳以儒家的思想意识,将其约束在"载道""代圣贤立言"的文化形式之中。于是,历代小说家为了证明自己作品存在的价值,就竭力把自己的作品向"经""史"靠拢,或宣称自己的作品可以阐发儒家思想、维护封建礼教,或宣称自己的作品可以弥补正史的缺漏。作为通俗小说的理论家和实践家,冯梦龙更是把小说抬到了与儒家经典等量齐观的地位,认为小说与经史一样,目的都是树德扬善,而且小说比《孝经》《论语》更感人,教化效果更好。他把所编小说冠以"警世""醒世""喻世"之名,本身就透出一种教化意味。后来的学步者如《醉醒石》《歧路灯》等,也都如此。随着天长日久潜移默化,"教化"几乎成了小说的同义语。小说家们自觉不自觉地把教化当作自己的本分。在小说序跋、评赏中,很少能找出没有教化字眼儿的例子。甚至连那些格调低下的淫秽之作,也不得不打着"惩劝教化"的金字招牌,这就需要我们在阅读中小心鉴别了。

从本质上讲,所谓的教化理论,说穿了都不过是把小说当成一种工具,纳入为其政治目的服务的轨道。这正是儒家文学理论的主要特点。儒家历来强调文学为封建政治服务,因而有"诗言志""文以载道"之说。小说作为一种社会意识形态,恰当的文以载道是无可厚非的,但若是将狭隘的功利主义的惩劝目的不适当地放在过分重要的地位,形成了"惩劝教化"模式,就会桎梏小说的健康发展。

首先是传统小说中往往加入了浓重的封建正统思想,降低了作品的思想意义和批判精神。例如水浒故事,民间传说中主要是讲贪官污吏横行,"乱自上作",百姓揭竿而起反抗封建统治。而到了文人手中,变成了只反贪官、不反皇帝,最后受招安、平方腊,为封建统治者效力。这实际上是宣扬把农民起义纳入"忠君"的轨道。但就这么一部《忠义水浒传》的出世,还是遭到统治阶级的禁毁,于是马上就有封建卫道的作品《荡寇志》出来剿灭它的影响。

三国故事在民间流传时,突出的都是市民阶层重"义"的思想,而到了文人编成的演义小说中,"忠"成了最为突出的内容,"义"则相对地被弱化了。如《三国志平话》主要突出描写刘关张桃园结义的兄弟之谊,到了罗贯中的《三国演义》中,则竭力宣扬刘备的汉室后裔的正统地位。后来又被毛宗岗加上"分久必合、合久必分"的历史循环论,与原来三国故事的精神、面貌已相去甚远。

前段时间,电视台在热播《隋唐演义》,不知你们看过没有。这故事原先突出的是落难英雄舍身相助的"义",到了《隋唐演义》中,又是突出了忠君思想。抛弃瓦岗旧友而忠心保唐的英雄秦叔宝,是作者最为垂青的人物。而包括单雄信在内的一班结义旧友,对他的背叛行为竟无人指责。而在文人加工较少的《说唐》中,程咬金在单雄信受刑之前敬酒时的一段话寓意深长:"这第三杯酒,是要紧的。愿你来世将这些没情的朋友,一刀一个,慢慢地杀他。"与《隋唐演义》的主旨也是相去甚远。

封建群体意识不仅影响了小说的思想性,也必然地会影响到它的艺术水平。像《隋唐演义》中的秦叔宝,小说前半部写他烧捕批,救朋友,舍生忘死,义重如山,描写得有血有肉。但自从李世民派人到瓦岗骗其母到唐,迫使他归顺后,就成了"忠臣"的化身。他断义弃信,竟只是为了忠心保唐。人物完全失去了生气和光彩。尽管作者对他倍加垂青,使之位居高官,双孙登科,但是却愈写愈俗,愈描愈丑。《水浒传》中的英雄好汉也是如此。当他们接受招安成了"忠"的奴隶,立刻就失却了往日在梁山水泊中的熠熠光彩。由于按照既定的某个观念去塑造人物,所以就使人物形象前后分裂,破坏了人物形象的完整性。

文学是人学。小说和其他文学样式一样,是用来真实地描绘现实生活,表现人的思想感情的。在传统小说中,正面的主人公多符合儒家的伦理道德规范,反面人物则往往违背儒家的伦理道德规范。按照忠臣、孝子、贞妇、烈女等模式创造出来的人物,难免给人千人一面、万人一腔的感觉,破坏了艺术的完美性和人物的真实性。你们前面讲到的小说人物脸谱化就是例证。

《三国演义》中的刘备,是按照封建阶级理想塑造出来的"忠"和"仁"的化身。罗贯中强调他是"中山靖王之后、汉景帝阁下玄孙",他有一副"两耳垂肩、双手过膝"的"龙颜",用"携民渡江""抛掷阿斗"来塑造刘备的仁厚谦恭、竭智尽忠、匡扶汉室的品质,寄托了作者受封建群体意识支配的社会理想,但伤害了人物形象的真实性,特别是他摔孩子的行为,就显得不近人情。诸葛亮也是一样,他是封建等级人伦制度下的封建士大夫的楷模,是"智"的典范。但正如鲁迅《中国小说史略》所记,《三国演义》"写人,亦颇有失,以致欲显刘备之长厚而似伪,状诸葛之多智而近妖"。

作为宋明儒学代表的程朱理学,也不可避免地对小说产生影响。理学讲"存天理、灭人欲",菲薄人的真情至性。这反映在小说创作里面,使小说人物变得失去个性和血肉,成为承载理学观念的无情无欲的木偶僵尸。如署名"名教中人"的《好逑传》,描写男女主人公铁中玉和水冰心相互求助,相见恨晚。但两人却能谨守礼防,无一语涉及儿女私情。作者对他们"已经奉父母之命,两番花烛而犹不肯失身,欲以保全名节,以表名教,以美风化"的行为大加赞赏。但我们细读此书,总觉其主人公缺少血肉,缺少人情味儿,充其量不过是"名教"的化身罢了。

儒家的价值观念还影响了传统小说的情节结构和结局,这一点与传统戏曲也极为相似。你们还记得吗?

学员 4:戏曲在情节结构上主要是忠与奸之争或者是君子与小人之争,最后结局一般都是正义的一方取得了胜利,邪恶的一方受到了应有的惩罚。皆大欢喜哈。

徐卫东:正如你所说的,儒学对小说情节结构和结局的影响,主要也是表现在这里。例如在英雄传奇小说中,正面英雄大多能够报仇雪恨,建立丰功伟业,甚至封侯拜相。在公案侠义小说中,大多是清官侠客获胜,而奸臣受到了应有的惩罚。在其他类型的小说中,也大体如此。这符合邪不压正的儒家思想和价值取向。

在情节的安排上,传统小说往往在紧张的情节之后,是一些比较轻松的情节,既有地动山摇之壮美,又有柳丝花朵之秀美,体现的是两者和谐统一,而不是一方的片面发展,这一构思非常符合儒家"中和之美"的审美理想。

在结局的设计上,以悲剧结局的比较少。自古以来,有情人未必成眷属,但在中国传统小说中,"有情人终成眷属"是不断重复的母题之一,魏晋志怪、唐宋传奇、明朝话本、清人笔记小说中比比皆是。爱其所爱——得其所爱——好事多磨,是这类小说的基本格局,它写出了人们在封建制度下对婚姻自主的畏难又充满希望的追求。这种追求冲击着封建礼教以及等级门阀观念,表明婚姻行为已经不再仅仅被看成个人对家族及封建礼教制度的义务,在爱情婚姻的问题上表现出人的独立价值;另一方面,这种追求的大团圆结局作为一种心理积淀就有两面性，它的正面性在于其有助于养成我们民族乐观积极的性格，它的负面性在于弱化作品的悲剧效果，这使得作品在反映封建社会黑暗现实的深度和激励人们对黑暗现实抗争的力度等方面都大为削弱。例如在《搜神记》的《韩凭夫妇》中，韩凭夫妇为了爱情而双双殉情自杀，这本来是一个悲剧，但最后以魂化鸳鸯结尾。《唐文榆》中的唐文榆因不能与自己的情人结合，抑郁而死，却能够死后复活，与情人得到了团圆。虽然小说内容本身反映的是一个悲剧，但往往给它加上一条光明的尾巴。尽管这些富于浪漫主义色彩的幻想情节，反映了广大人民争取美好生活的愿望，但是削弱了小说的悲剧意味。

小说家的这种化解悲哀的努力，与儒家的审美理想是有密切联系的。从《诗大序》开始，就要求"乐而不淫，哀而不伤，怨而不怒"，要求对个人的情感进行理智的控制，不主张感情的放任自流。即使是悲剧，也力求在精神上、人格上获得一种升华，来安慰生活在现实中的人们。因此，所谓"魂化鸳鸯""魂化蝴蝶"，以及死而复生的故事情节就在古代小说中频繁出现。这种结局方式，王国维先生概括为"吾国人之精神，世间的也，乐天的也，故代表其精神之戏曲、小说，无往而不著此乐天之色彩：始于悲者终于欢，始于离者终于合，始于困者终于亨；非是而欲餍阅者之心，难矣"。王国维不但指出中国文学缺乏悲剧，而且把这种悲剧的缺乏和国民精神联系起来了。胡适在王国维否定中国悲剧存在的基础上进一步指出，中国文学最缺乏的是悲剧的观念。

因果报应的结局设计，它的负面性则更为突出。因果报应，亦称果报，语出佛家经典。佛家认为，世界一切事物都处在因果联系之中，依因果法则而生灭变化。因果报应说是佛教用以说明世界一切关系并支持其宗教体系的基本理论。佛教的因果报应说传入中国后，迅速融合了中国传统文化中的"天人感应"等一些固有观念与中国本土的报应观念，发展成为一种具有中国特色的因果报应思想，渗透到人们的思想行为、民俗信仰乃至文化的各个层面，这其中自然也包括文学作品尤其是小说创作。

《聊斋志异》近五百篇故事，有因果报应内容的占了三分之一多，或写生报或写现报或写后报，内容涉及社会生活的各个方面。你们有这方面印象深刻的故事吗？

学员5：《陈锡九》写孝子、孝媳得到鬼神保佑，因为至孝获得天帝赐金万斤。《张诚》写张讷、张诚兄弟，手足情深，恪守孝悌，弟弟张诚因帮助哥哥砍柴而遇险，但最终却能逢凶化吉；哥哥张讷因弟死而誓不独生，以斧自刎，也由苦萨搭救而起死回生。

　　学员 6:《雷曹》写乐云鹤乐于慷慨解囊,救济饿困的陌生人,后来得游天庭,又得天上星宿投胎生子,其子十六岁便进士及第。《三生》讲述了能够记住前世之事的刘孝廉的故事。刘在前世腐化堕落,于是死后阎王让其变身畜生赎罪。他先后变身为马、狗、蛇,因为其变身蛇时不吃人,才准其投胎为人。

　　学员 7:《果报》写某甲叔伯无后,先过继给伯父,后又认叔为父,贪财而背盟,富甲一乡,后暴病若狂,剖腹流肠而死,其产业尽归他人。《窦氏》写南三复诱骗农家女子窦氏,始乱终弃,窦氏死后化为厉鬼报仇雪恨。还有《杜小雷》中的媳妇因虐待婆婆而变为猪,被捉去游街示众。

　　徐卫东:从你们所讲的这几个故事中,我们已经不难看出作者的用心所在。蒲松龄宣扬因果报应思想,目的不是宣扬迷信,而是激发民心向善及向上,最终达到儒家仁爱忠义的社会理想。

　　学员 8:这么说,佛家的因果报应思想与儒家思想在小说中是融合的吗?

　　徐卫东:我们前面讲到儒家文化赋予了中国小说以道德教化主题,但在表现这一主题时,显然,仅靠儒家说教是无法圆满完成的。一是儒家只是劝人为善、止恶,至于如何为善、如何止恶以及善行、恶行会给人带来什么的结果都语焉不详、表述不明。二是儒家的扬善止恶仅限于道德上的褒贬,既缺乏动力机制,又没有奖惩机制,可行性和操作性不强。与此不同的是,因果报应思想将行为与由此带来的结果形成因果关系,任何行为都会受到报应,而且这种报应的程度和性质都是由于行为本身作为前因决定的,不能改变。而且,不管贵为帝王,还是平民百姓,有什么因,必有什么果,在因果报应面前人人平等。这就将道德与功利结合起来,为儒家的扬善止恶提供了有效的保证。所有人做任何事都必须考虑到后果,不仅是眼前的现实的后果,还有将来的报应。这就有助于提高行为者的责任意识。

　　显然,小说家们意识到了因果报应思想的这一特点,他们将它引入小说,使之成为扬善止恶的有力工具。实际上,此时的因果报应思想,虽然外壳是佛家的,而其内涵——报应的尺度、善恶的标准等都已被中国化或者说是被儒学化了。我们可以说中国古代的小说家们在小说中以儒家伦理道德观念为内核,以因果报应说为手段,确立起了小说的道德教化功能。

　　《聊斋志异》中的因果报应故事显然是用以劝孝悌、劝行善、诫贪婪、诫淫色等的,具有积极的意义。因此,我们不能看到传统小说中因果报应的情节就认为是糟粕,予以全盘否定,而要看到其中的积极因素。但是,不管作者的主观意图如何积极,善恶到头终有报的思想实质上是剥削制度、封建思想重压下的虚幻迷影,会冲淡封建制度下的血痕和悲哀。用善恶报应、因果轮回等佛家思想来宣传忠孝节义思想,实施教化,固然有惩恶扬善的作用,但同时又在消亡人民反抗黑暗现实的独立意志。它在"惨淡的人生"和"淋漓的鲜血"中维系人们的生命意识,同时也在维系那本质是"吃人"的封建制度。小说家们欲以"因果报应"思想唤起民众共同努力,创造一个世风淳厚的社会,以治疗封建末世的"烂疮",用意是积极的,但其改造社会的方法是保守、软弱、不切实际的。而且,在现实生活中也常有行善反得恶、行恶反得善的不公正现象,一旦碰到,就会不自觉地把人们引入宿命论的深渊。这种因果报应思想还成了中国传统小说的普遍的结构模式,造成小说结构的公式化和雷同化。

直至一部小说的问世,树起了中国传统小说史上的一座丰碑。用鲁迅先生的话讲,它出来以后,"传统的思想和写法都打破了"。这部小说就是——

众学员:《红楼梦》。

徐卫东:是的。那么《红楼梦》是如何打破"传统的思想和写法"的呢? 我们下堂课接着聊。

学员培训感言选录

陈艳:古代的戏曲和小说我听过、看过的不少,而且平时的教学中也常常提到,因此兴趣特浓。徐老师抓住典型详细地分析作品中的人物形象。老师的解读完全颠覆了我对作品中人物的理解。老师的解读更让我明白了读书不能囫囵吞枣,要静下心来认真研读,同时也不能人云亦云,要有自己独特的见解,要有怀疑精神。我又学了一招。

郑丽娜:徐老师幽默、风趣、富有深厚内涵的讲课,使我们与仁慈的孔孟、睿智的老庄对话,感受诗歌吟诵之风韵,体会戏曲、小说之魅力,真正是难得的机会。希望能有更多机会聆听徐老师的课,不仅是感受老师的魅力,更是学习方法,用于教育教学!

卢君丹:国学培训让我十分欢喜,不但听到了许多自己欠缺的国学知识,更是对生活和工作有了更深的感悟。同时,我们还认识了风趣幽默、可亲可敬、魅力无限的徐老师,感受到了国学对一个人深层次的熏陶作用。我想说,参加这次培训真是值得!

第二十八课

曹雪芹：中国女性的伯乐

徐卫东：《红楼梦》是传统小说的"叛逆者"——作者挣脱封建群体意识的束缚，强化了自己独具特色的艺术感受和艺术追求；作品正如作者自己在第一回所说，不同于以往小说"千部一腔、千人一面"的老格局；小说最终以彻头彻尾的大悲剧结束，"落了片白茫茫大地真干净"！

美籍学者夏志清说："《红楼梦》包括了中国全部的文化。"可谓内容丰富、篇幅浩瀚、头绪纷繁。为了便于在一节课里开展有效的讨论，我们就透过小说中青年女性的形象来看看《红楼梦》是如何打破传统的思想和写法的。

先请大家简要地回顾一下，在《红楼梦》之前，小说中的青年女性形象给你们的印象都是怎样的。

学员1：唐传奇小说《莺莺传》凄婉动人地叙述了贵族少女崔莺莺和张生相见、相悦、相欢、相离以及被弃的爱情悲剧。莺莺本是个被养在深闺、坚守封建礼教的千金小姐，结识了张生，受到爱情的激励，结果成了一个勇于冲破封建礼教的樊笼、争取爱情自由的叛逆女性。明代冯梦龙所著《警世通言》中怒沉百宝箱的杜十娘，同样是一个为了自己的爱情和幸福敢于抗争的可爱形象。

徐卫东：呵呵，在我看来，崔莺莺、杜十娘只是为了自己郎才女貌、一见钟情式的爱情和幸福敢于抗争的可爱形象。杜十娘在长期的妓女生活中，受尽欺凌，当她苦心经营终于从良后，最后得到的却是被欺骗、被买卖、被遗弃。在"三言二拍"中，青年女性更多的就是被抢劫、欺骗、拐卖和遗弃的对象。

学员2：《三国演义》里给我印象最深的就是貂蝉，中国古代著名的美女。

作者用了将近两回的篇幅集中描写连环计或者说是离间计、美人计,重点渲染貂蝉如何用两副面孔来迷惑董卓和吕布。貂蝉被塑造成为一个为报恩而自觉献身的红颜烈女。

徐卫东:《三国演义》中女性形象并不少,但由于作者对女性群体着墨很少,且置她们于陪衬、从属地位,因而女性形象是苍白模糊的,能给人留下深刻印象的确实不多。对貂蝉,作者是以欣赏的态度来写的,因此,极易误导读者只读出了貂蝉的美丽、机智、勇敢,并认为作者具有"巾帼不让须眉"的进步观点。其实在作者眼里,妇女不具备独立的人格,貂蝉只不过是权力的附庸、忠义的标签以及男人政治争斗中的工具和筹码。因此,小说详细地描写了她为了报恩,自愿献身,实施"美人计",终于借吕布之手杀了董卓。但对她真实的欲望和感情,小说却不置一词。她爱吕布吗?恨董卓吗?或者对董卓的宠爱有过丝毫的动心吗?讨厌自己处于董、吕之间挑拨的身份、目的吗?就像她出场的叹息不是为了儿女私情而是为国家一样,她的眼泪和欢笑也是为政治需要而做出的,至于她的爱和恨、精神和情感、痛苦和欢乐,我们一概不知,我们只见其表面虚假的表情,不知其内心真实的情欲。美丽的貂蝉是如此,贤惠的孙权之妹、刘备之妻孙夫人也是如此,她们不能把握自己的命运,很难有自身的主体性,人格和权利被男人完全踩在了脚下。

学员 3:《水浒传》里主要有两类女性:第一类是英姿飒爽、胆艺过人的扈三娘、孙二娘、顾大嫂,她们智勇兼备、武艺超群,特别是"一丈青"扈三娘,容貌美丽,武功超群。在梁山英雄攻打祝家庄时,她的未婚夫、父母被杀,扈家庄也被消灭了,这对一个青年女子来说无疑是"灭顶之灾"。可贵的是,她上梁山后,没有对灭亲者仇恨在心,而是为宋江的大义所感动,参加了义军,并且战功卓越,显示出她超越男性的磊落胸怀。第二类是潘金莲、潘巧云、阎婆惜,她们背弃丈夫与别人有私情,最终落了个刀下鬼的下场,成为淫妇、荡妇的代名词。其实透过笼罩在她们身上污浊的外衣,我们会发现她们身上有令人同情的地方。潘金莲谋害丈夫武大郎,固然是她的罪孽,但是她因抗拒老财主的凌辱,被送给了与其极不相称的丑陋的武大郎。这个不幸的婚姻,成为她以后一切悲剧的导火索,使她一步步走向罪恶的深渊。潘巧云和阎婆惜平日里得不到丈夫的关心体贴,经常独守空房,正常的情感和性欲得不到满足,于是移情别恋,也是情有可原的吧。

徐卫东:对这几位梁山女英雄,我读出来的和你不一样。我小时候读《水浒传》,"一丈青"扈三娘也是我偶像级的美女英雄,但是现在再读,感觉扈三娘是个没有意志、没有情感、全家被杀后仍听凭宋江将她指配给品貌丑陋的色鬼王英的形象。小说漠视她的情感，对于全家被灭的惨痛与变故，她心情如何、作何反应，小说不置一词。她只是一个"能征惯战、美貌佳人"的符号，是宋江安稳部下、兑现诺言的一个工具。而孙二娘、顾大嫂绰号"母大虫""母夜叉"，实际中就是母大虫、母夜叉的形象，她们整天舞枪弄棒，杀人放火，很丑而又不温柔。至于潘金莲等，在作者笔下，她们是天生的淫妇，是英雄不好色的衬托，是"欲望""祸水"的符号，是活该在英雄好汉的刀下剖腹开膛的形象。

而潘金莲到了《金瓶梅》中，又是以受侮辱为荣的卑贱形象。她嫁与武大是为了方便与张大户继续幽会；她一看见武松，就毫不顾及什么叔嫂禁忌而去勾引小叔子；她遇到西门庆又"笑着上钩"了；她对西门庆竭尽逢迎之能事，是为了争床第之欢；她又耐不住寂寞和小厮琴童偷情，与西门庆女婿陈经济乱伦，与王婆的儿子寻欢……而这一切既非出于情的依恋，亦非心的慰藉，而是为了欲的满足。还有李瓶儿、庞春梅等一批女子也都一样，她们活着的目的主要是肉欲的充分满足。虽然《金瓶梅》通过直面女性的情欲使女性的生命存在获得了一种主体地位，使女性从以往不公正的扭曲中摆脱出来，这种对妇女性权利的公平正视，是人性得到尊重的一个基础。但是，却走上了一个极端，女性的形象大多成了"淫"的化身。从中既难以窥见作者的崇高美学理想，也未能真实地反映作者生活时代的妇女的某些本质方面。

在中国漫长的封建社会中，历朝历代都利用各种手段强化"男尊女卑"的观念，把"三纲五常""三从四德"作为封建伦理纲常，并以此制约女性，甚至连女性自己也奉为圭臬，把"贞操""守节""柔顺""服从"作为妇女最完美的德行和最高的价值表现。她们生活在毫无保障、自由、权利、人格的社会最底层。她们的悲剧，也可以说就是古代社会的悲剧，是中国传统文化的悲剧。但是毋庸讳言，由于当时的小说家接受和宣扬男尊女卑的观念，又深受轻视妇女的史传文学的影响，所以对已经演出了一两千年的女性悲剧，一直不放在眼里。小说中的女性形象既寥寥可数，又难称典型，她们仅仅是艺术的点缀、政治的工具、男性的附属、观念的标签。小说家们不能从哲学的高度来观察社会和人生，从妇女的角度反映生活。

相比之下，就能理解"自有《红楼梦》出来以后，传统的思想和写法都打破了"；相比之下，才能看出曹雪芹是多么的伟大。他笔下的主要表现对象是浮沉在封建末世变与乱的历史激流中的青年女性，并对她们全部毁灭的命运悲剧进行了深切悲悼；他笔下的女子不仅是美丽的，而且是有思想、有感情、有意志的独立的人；他笔下的爱情悲剧，超乎崔莺莺、杜十娘的郎才女貌的爱情水平，而且《红楼梦》所反映的远不只是爱情悲剧，还有宗法制度的悲剧、奴隶制度的悲剧，等等。真是"世有伯乐而后有千里马"呀，有了曹雪芹才懂得中国女性的灵魂，并能这样细致而深刻地去看出她们的美丽、诗情、希望和痛苦；有了曹雪芹才揭示出封建社会中"千红一哭、万艳同悲"的大悲剧。

曹雪芹，不愧是中国女性的伯乐。曹雪芹天才的创作热情就是被青年女性的优美灵魂和悲惨命运激发起来的。小说开宗明义写道：

> 但书中所记何事何人？今风尘碌碌，一事无成，忽念及当日所有之女子，一一细考较去，觉其行止见识皆出于我之上。何我堂堂须眉，诚不若彼裙钗哉？实愧则有余，悔又无益之大无可如何之日也！当此，则自欲将已往所赖天恩祖德，锦衣纨袴之时，饫甘餍肥之日，背父兄教育之恩，负师友规训之德，以至今日一技无成，半生潦倒之罪，编述一集，以告天下人：我之罪固不免，然闺阁中本自历历有人，万不可因我之不肖，自护己短，一并使其泯灭也。……虽我未学，下笔无文，又何妨用假语村言，敷演出一段故事来，亦可使闺阁昭传，复可悦世之目，破人愁闷，不亦宜乎？
>
> ……
>
> 其中只不过几个异样女子，或情或痴，或小才微善……
>
> ……
>
> ……我半世亲睹亲闻的这几个女子……

《红楼梦》"大旨谈情"。作者在第一回就清楚地告诉我们，全书"谈"的是作者对他"半世亲睹亲闻的"的所有女子的"情"。这显然不是谈爱情，因为贾宝玉与书中着力描写并列入"金陵十二钗"名册的绝大多数女子之间并无爱情关系。再说，根据前八十回的统计，把不限于宝黛爱情悲剧的所有描写爱情婚姻悲剧的篇幅加在一起，也不过占了十分之三左右，估计八十回后也不会像现在续书这样来特写宝黛爱情悲剧的。

那么，作者对他"半世亲睹亲闻的"的所有女子要"谈"的究竟是一种什么样的"情"呢？小说第五回明确点破了。贾宝玉梦游"太虚幻境"，"熟玩"的是"薄命司"里面藏着的贾府"上中下三等女子终身册籍"，实际上就是他后来在大观园里所看到的贾府上中下三等女子的悲惨命运。警幻仙子招待他喝的是名曰"千红一窟"的香茶，饮的是名为"万艳同杯"的美酒。"窟"即"哭"，"杯"同"悲"。"千红一窟""万艳同杯"包含着作者多少辛酸和愤慨啊。香茶美酒正是以"金陵十二钗"为代表的无数纯洁美好的女子的悲惨血泪！而宝玉聆听的

《红楼梦十二支曲》，更是倾注了作者对薄命女子的深切同情。一个个美丽无比、才华非凡的女子被封建社会所毒害、摧残和扼杀，殊途同归，全部走上了毁灭的道路。《十二支曲》既是对青年女性的赞美诗，更是对悲剧命运的抗议书，其功效犹如希腊悲剧中的合唱，一开始就唱出了群钗的悲剧收场。

《红楼梦引子》，极其精练地概括了《红楼梦》的主题——"悲金悼玉"。这里的"金"和"玉"并非狭义地指称薛宝钗和林黛玉，而是同"千红一哭、万艳同悲"中的"红"和"艳"一样，都是作者借以代表心目中"有价值"的人——纯洁美好的青年女性。《红楼梦》不仅沉痛地悲悼了以林黛玉为代表的美好的女性被封建社会所摧残、所扼杀，也深深地哀怜以薛宝钗为代表的纯洁的女性被封建社会所毒害、所蒙骗，最终成为牺牲品。曹雪芹正是通过这许多青年女性本身固有的美，以及这种美被毁灭的各种不同过程，无比深沉地向那一社会发出了责问的抗议的呼声。

一部《红楼梦》，以"金陵十二钗"为主要表现对象，以"金陵十二钗"全部毁灭的命运悲剧为主要线索，以悲悼浮沉在封建末世变与乱的历史激流中的青年女性为主题，这真可谓是空前的独创。

学员4：听老师这么一说，闭目静思，《红楼梦》中首先向我走来的确实是神态万方的青年女子，其中让我印象深刻的又一定是光彩各异的十二金钗。

徐卫东：嗯，你这"神态万方""光彩各异"用得好。《红楼梦》中的女性不再是《三国演义》中的工具而任人摆布，《水浒传》中的符号、淫妇而被人蔑视，也不再是《金瓶梅》中的荡妇让人不堪入目。作者充分展现了中国女性的真、善、美，使女性形象更符合生活的真实，更加鲜活，和从前的小说写好人完全是好、写坏人完全是坏大不相同。例如，主人公林黛玉，作者就真实地描写了她既尊重自我又尊重别人、既敏感又笃实、既尖刻又宽厚、既孤傲又谦和的思想性格特征。对王熙凤，作者在写她阴险、毒辣、狡诈、贪婪、虚伪的同时，也写她能说会道、处事干练、逞胜好强、足智多谋等特点。人物绝不简单化、漫画化、脸谱化，更多的是从美学角度塑造、赞扬她们，非常注重体现女性的精神存在、女性人格独立和纯洁，具有强烈的女性主体意识和反抗精神。小说甚至一反男尊女卑的传统观念，借贾宝玉之口，宣扬男子浊臭逼人、女子纯洁美丽的女性优越观。

学员5：语文教材上说，《红楼梦》是写封建四大家族兴衰史的小说，它反映了封建社会的必然灭亡。还有人认为，《红楼梦》是写贾宝玉和林黛玉的爱情悲剧的小说。对此老师怎么看呢？

徐卫东：我读《红楼梦》，貌似看到小说只写了贾家这一大家族。薛姨妈母子三人，只是寄居贾府的客人，并没有作为薛府的主人出现过。史湘云也是常来贾府的客人，并没有作为史府的侯门千金出现过。王府的王子腾、王子胜更是从来没有露过面。所谓"一损俱损，一荣俱荣"的说法，也只是一般的泛论，同在一地的几个贵族官僚世家之间的关系，一般都可以这么说。《红楼梦》里其实并没有着力表现这方面的情况。贾府的显荣，靠的是自家的女儿封了贵妃。写了贾府"一荣"，并没有看见写出史、王、薛三家如何因此而"俱荣"。所以，小说并没有什么四大家族的兴衰，而只是写了一个贾府的兴衰。但是，一个贾府的败落，就能反映出封建社会的必然灭亡吗？这你们懂的。

至于认为《红楼梦》是写贾宝玉和林黛玉的爱情悲剧的人，十有八九没有读过《红楼梦》原著，而又很可能看过《红楼梦》的越剧电影。记得30年前全国影院24小时放映《红楼梦》，影院里是呜咽声一片。越剧《红楼梦》集中表现宝黛爱情悲剧，真切感人，给观众留下了深刻印象。因其名曰《红楼梦》而非《红楼二玉》之类，于是就误导了大家对《红楼梦》主旨的理解。其实，看过原著的人，或者后来看过《红楼梦》电视连续剧的人，就会觉得越剧《红楼梦》太单薄了。因为宝黛爱情不是小说的全部内容，甚至不是主要内容，曹雪芹笔下众多的女性悲剧是很难用爱情悲剧来贯串的。

但是，我们这样说，并不是否认宝黛爱情悲剧是作者着意要表现的重要内容。如果说，描写爱情的作品，在中国文学史的漫漫长河中，犹如一条汩汩溪流，那么，宝黛爱情描写就是耸立于其中的一座浪峰。它突破了以往任何以爱情为题材的作品的思想和写法。

第一，《红楼梦》突破了"男才女貌，一见倾心"的传统套路，描写了青年男女在长期了解、思想一致基础上的真正爱情。虽然小说也写了男女主人公的美貌，黛玉也是个"美人儿"，但是小说并没有着意渲染她的倾国倾城。宝黛初次相见，小说写宝玉觉得林妹妹"与众各别"，既表现了宝玉对黛玉容貌的羡慕，也表现了他对这个"神仙似的妹妹"的不幸遭遇的深切同情；在黛玉眼里，宝玉也不过是生得齐整一些，有点吃惊的只是觉得非常"眼熟"，"倒像在哪里见过一般"。作者并没有像才子佳人小说通常所描写的那样，宝玉如何为黛玉的美貌而神魂颠倒，黛玉因宝玉而脉脉含情，娇羞不能自抑。之后，宝玉常常敬羡的，主要是黛玉高雅的格调、飘逸的风姿和特异的才华。在他们朝夕相处的生活中，作者没有像一般小说那样，一味写他们如何递束传情、互相挑逗，如何海誓山盟、相思成病。而是依照生活的本来面貌，以大量篇幅写他们如何结社吟诗,读书写字,有着相同的志趣;写他们如何探病问候,互相体贴,培养了彼此的感情。这种以生活理想一致为基础的爱情,同那种一见倾心式的爱情相比,确实使人耳目一新。

第二,《红楼梦》突破了才子佳人小说热衷演风流韵事的俗滥框框,歌颂青年男女爱情的纯洁、持久、专一。在过去的爱情故事中,还有一个套路,就是每写一段青年男女的爱情生活,中间必然有一段幽期密约的插曲。大家熟知的《西厢记》,就是这样处理的。这在"男女无媒不交,无币不相见"的时代,是有直接向封建礼教挑战的进步意义的。但到后来这种描写越发展越成为许多戏曲和小说的一种传统的套路,那种幽期密约的描写,也就逐渐失去了反封建的进步意义。尤其是一些才子佳人小说,更是肆意描绘男女淫邀艳约、云雨媾和。《红楼梦》开宗明义第一回,就针锋相对地痛斥了那些才子佳人等书,指出这些小说的内容,不过是"偷香窃玉,暗约私奔";描写则"胡牵乱扯",悖逆事理,且"终不能不涉于淫滥"。

在曹雪芹看来,描写爱情的作品,要写出青年男女的真情实感,写出爱情的真诚纯洁,以免"荼毒笔墨,坏人子弟"。《红楼梦》中男女主人公的爱情故事,就是在这种思想指导下创作出来的。在宝黛关系上,没有任何"淫秽污臭"的描写,可以说,它是第一次把真正的爱情同简单的性的关系区别了开来。宝玉和黛玉由耳鬓厮磨、两小无猜,到互为知己,到产生爱情,到爱情被毁灭,始终莹洁无瑕,没有任何涉于淫滥的行为。他们的情趣、他们的思想、他们的爱情,主要是通过琐细的日常生活表现出来的。这样的描写,看来似乎平淡无奇,但符合生活的实际,没有一点斧凿的痕迹。并且,写宝玉和黛玉,从开始产生爱情,到最后爱情失败,一个魂归"离恨",一个撒手"悬崖",他们的爱情一直是专一的,是至死不渝的。

第三,《红楼梦》突破了才子佳人小说的大团圆结局,创作了震撼人心的爱情悲剧。一些较早的戏曲故事,写大团圆结局,那只是对爱情生活理想的讴歌;而那些才子佳人小说,竭力渲染金榜题名、洞房花烛的团圆模式,那不过是对封建制度的肆意美化。《红楼梦》的出现,起了振聋发聩的作用,从此,人们耳目所接才不再是虚幻的荣华富贵,而是现实社会中人们的"离合悲欢、兴衰际遇"。多少年来,宝黛的爱情悲剧,一直叩击着读者的心灵,是那样动人心弦,历久犹馨。读者从他们不幸的爱情遭遇里,自然会体味出:在封建桎梏下,青年男女的爱情是不会有好结果的。然而,一些封建文人,采用拙劣的手法,或续或改,纷纷为宝黛爱情悲剧翻案。一时,什么《后红楼梦》《红楼复梦》

《红楼圆梦》等纷纭出笼，结果就把宝黛爱情又纳入到才子佳人小说大团圆的僵硬的故套之中，完全歪曲了宝黛爱情悲剧的社会意义。

曹雪芹不仅别具一格写出了爱情大悲剧，还以"千红一哭、万艳同悲"的悲剧意识，写出了婚姻大悲剧、家庭大悲剧，使《红楼梦》以"食尽鸟投林，落了片白茫茫大地真干净"而作结。毋庸置疑，曹雪芹的笔下一切都是悲剧，是悲剧的时代，悲剧的社会，造就了曹雪芹这位伟大的悲剧天才。

学员培训感言选录

应苹：《红楼梦》《水浒传》是大家相对比较熟悉但又从未"吃透"的经典作品，徐教授说古论今的讲述，特别是对小说中贾宝玉、诸葛亮、林冲等小说人物的性格分析，吸引了每一位学员；其深入浅出、风趣幽默的语言又时常博得大家的阵阵笑声和掌声。大家在欢快轻松的气氛中感受到了国学的博大精深，同时也感受到了徐教授独特的人格魅力。

郑方方：短短几天的培训，让我意犹未尽，于是回到家，我找来《红楼梦》再次回味。但一个人品味时，总觉得少了些什么。也许是自己的底蕴太过于浅薄，无法领略大师笔下的神韵、意韵，所以，还是希望能多参加这样的学习来提高自己，充实自我，丰满自我。

王伟儿：徐老师对经典《红楼梦》的剖析重新激发了我对红学的兴趣，回校后，一定要认真研读《红楼梦》。希望下半年宁波教育学院继续开办国学培训，有机会再次聆听徐老师精彩的讲解。

国学经典与交往智慧

第二十九课

识人知已：人际交往的第一要务

徐卫东：在第一讲我们就谈到，中国传统文化的特性是"人学"，传统文化的重点在人伦关系上，是解决人与人之间怎么相处的问题，我们的文化非常重视现实的人生。最后一讲，我们就从国学经典中来学习人际交往的智慧，提高我们与人交往的能力。

我们先通过举手方式做个调查：你认为，一个人的成功，除了人品，是专业技术更重要还是人际关系更重要？

（学员举手表决）

嗯，认为人际关系更重要的占了多数。那么重要到什么程度呢？美国的著名教育家卡耐基认为，人际关系是成功的最重要的因素。"一个人事业的成功，只有15％是靠自己的专业技术，另外的85％要靠人际关系、处世技巧。"对于卡耐基得出的这个结论你们同意吗？我们再来表决一下。

（学员举手表决）

哇，绝大多数都不认同了。为什么？

学员1：一个人事业的成功，专业技术还是很重要的，我想至少也应占个40％吧。如果我的专业本领像孙悟空那样超强，那还有什么好怕的，哈哈。

（学员笑，点头）

徐卫东：哈，有道理啊。如果有孙悟空那样的本领，出门碰到妖魔鬼怪是没什么好怕的啦，但要说在事业上也一定会成功，那就难说。既然大家对孙悟空有兴趣，我们就来探讨一下。《西游记》中的孙悟空，保护唐僧西天取经，历经九九八十一难，取回真经终成正果，被封为斗战胜佛，无疑是个成功人士。那么，孙悟空的成功主要是靠他有一双火眼金睛、会七十二变、能腾云驾雾的专业本领吗？

据统计，在取经路上，和妖怪大大小小的 28 次搏斗中，真正孙悟空自己打败和消灭妖怪的只有 12 次，占打败总数的 43%。像红孩儿、牛魔王等等，都是孙悟空请朋友们帮忙打败的。在其他方面，孙悟空也请朋友们帮了许多忙，比如，向广目天王借辟火罩，请哪吒太子帮他遮天，问灵吉菩萨讨定风丹。可见，你孙悟空武功再高强、神通再广大，事业路上也离不开朋友们的大力支持和帮助。

离开有本事的朋友不行，那么离开本领不如自己的同事行吗？有些专业技术好的人，可能外面很四海，朋友很多，但在单位里却很傲气，看不起水平不如自己的同事。其实你要清楚，朋友只能在关键时候来帮帮你，平时你还得和同事们处好关系。在唐僧师徒四人这个小团体中，保护师傅、除魔斗妖的主力是孙悟空，猪八戒经常帮孙悟空打打下手、开开路，沙和尚挑担和帮助看守行李马匹。但是，如果没有这两位师弟保护师傅，孙悟空能一心一意去除妖吗？一个人再厉害，他也分身乏术啊。再说了，术有专攻，各有所长。孙悟空在地上和天上是神通广大，但是他在水里的本领就不如八戒和沙僧了。所以，在取经的路上，凡是碰到黑水河的黑鱼精、通天河的金鱼精之类，都是八戒和沙僧把他们从水里引出来给孙悟空打的，要是没有沙僧和猪八戒的帮忙，孙悟空就一筹莫展了。因此，不要因为自己本事高强就看不起别人，本事再差的人也会有用处的。

同事比朋友更重要，没有朝夕相处的同事的帮助和支持，本事再大，也会寸步难行，因此与同事搞好团结非常重要。孙悟空自持才高，有点目中无人，加之猪八戒有好吃懒做、色迷心窍、溜须拍马的问题，于是看不起八戒，八戒因此就在唐僧面前打小报告，说瞎话，害得孙悟空被唐僧念过紧箍咒，吃过很多亏。所以啊，如果和团体中的其他人处理不好关系的话，就会给自己的工作带来很多麻烦。

恃才傲物是一般有本事的人的通病，他们不仅看不起比自己本事差的同事，往往在领导面前也会桀骜不驯，总是错误地以为，这份工作舍我其谁也。对此，孙悟空的教训也是很深刻的。三打白骨精时，唐僧以为孙悟空打死的是好人，骂孙悟空："你在这荒郊野外，一连打死三人……你回去吧！"孙悟空也生气，说道："这厮分明是个妖魔，……你却不认得……屡次逐我。常言道，事不过三。我若不去，真是个下流无耻之徒。我去我去！去便去了，只是你手下无人。"本来唐僧还只是说说，孙悟空这一顶撞，气得唐僧念了紧箍咒不说，还赶走了孙悟空。一个优秀的专业技术人员，如果处事的方式不够委婉，还喜欢顶撞上司，那么被念紧箍咒是必然的，被炒鱿鱼也是不足为奇的。

孙悟空再次出山时就吸取教训，决心和唐僧处理好关系。以后孙悟空不再强行打妖，而是采取其他措施。比如，当红孩儿化装成一个小孩子吊在树上，唐僧要孙悟空背，悟空不是当着唐僧的面摔死红孩儿，而是故意落到最后，等大家都看不到时，再出手除妖。同时，孙悟空让事实来教育唐僧。唐僧在吃过几次苦头后，诚恳地对孙悟空说："我今后再不犟了，一切由你。"可见，一个人如果和领导关系处理不好，即使本事再大，也无法施展，不仅如此，往往还会受到惩罚，有时甚至在一个团体中待不下去。

（学员点头表示赞同）

当然，如果孙悟空没有超强的专业本领，光是靠人缘好也是万万不能保唐僧取经成功的。专业知识、专业技术的学习不可荒废，但交际之道也要修炼。在人际交往中，我以为"识人知己"应是首先要修炼的功课。

与人交往，先要"识人"。中国的老百姓以前有这样的谚语："不识字好吃饭，不识人没饭吃。"你看识人多重要！有的企业家还有这样的话："用人不当，有业等于无业。"你看问题多严重啊，不识人用错人把事业都毁掉了！因此"识人"在人际关系中是一个非常重要的问题。

老子说："知人者智。"能认识别人，是一种智慧。相反，如果你对要交际的人不了解，那就是缺少智慧。《红楼梦》中的王熙凤，很多人对她不了解，或者说是没有全面透彻的了解。现在也有人表示，娶妻就要娶王熙凤，因为她很美丽，很能干，会理财，但是你不知道她嘴甜心苦、口蜜腹剑、明里一把火暗里一把刀，有时候简直就是个蛇蝎美人。美丽、温柔、善良的尤二姐就是因为缺乏对凤姐的了解，最后吞金自杀的。这故事想必大家都熟悉吧？

学员 2：看过电视剧，有印象。尤二姐被王熙凤老公贾琏偷偷地娶为二房，住在荣府外面。后来凤姐发觉了这事，趁着贾琏出差，突然上门去，一口一个好姐姐，把尤二姐骗进了荣府。能够住进荣府，有了名分，尤二姐对王熙凤感激不尽。其实，王熙凤背地里一面寻找尤二姐以前订过婚的男人来告状，一面安排丫头言语上折磨她，后来又挑拨贾琏的小妾秋桐每天辱骂她，最终逼得尤二姐吞金自杀。

徐卫东：你们听听，王熙凤一开始就给尤二姐挖好了陷阱，然后不露声色，借刀杀人。可怜尤二姐临死都没有对凤姐有真正的认识,甚至认为凤姐还是待她很好的。与人交往却不识人,后果可怕吧?

但是,只了解对方一方还不够,还要了解自己,深刻地认识自己。所以老子又教导我们:"自知者明。"知道自己,就是聪明。《孙子兵法》也云:"知己知彼,百战不殆。"打仗要百战百胜,就得既有知人之智,又有自知之明。如果"不知彼而知己,一胜一负;不知彼,不知己,每战必殆"。《三国演义》中有一战例就很能说明问题,它就是为大家所津津乐道的诸葛亮的空城计。

空城计是孙子兵法三十六计中第三十二计,是一种心理战术,在紧急关头,以极为冒险的行动来造成敌人的错误判断,达到排难解危的目的。很多人认为,摆空城计主要靠胆子大、运气好。真的是这样吗?

《三国演义》写诸葛亮因错用马谡而失掉战略要地街亭,魏将司马懿乘势率十五万大军向诸葛亮所在的西城蜂拥而来。当时诸葛亮身边别无大将,只有一班文官和二千五百个老弱士兵。诸葛亮传令,把所有的旌旗都藏起来,把四个城门都打开。诸葛亮自己到城上望敌楼前凭栏而坐,燃起香,悠悠地弹着琴。小说接着写道:

> 却说司马懿前军哨到城下,见了如此模样,皆不敢进,急报与司马懿。懿笑而不信,遂止住三军,自飞马远远望之。果见孔明坐于城楼之上,笑容可掬,焚香操琴。左有一童子,手捧宝剑;右有一童子,手执麈尾。城门内外,有二十余百姓,低头洒扫,傍若无人。懿看毕大疑,便到中军,教后军作前军,前军作后军,望北山路而退。次子司马昭曰:"莫非诸葛亮无军,故作此态?父亲何故便退兵?"懿曰:"亮平生谨慎,不曾弄险。今大开城门,必有埋伏。我兵若进,中其计也。汝辈岂知?宜速退。"于是两路兵尽皆退去。孔明见魏军远去,抚掌而笑。众官无不骇然,乃问孔明曰:"司马懿乃魏之名将,今统十五万精兵到此,见了丞相,便速退去,何也?"孔明曰:"此人料吾平生谨慎,必不弄险;见如此模样,疑有伏兵,所以退去。吾非行险,盖因不得已而用之。此人必引军投山北小路去也。吾已令兴、苞二人在彼等候。"众皆惊服曰:"丞相之机,神鬼莫测。若某等之见,必弃城而走矣。"孔明曰:"吾兵止有二千五百,若弃城而走,必不能远遁。得不为司马懿所擒乎?"言讫,拍手大笑,曰:"吾若为司马懿,必不便退也。"遂下令,教西城百姓,随军入汉中;司马懿必将复来。于是孔明离西城望汉中而走。天水、安定、南安三郡官吏军民,陆续而来。

小说写得很明白,诸葛亮空城计成功的关键是什么?

学员 3：诸葛亮与司马懿交战无数，彼此十分了解。诸葛亮深知司马懿为人最是敏感多疑，也知道司马懿了解诸葛亮平生小心谨慎，不会冒险，所以看见这番情景，一定会疑心城内有重兵埋伏而退兵。因此，诸葛亮才摆下空城计，且一计成功。同时，诸葛亮也料到司马懿毕竟不是泛泛之辈，很快就会回过神来的，所以马上组织官兵百姓撤退了。可见，在空城计中，"知彼"是最重要的。

学员 4：诸葛亮对自己一方的情况也非常清楚：城内只有二千五百个老弱士兵，面对的却是十五万敌军，敌我双方力量太过悬殊。在这种情况下，如果带着老百姓弃城而逃，一定逃不了多远就会被司马懿追上，全部消灭。所以，"平生谨慎，不曾弄险"的诸葛亮这时只能冒这个险了。

徐卫东：嗯，空城计是诸葛亮基于自己一方的实情和充分了解司马懿谨慎多疑的性格特点才作出的险策。假如换个敌方主帅，相信诸葛亮会选用相应的计策。试想，倘若这次率兵前来的是司马懿的两个儿子，那么摆个空城计岂不等于是坐以待毙？此后，诸葛亮再也没有使用过空城计，因为司马懿已经知道了，一生谨慎的诸葛亮偶尔也会冒冒险的，又如何再敢用。

学员 5：我看到有研究说，《三国演义》中的空城计，那是小说家演义的，历史上并没有发生过，是吗？

徐卫东：是的。尽管诸葛亮的空城计并非历史真实事件，但是，它所讲述的知己知彼的取胜之道是没错的。而且，现实中也有过许多使用空城计的出色战例。

春秋时期，楚国的令尹公子元，在他哥哥楚文王死了之后，非常想占有漂亮的嫂子文夫人。他用各种方法去讨好，文夫人却无动于衷。于是他想建立功业，显显自己的能耐，以此讨得文夫人的欢心。公元前 666 年，公子元亲率兵车六百乘，浩浩荡荡，攻打郑国。楚国大军一路连下几城，直逼郑国国都。郑国国力较弱，都城内更是兵力空虚，无法抵挡楚军的进犯。郑国危在旦夕，群臣慌乱。上卿叔詹分析，公子元伐郑的真实目的，只是想邀功图名以讨好文夫人。所以他一定急于求成，又特别害怕失败。于是，郑国按叔詹的计策，一面向订有盟约的齐国求救，一面命令城中士兵全部埋伏起来，不让敌人看见一兵一卒。令店铺照常开门，百姓往来如常，不准露一丝慌乱之色。大开城门，放下吊桥，摆出完全不设防的样子。楚军到达郑国都城城下，见此情景，不敢妄动。公子元率众将到城外高地眺望，见城中确实空虚，但又隐隐约约看到了郑国的旌旗甲士。公子元认为其中有诈，不可贸然进攻，先进城探听虚实，于是按兵不动。这时，齐国接到郑国的求援信，已联合鲁、宋两国发兵救郑。公子元闻报，知道三国兵到，楚军定不能胜。好在也打了几个胜仗，还是赶快撤退为妙。他害怕撤退时郑国军队会出城追击，于是下令全军连夜撤走，人衔枚，马裹蹄，不出一点声响。所有营寨都不拆走，旌旗照旧飘扬。第二天清晨，叔詹登城一望，说道："楚军已经撤走。"众人见敌营旌旗招展，不信已经撤军。叔詹说："如果营中有人，怎会有那样多的飞鸟盘旋上下呢？他也用空城计欺骗了我，急忙撤兵了。"这是目前看到的中国历史上第一个使用空城计的战例。

毛泽东巧施空城计，一纸吓退十万兵，也被传为佳话。1948年10月，党中央驻西柏坡。傅作义探知情报以后，准备出动近十万大军和骑兵突袭中共首脑机关。当时国共主要战场在东北和西北，而党中央周围卫戍部队仅一万多人，形势十分危急。26日，毛泽东办完大事以后，自言自语道："要给傅作义一点厉害看看。"周围的人不明白："我们身处险境，还要给别人厉害看？"只见毛泽东拿起笔，很快以新华社记者名义写了一篇评论：《动员一切力量，歼灭可能向石家庄进扰之敌》。评论中把傅作义侵犯石家庄的种种计划予以揭露，包括敌军各部队番号、将领以及作战计划，号召解放军和民兵在3天内，做好歼灭敌人的准备云云。这篇文章马上由新华电台广播。同时，冀中游击队赶着毛驴、骡马拉上树枝高粱秆在田野、铁路两侧奔跑，搞得黄土飞扬，烟尘滚滚，似有千军万马在运动。傅作义见我方对他们的偷袭计划了如指掌，还做了准备，深怕遭到埋伏，只好偷偷将刚开拔的部队撤回北平。10月的最后一天，这出现代"空城计"完美收官。

所以切记啊，如果哪一天你也想使用此悬而又悬的"险策"，关键是一定要知己知彼。

我们再来看看历史上的楚汉之争。从专业本领来看，项羽是战神，明显胜过刘邦，但最后项羽自刎于乌江，刘邦坐了天下，这中间有很多的原因，但是其中有一个重要的原因就是识人知己的问题。刘邦很知张良、萧何、韩信这三位，都是人中豪杰，又很知自己，在帷幄中运筹谋划而能够决胜千里之外方面不如张良，在镇守国家、安抚百姓、供给粮食、保证军粮这方面不如萧何，在统领百万大军作战必胜、攻城必克方面不如韩信。于是刘邦就很好地任用他们，最终夺取了天下。项羽则不同。一方面自以为是战神，非常自负傲气，对自己没有正确的认识；另一方面又不能透彻了解手下人的才能。韩信本是项羽的手下，但一直得不到重用，便去投奔了刘邦；范增也有运筹千里之才，却不被完全信任。项羽还不能和义帝、诸侯军、老百姓等处理好人际关系，所以，最后失败也是情理之中的事了。大家看看，这里的智慧与教训是多么深刻！

今天的日常生活中，我们与亲人相处，与朋友交往，与学生交谈，与所有人打交道，都需要知人，知他们的人品、素质，知他们的性格特点等。还要知己，知自己所处的环境、知自己的身份地位、知自己的能力才干等等。这样你就有了成功地进行人际交往的重要保证。

学员培训感言选录

蒋云标：徐先生的课不但知识性强、科学严谨，更是幽默风趣，让人回味无穷。他每一节课绝不雷同，正如他每日一换的衣裳，西服、夹克，给人留下多面印象。而在学识上，更是纠正了我们许多长期形成的偏见，如古诗的吟诵方法。先生上课滔滔不绝，无穷的知识如"黄河之水天上来"，那无尽的话语如"一江春水"绵绵不断。

虽家中有数千册藏书，那只是摆放着充充门面，满足一下自己的虚荣心而已。四天的学习让我羞愧。为了能让自己更富有知性美，就好好静下心来读一读书吧！

吕玉兰："学无止境"对于从前的我来说，只是把它当作一句名言警句来勉励自己。通过这次在徐老师的门下学习，才深刻地理解它的广博内涵。作为一名教育工作者，不仅要有专业知识、管理能力，还应该多探讨人生哲学，修身养性。今后，我要多学习，让"国学经典"中的智慧光芒引领我悟出人生真谛，走出迷茫，使自己活出洒脱的人生。在此，感谢徐老师！希望下次还能有幸听到徐老师的课。有新的讲座请提前通知我哦！

张维：国学培训让我受益匪浅。今后，我要多多学习，让国学经典中的智慧之光，引领自己走出迷茫，使自己的人生更加充实。同时，积极借鉴汲取前人经验，根据学生实际，开展国学教育。

第三十课

处下居后：人际交往的智慧定位

徐卫东：这堂课，我们来听听《三国演义》中刘备、张飞、关羽的故事，看看又能悟出什么与人交往的大智慧来。先请一位学员给我们复习一下应该是很熟悉的三顾茅庐的故事。注意，要特别讲清楚刘、关、张三兄弟在对待这件事情上的不同态度和表现。

学员1：刘备听人推荐说诸葛亮很有学识，又有才能，就和关羽、张飞带着礼物到卧龙岗去请诸葛亮出山辅佐他。恰巧诸葛亮这天出去了，刘备没能见到。张飞说："既然见不到，那咱们自个儿回去算了！"刘备说："不，再等待片刻！"关羽说："倒不如暂时先回去，再派个人来探望，不算晚。"刘备只得失望地回去了。不久，刘备又冒着大风雪第二次去请，张飞抱怨天冷，而刘备却说这正好让诸葛亮明白他的一片殷勤之意。可惜这次诸葛亮又出外闲游去了。张飞就催着要回去，刘备只得留下一封信，表达自己对诸葛亮的敬佩和请他出山帮助自己挽救国家危险局面的意思。转眼已是春暖花开，刘备选了一个好日子，吃了三天素，准备再去请诸葛亮。这次关羽也不乐意了，说诸葛亮也许是徒有虚名，未必有真才实学，不用去了。张飞却主张由他一个人去叫，如他不来，就用绳子把他捆来。刘备把张飞责备了一顿，又和他俩第三次拜访诸葛亮。到时，诸葛亮正在睡觉。刘备不敢惊动他，一直站着等诸葛亮自己醒来，张飞气哼哼地扬言要去放把火把诸葛亮给烧起来。最后诸葛亮见刘备有志替国家做事，又被刘备的真情感动，就出山全力帮助刘备建立蜀汉皇朝，从此三分天下。

徐卫东：讲述得很清晰，谢谢。在人际交往中，有个很重要的问题就是如何给自己定位。如果定位不当，与人交往时就会出问题。我们来看看，在三顾茅庐中，刘、关、张三兄弟都是怎么定位的。

学员 2：我感觉刘备为人比较低调，谦和，没有架子。他是皇亲国戚，完全可以派手下把诸葛亮叫去见他，但他没有高高在上，自以为了不起，而是亲自去乡下三次登门拜访一个草民。诸葛亮正是被他的这份诚意所感动才出山辅佐他。相比较，关羽比较冷。他表面上没有张飞那样的激烈反对，但是骨子里也是认为刘备对一个草民礼遇太高了，太过了，没有必要。张飞人际交往的表现则是最差的，不仅和关羽一样不会识人，还什么拿绳捆、放火烧，特别粗鲁无礼。

徐卫东：我同意你的意见。只是刘备的三次拜访，如果细细研读小说，就会发现其中的细微变化，很有意思。一顾茅庐时，刘备是这样自报家门的："汉左将军、宜城亭侯、领豫州牧、皇叔刘备，特来拜见先生。"言语中明显透着对他自己身份的颇为自得。结果诸葛亮家负责接待的小童子却说：我记不得许多名字。看似不经意的一句话便将刘备的诸多帽子掀去。刘备马上意识到自己的定位高了，于是立刻又说：你只说刘备来访。但童子已经不买账了，一句先生不在家，连门都没让进，就把刘备打发了。

二顾茅庐，恰逢隆冬时节，大雪纷飞，刘备不顾张飞的反对，执意要去。一片殷勤之意，没有白费，这次刘备被让进门了。进了中门，听见有人吟咏诗歌，刘备"乃立于门侧窥之"。一来表示礼节；二来也偷偷看看贤人雅士何等样貌，谁想那只是诸葛亮的弟弟。虽然还是没能见到诸葛亮，但刘备并无怨言，留一小笺表达自己的诚心相请之意。其措辞极为谦恭，说自己虽然有忧国忧民之心，然而资质愚鲁，没有救民于水火的纲领和策略。刘备这是先把自己处在下位。接着称诸葛亮仁慈忠义，以姜子牙、张良暗喻诸葛亮的才华。姜子牙兴周八百年，张子房旺汉四百年，两人都是历史上的名臣贤相。这一番夸赞比诸葛亮自喻管仲、乐毅要更上一层楼。这是把诸葛亮的位置放到高处。

三顾茅庐，刘备比前两次更为用心。先请卜卦者选定好日子，又斋戒三天，还要熏沐更衣，备上礼物。到隆中，离草庐还有半里路，就下马步行——前两次都是到门口才下马的。细小的行动变化也彰显了刘备内心的恭敬与虔诚。见诸葛亮在睡觉，就"徐步"而入，"拱立阶下"。缓慢地悄无声息地进去，特别恭敬地站在台阶下。等了半晌，好不容易看到诸葛亮身动，以为要起，谁知人家翻了个身，又睡。接着，又等了一个时辰。古代一个时辰是现在的两个小时。诸葛亮睡醒，问有没有世俗中的客人来啊，小童说刘皇叔等了好久啦。诸葛亮怪小童不早说，就去换衣。这个诸葛亮更衣也够仔细的，又过了半晌才出来。可算是正式见面了，刘备是下拜诸葛亮，称自己是汉室末胄、涿郡愚夫。言行举止的细微之处无不显示着刘备的谦下与恭敬。正是刘备的至诚之心，打动了诸葛亮。一番隆中对，让刘备茅塞顿开，眼睛一亮，看到了三分天下的美妙远景。但是当他邀请诸葛亮马上一同前往新野时，诸葛亮说自己一向乐意耕锄，不能奉承遵命，竟然没有答应。于是刘备掩面痛哭，眼泪把衣襟袍袖都湿透了。诸葛亮终于被再次感动，决定出山。

　　这不禁让我想到了周文王请姜子牙的故事。姜子牙是辅佐周文王、周武王灭商的功臣。他在没有得到文王重用的时候，隐居在陕西渭水边一个地方，常在溪旁垂钓。一般人钓鱼，都是用弯钩，上面有香喷喷的鱼饵，然后把它沉在水里，诱骗鱼儿上钩。但姜子牙用的是直钩，上面无饵，也不沉到水里，并且离水面三尺高。他一边高高举起钓竿，一边自言自语道："不想活的鱼儿呀，你们愿意的话，就自己上钩吧！"成语"姜太公钓鱼愿者上钩"就是这么来的。周文王听说姜子牙是位奇人异士，就派一名士兵去叫他来。但姜子牙并不理睬这个士兵，只顾自己钓鱼，并自言自语道："钓啊，钓啊，鱼儿不上钩，虾儿来胡闹！"周文王听了士兵的禀报后，改派一名官员去请。可是姜子牙依然不答理，边钓边说："钓啊，钓啊，大鱼不上钩，小鱼别胡闹！"周文王这才意识到自己不够处下，于是他吃了三天素，洗了澡，换了衣服，带着厚礼，亲自去聘请姜子牙。太公见他诚心诚意来聘请自己，便答应为他效力。但姜子牙问周文王："大王请我，怎样进京？"周文王说："骑马、坐轿，随你挑。"姜子牙说："我一不骑马，二不坐轿，我就要坐大王的车。"跟周文王来的文官武将都愣了！这是帝王才能坐的车，你姜子牙算老几？可是，周文王不假思索就答应了。接着，姜子牙提出来的要求更过分了："我坐车，还得大王亲自拉着。"文官武将吓了一跳，姜子牙把周文王当成大骡子大马啦？罪过不小！可是，周文王又答应了。于是姜子牙坐在车上闭目养神，周文王拉着，一步一步地走。

　　你说姜子牙这是想干嘛？考验周文王的真心啊！就像诸葛亮一次次故意不在家，在了家又故意睡半天觉，换个衣服还磨磨唧唧的，那同样是在测试刘备的诚意。刘备三顾茅庐，让诸葛亮深深地感念知遇之恩，一生呕心沥血，为蜀汉统一大业操劳一生。要是按张飞的办法，拿根麻绳把诸葛亮绑来，放一把火催诸葛亮起床，那诸葛亮还会出山辅佐刘备吗？即使迫于淫威出山，还可能为了蜀国大业鞠躬尽瘁死而后已吗？

三顾茅庐的故事，启示我们懂得了人际交往中一个重要的定位的智慧——"处下居后"。所谓"处下居后"，就是在人际关系中有意让自己处在"下方""下位""下层""人后"。

　　《老子》第六十六章有段话，说的就是"处下居后"的智慧："江海所以能为百谷王者，以其善下之，故能为百谷王。是以欲上民，必以言下之；欲先民，必以身后之。"因为大海善于处在最低下的位置，所以才能容纳来自各处的一切的水，成为土地上最大的海洋。因此，你要想做一个领导人，一个居于上位的人，就一定要说话谦下，态度谦恭；你想要领导大家，居于百姓之前，就一定要退让于后，让别人先走。古代王、侯谦称自己为"孤""寡人""不毂"，即称自己是孤独之人、寡德之人、不善之人。为什么？提醒自己要"处下"，要谦虚。《易经》里就有一个"谦卦"，卦象上面是地，下面是山，即高山藏于大地之下。《易经》六十四卦中，只有"谦卦"下三爻都是吉，上三爻无不利。只要谦逊就能吉利，无须其他条件。由此可见古人对谦逊的重视程度。这里说的谦逊，重点还不是谈吐的礼仪表现，而是要找准自己的位置。山本来高高在上，需要别人仰望，现在到了地下，那么平易近人。一个人也是同样，越是自视卑下，越是言行谦和，越是不与人争先，就越能得到别人的尊重和敬仰。

　　在寻求人才时，"处下居后"就是"谦逊"；在对付"政敌"时，"处下居后"就是"不争"，是以静制动、以柔胜刚的策略。

　　刘备曾迫于形势暂且投靠曹操。谋臣劝说曹操早日除掉刘备，以免后患。曹操一时拿不准，想观察一下再决定。刘备为麻痹曹操，让曹操知道他是无用之辈，就每天在菜圃里浇水种菜。曹操闻知后，仍是将信将疑，于是邀请刘备过去，边尝青梅，边饮酒，边谈论。刚巧发生了龙卷天气，于是曹操指天为题，以龙的变化、升隐来暗指英雄的行为，这正好指到刘备的痛处，刘备就是担心曹操把他当作对手，就是怕曹操把他当作英雄，如果那样，别说要实现自己的政治抱负，就是自己人头都会保不住。于是在曹操追问他天下英雄时，他假装糊涂，拿袁术、袁绍、孙策之类人物加以搪塞，始终不说曹操，也不说自己。但这些搪塞之语都被曹操寥寥几句评价一一驳回。最后曹操用手指指刘备和他自己，说："当今天下英雄，唯有您和我。"刘备听了，以为自己隐藏至深的政治抱负被曹操所探知，吓得手中的筷子掉到了地上。这时正好大雨将至，雷声大作。刘备机智地抓住机会，适时"处下"，从容地捡起筷子，说自己历来胆小怕打雷，结果换来了曹操的嘲笑，认为刘备的确是个无用之人，这就瞒过了曹操。

　　在这里，我们看到，曹操谈天说地，指点群雄，豪气冲天，犹如升龙，跃于云上,雄视天下;而刘备好似隐龙,因为时机没到,羽翼未丰,便装孬卖傻,步步示弱,巧渡难关,实在是非常精彩。

刘备就是这么一位善于"处下居后"的人,他在寻求人才时"处下居后",在对付"政敌"时"处下居后",在结交朋友中"处下居后",在事业发展中"处下居后"……但是,刘备最后却毁在不能"处下居后"上,实在令人遗憾。

听到荆州被东吴夺回、义弟关羽死于孙权刀下,刘备再也控制不住自己了,急于要亲自带兵讨伐东吴,为关羽报仇。赵云提醒他应当先灭掉魏国曹操,那么孙权就会"自服",但刘备不听;学士秦宓出来强谏,刘备非但不听而且要杀了他;诸葛亮上表规劝不要讨伐东吴,但是刘备看了诸葛亮的表,就扔在地上,说:"朕意已决,再谏者插剑为令!"就这样,对诸葛亮言听计从的他一意孤行,不顾以诸葛亮为首的群臣反对,率兵伐吴。可怜啊,已居高位的刘备没有了先前那种能"处下居后"的谨慎了。结果七十多万人马,被陆逊一把大火烧得干干净净,刘备逃到白帝城,第二年就含恨而死。从此,蜀国的国力一蹶不振,再也没有恢复元气。

一贯善于"处下居后"的刘备在关键的时候不能冷静地"处下居后",造成如此惨痛的结果,实在令人遗憾。那么,三个兄弟中最不能"处下居后"的张飞结局又如何呢? 小说是这样写的:

> 张飞闻知关公被东吴所害,旦夕号泣,血湿衣襟。诸将以酒解劝,酒醉,怒气愈加。帐上帐下,但有犯者即鞭挞之;多有鞭死者。每日望南切齿睁目怒恨,放声痛哭不已。
>
> 张飞下令军中,限三日内制办白旗白甲,三军挂孝伐吴。次日,帐下两员末将范疆、张达,入帐告曰:"白旗白甲,一时无措,须宽限方可。"飞大怒曰:"吾急欲报仇,恨不明日便到逆贼之境,汝安敢违我将令!"叱武士缚于树上,各鞭背五十。鞭毕,以手指之曰:"来日俱要完备! 若违了限,即杀汝二人示众!"打得二人满口出血。回到营中商议,范疆曰:"今日受了刑责,着我等如何办得? 其人性暴如火,倘来日不完,你我皆被杀矣!"张达曰:"比如他杀我,不如我杀他。"疆曰:"怎奈不得近前。"达曰:"我两个若不当死,则他醉于床上;若是当死,则他不醉。"二人商议停当。……初更时分,各藏短刀,密入帐中,诈言欲禀机密重事,直至床前。原来张飞每睡不合眼;当夜寝于帐中,二贼见他须竖目张,本不敢动手。因闻鼻息如雷,方敢近前,以短刀刺入飞腹。飞大叫一声而亡。时年五十五岁。

请从"处下"的角度,对张飞之死作个分析。

学员 3：张飞听到二哥关羽被东吴杀害的消息，悲痛万分，乃人之常情，但他不能因自己心情不好就拿自己属下撒气，甚至将手下鞭打至死；他急于为兄长报仇，心情也可以理解，但不能提出不切实际的要求，下令军中三天内就置办好白旗白甲；当第二天手下来报告说，白旗、白甲一时来不及准备，请求宽限时间，张飞不但不了解实情，采纳正确意见，反而把这两人绑在树上，在每人背上各打五十鞭子，并说，明天若不能置办好，就杀了他俩示众！他俩一看没了退路，于是当天晚上就冒冒险，把张飞杀了。逼得别人没路可走，其实就是不给自己留活路。张飞虽为统帅，也不该对属下如此专横、强势，他其实是被他自己不会"处下"给害死的。

徐卫东：所以一个人能否"处下居后"，确实关系重大啊。老子说："善为士者，不武。"善于做将帅的人，不崇尚武力。他以慈爱之心来对待部下，这样作战时部下才会为你效力拼命。老子还说："善用人者，为之下。"善于做领导的人，自己先要言语谦虚，态度卑下。如果领导人像张飞这样的尚武、严酷、傲慢，高高在上，就算别人对你不得不听命、屈从，其内心一定也是不爽的，是抗拒的，要想他们全心全意来为你做事，那是不可能的，有机会就出卖你、害死你也是不足为奇的。

再来看关羽。关羽在中国民间享有极高的声望，被尊称为"关帝"，成为与"文圣"孔子齐名的"武圣"，香火比孔圣人还要旺。在你们眼里，关羽是一个怎么的人？

学员 4：关羽是真正的"高富帅"。他身高 2 米多，一把漂亮的长胡子，手提青龙偃月刀，身居"五虎上将"之首，斩颜良，诛文丑，温酒斩华雄，千里走单骑，刮骨疗毒，单刀赴宴，水淹七军，集忠、义、勇于一身。像这样相貌堂堂、事业有成、人品高尚、武艺高强、胆气超群的男人，放在今天来看，追求者可以编个集团军，上《非诚勿扰》电视相亲，估计每个女孩都会为他爆灯。

（大家会心大笑）

徐卫东：哈哈，貌似有点羡慕嫉妒恨啊。被你这一夸，关羽简直不是人——是个神。确实，小说在关羽身上集合了当时那个年代所有能用尽的赞扬。但是，既然关羽这样的十全十美，为什么最后会丢失荆州、败走麦城、身首分离？中国老百姓很善良，说关羽是大意失荆州，认为这么一位战神丢失了军事要地，一定是一时的疏忽大意。依我看，在关羽身上，确实有我们希望具备的大多数优点，但是，我们也不必避讳，他性格上存在致命的弱点——骄傲自大，不善"处下"。

其实东吴小将陆逊早就看出关羽身上的这个问题，曾对大将吕蒙说："羽矜其骁气，陵轹于人。始有大功，意骄志逸。"关羽凭借其骁勇，目中无人。立了大功，便骄矜自大。陆逊接任吕蒙职位后，便用了"处下居后"的智慧，给关羽送去"名马、异锦、酒礼等物"，又写信一封向关羽示弱。关羽看到陆逊对他又是赞美，又是请他多加关照，是自己的超级粉丝，就高傲得飘飘然起来，拆了烽火台，调离了原来防备东吴的军队。结果中了吕蒙、陆逊之计，被东吴乘虚而入一举占领荆州。后来蜀国的学士秦宓分析关羽的失败，对刘备说过这样的话："关公轻贤傲士，刚而自矜，以致丧命，非天亡之也。"此话不无道理。关羽的骄傲自大，不仅自己落得败走麦城、身首异处的下场，还丢失了荆州这个富庶之地和军事要地，还为了替他报仇，国力大伤，一蹶不振。从某种意义上说，蜀国败在了关羽手里，败在了关羽的性格里。这是不能"处下居后"带来的又一次血的教训。

让我们都扪心自问吧：我是不是也总以为自己很了不起，看不起别人？我是不是也总是我行我素，固执己见？我是不是口里说着"学生至上"，在学生面前却是自己至上？我是不是自称是"园丁"，其实不肯处下、居后？

有人说，选择"处下"还是"处上"是一种人生态度。处下是一种自谦，处上是一种自恋；处下是一种精神，处上是一种心态；处下是一种境界，处上是一种做派；处下是理性约束，处上是感性应对。

在人际交往中，甘愿"处下居后"很重要，这是一种智慧的定位。

学员培训感言选录

杨志芳：徐老师不愧为"教学达人"，幽默风趣的教学风格给我留下深刻的印象。喜欢轻松对话的方法，有观赏，有点评，有交流，在愉快的氛围中接受培训，让人乐此不疲。

林建耀：国学经典中蕴含的智慧给人以启迪。作为一名小学语文教师，深入学习国学，能提升我们的文化素养，使我们在为人处事方面更加合乎规范。

王宏丰：每天早晚奔波几百里路，长时间地坐着阶梯教室不甚舒适的硬座椅，却不觉得辛苦，就因为老师给我们准备了这么丰盛的精神大餐。让我感受到了中华民族国学的博大精深，也体味到了礼仪修养带给自己与别人的快乐。只想说一句："徐老师，下期再见。"

第三十一课

美言慎言：人际交往的说话智慧

徐卫东：先来做个调研：如果你是个男人，你会娶下列《红楼梦》中哪一位女子为妻？

林黛玉、薛宝钗、王熙凤、史湘云、袭人、平儿……

请慎重考虑，举手选择。注意，每人只能娶一位美女哦。

（学员笑，依次举手选择）

选择结果出来了：第一名是薛宝钗，占绝大多数。第二名是王熙凤。前面刚讲过她是个蛇蝎美女，你们这几位还敢娶她，胆子不小呢。第三名是史湘云。接着是袭人和平儿。怎么，没有一个人娶林黛玉？过分了吧。以前上海东方网也做过这样的调查，结果差不离。薛宝钗，得票 5600 多，绝对的名列第一。最不受欢迎的，竟然也是《红楼梦》的第一女主角林黛玉，她的得票数只有区区 5 票！这要让宝兄弟知道了，非气死不可。

为什么你们喜欢薛宝钗而不喜欢林黛玉，而且票数相差还这么悬殊？

学员 1：主要还是性格的原因。薛宝钗和林黛玉都是要貌有貌，要才有才，但薛宝钗脾气好，心胸开阔，温柔大气，而林黛玉则多愁善感，说话尖刻，爱哭爱作，很难相处，就算当朋友，也会很辛苦的。

学员 2：还有一个很重要的原因是：薛宝钗身体健康，又家财万贯；林黛玉寄人篱下，体弱多病，整天咳嗽，估计接个吻也口臭，伤不起啊。

（爆笑）

徐卫东：哈，听出来了，你们谈恋爱与择偶的标准是，对方不仅要才貌双全,还要健康、有钱、温柔。这正常的,现代人嘛很现实。虽然林妹妹是个魅力十足的角色,但一个经典人物的文学魅力,并不等于她的女性魅力。那么,说了这么多原因,你们觉得林黛玉很难相处,这感受又主要来自哪里呢?

众学员:说话。

徐卫东:对此我也有同感。在大观园里,林黛玉是最有才情的姑娘,但也是最难相处的女孩,这不只是因为她的孤高,更多是因为她说话尖刻。

学员 3:我记得,有一次薛姨妈托管家婆周瑞家的给各姊妹送绢花,周瑞家的就顺路一路送过去,刚巧,到黛玉的时候是最后两朵了,黛玉只就宝玉手中看了一看,便问道:"这是但送我一个人的,还是别的姑娘们都有呢?"周瑞家的说:"各位都有了,这两枝是姑娘的。"林黛玉就冷笑着说:"我就知道,别人不挑剩下的也不给我。"周瑞家的送东西来,没得到感谢,反遭冷笑,被无中生有地猜忌,嘴上虽不敢分辩,心里定是极不高兴的。

徐卫东:是的,倘若这话被传到薛姨妈的耳朵里,自然也是不爽的。这样的无端猜疑,会人为地造成人际关系的紧张。林黛玉不仅是对地位低、她看不起的人尖刻,就是对宝玉和宝钗,也要讽刺挖苦。第八回,贾宝玉到薛宝钗处玩,这时,林黛玉也来了,一见宝玉也在这里,便语中带刺:"唉哟,我来的不巧了!"宝钗问为什么,黛玉说:"早知道他来,我就不来了!"宝钗又问她是什么意思,黛玉说:"什么意思呢? 来呢,一齐来;不来,一个也不来。今儿他来,明儿我来,间错开了来,岂不天天有人来,也不至太冷落,也不至太热闹,姐姐有什么不解的呢?"话里话外都带着醋意、带着刺。后来一起留下吃饭,宝玉要喝冷酒,薛宝钗说喝冷酒伤身体,宝玉便要人把酒热一下,黛玉看到宝玉听宝钗的话,心里很不高兴,刚巧雪雁奉紫鹃之命送来小手炉烤火,黛玉便借题发挥:"也亏了你,倒听他的话。我平日和你说的,全当耳边风;怎么她说了你就依,比圣旨还快。"你看,本来好好的一场聚会,被黛玉一番指桑骂槐,弄得气氛中充满了火药味。可能你们会说,这是黛玉在吃宝钗的醋,情有可原,但是吃醋也要注意分寸和场合。这是在薛姨妈家里,薛姨妈也在场,黛玉这番话,害得所有人都很尴尬。

学员 4:对于薛宝钗这个"情敌",好像黛玉是不太留情面的。一次薛宝钗告诉贾母史湘云也有一个金麒麟,探春便赞美宝钗:"宝姐姐有心,不管什么她都记得。"黛玉一听,便当着宝钗和贾母的面说:"她在别的上头心还有限,惟有这些人带的东西上她才留心呢。"大家应该听得出来,这是黛玉在说宝钗对宝玉身上的"玉"也很留心,对"金玉良缘"之说很在意。当着宝钗和贾母的面这样说人,黛玉是有些过分的,幸亏是碰到薛宝钗大度,不予计较,不然,肯定会有一场唇枪舌剑的。

徐卫东：黛玉好逞口舌之强是出了名的。史湘云的舌头有点大，说话爱咬舌，喊宝玉的时候，常常把"二哥哥"喊成"爱哥哥"，黛玉便嘲笑她说："偏是咬舌子爱说话，连个'二哥哥'也叫不上来，只是'爱哥哥''爱哥哥'的。回来赶围棋儿，又该你闹'幺爱三'了。"说话咬舌头，是湘云的生理缺陷，这是比较忌讳的，拿别人生理上的缺陷来挖苦说笑取绰号，都是非常不尊重人的。怪不得平时大大咧咧的史湘云也对黛玉生气了："她再不放过人一点，专会挑人，就算你比世人好，也不犯见一个打趣一个。"

黛玉说话的尖酸刻薄是由环境和她的性格决定的，凡是她看不惯的，就毫不掩饰地说出来。宝玉的奶妈李嬷嬷说："真真这林姐儿说出的一句话来比刀子还利害。"实际生活中，我们也能看到这样的人，她性格率直，说话尖厉，只图自己痛快，不顾他人感受，从表面上看，似乎占尽上风，但是，实际上尖刻的话如刀子，在伤害了别人的同时，也伤害了自己在别人心中的形象，久而久之，人们就会对她敬而远之，这样，她就会在无形之中让自己孤立起来。

"娶妻就要娶宝钗"是现在很多人的想法，这其中最主要的原因是感觉薛宝钗的言行举止都很得体，符合传统道德礼仪的要求。这就从另一个角度启示我们，对传统的道德礼仪要作具体的分析。旧的封建道德，从总的和绝对的意义上看应该是否定的，许多具体的内容也是荒谬的，应予否定的。但也不应否认，其中也包含了我国民族伦理传统中一些合理的、好的东西，甚至是直至今天社会新道德中仍需保留和光大的。

在大观园中，王熙凤能说会道，林黛玉伶牙俐齿，而薛宝钗的巧嘴与她俩不一样。薛宝钗平时"自守身份""罕言寡语""自谓藏愚"，被王熙凤讥为"不干己事不张口，一问摇头三不知"。但到节骨眼儿上，你就能见识到她的莲花之舌了。因此，她到荣府不久，即博得了贾府上上下下所有人的一致好评，甚至连心地狠毒的赵姨娘也对她赞不绝口。让我们来听听，薛宝钗是如何"美言"的。

薛宝钗对长辈说话，是恭敬、温顺，有孝心。薛宝钗15岁生日时，贾母因"喜他稳重和平"，加之是她在贾府过的第一个生日，便拿出二十两银子，交给凤姐置酒席。贾母又问宝钗"爱听何戏，爱吃何物"，薛宝钗"深知贾母年老之人，喜热闹戏文，爱吃甜烂之物，便总依贾母素日喜者说了出来"。第二天点戏时，薛宝钗便点了贾母喜欢的《西游记》和《鲁智深醉闹五台山》，因此赢得了老祖宗的欢心。她说起奉承话来也是十分的老到："我来了这么几年，留神看起来，凤丫头凭她怎么巧，再巧不过老太太去。"于是，引来了贾母对薛宝钗"超群出众"的一番称赞:"提起姊妹,不是我当着姨太太的面奉承,千真万真,从我们四个女孩儿算起,全不如宝丫头。"所谓"四个女孩儿"显然是不会包括皇贵妃元春的,而林黛玉则是圈定在内的。有人因此指责宝钗虚伪、奸巧、世故,其实,又不是什么原则性问题,做小辈的,顺顺长辈心意,投投老人所好,哄哄他们高兴,又有什么好指责的呢?我们自己对长辈、老人不也是这么在做的吗?

薛宝钗不仅对上恭敬、温顺,对下人说话,也是热情、礼貌,有涵养。就是那个被黛玉冷落嘲笑的王夫人的陪房周瑞家的,到薛家来找王夫人,宝钗见了,连忙放下手中的活,满脸堆笑,说:"周姐姐坐。"然后和周瑞家的亲热地拉起家常。在主子和奴才之间地位森严的贾府,能对下人如此尊重,怎么会不让下人们感到温暖哪。因此,宝钗在贾府中"大得下人之心。便是那些小丫头们,亦多喜与宝钗去顽"。

对兄弟姊妹,言语间常常充满关心和体贴。例如,大观园中诸位姊妹起了一个诗社,吟诗唱和。史湘云一时兴起,便说自己先做个东道,先邀一社。众人散后,宝钗提醒湘云说:"你家里你又做不得主,一个月通共那几串钱,你还不够盘缠呢。这会子又干这没要紧的事,你婶子听见了,越发抱怨你了。况且你就都拿出来,做这个东道也是不够的。难道你为这个家去要不成?还是往这里要呢?"当湘云束手无策时,宝钗又对湘云说:"我和我哥哥说,要几篓极肥极大的螃蟹来,再往铺子里取上几坛好酒,再备上四五桌果碟,岂不又省事又热闹了。"宝钗怕湘云多心,又对她说:"我是一片真心为你的话。你千万别多心,想着我小看了你,咱们两个就白好了。"宝钗不仅想到了湘云的难处,还积极想办法帮助她解决了难处,更为可贵的是,在帮助别人的过程中注意保护对方的自尊。这样推心置腹、充满真情的一席话,当然会令湘云感动不已了。因此,史湘云是薛宝钗的崇拜者,说:"这些姐姐再没一个比宝姐姐好的,可惜我们不是一个娘养的。我但凡有这么个亲姐姐,就是没了父母,也是没妨碍的。"

在大观园中,宝钗得到诸位姊妹衷心的爱戴,如果说开始还有一个视她为敌的人,那就是林黛玉,出于对"金玉良缘"之说的抗拒和对宝玉"看到姐姐就忘了妹妹"的担忧,林黛玉早先对薛宝钗是抱有一定敌意的,但是最后林黛玉在宝钗面前诚恳道歉:"你素日待人,固然是极好的,然我最是个多心的人,只当你心里藏奸","往日竟是我错了,实在误到如今"。后来两人竟比谁都要好了。

你们知道为什么会这样?

学员5:宝钗知道黛玉对她有误会,所以在和黛玉的交往中,非常注意用她的善意和诚心来打动黛玉。黛玉因体弱多病,常犯咳疾,宝钗便常常去探望宝钗建议黛玉每天吃一两燕窝润肺。黛玉表示自己寄人篱下,不想提额外要求,宝钗说:"你才说的也是,多一事不如省一事。我明日家去和妈妈说了,只怕燕窝我们家里还有,与你送几两,每日叫丫头们熬了,又便宜,又不兴师动众的。"当黛玉表示感谢时,宝钗说:"这有什么放在口里的!"又对她说:"我在这里一日,我与你消遣一日。你有什么委屈烦难,只管告诉我,我能解的,自然替你解一日。"于是,精诚所至,金石为开。宝钗的善意化解了黛玉心中的疙瘩,黛玉终于把宝钗当成了自己的知己。

徐卫东:通过黛玉和宝钗的说话比较,可见,在人际交往中"美言"是多么的重要。这里所谓的"美言",绝不是"巧言令色"之言,而是指与人交往时得体、真诚、让人温暖、让人开心、让人敬重的言语。数千年来,中国人对于说话是琢磨得又深又透,给我们留下了无数的谆谆教导。比如"言多必失""祸从口出""多吃一口饭,少说一句话""腹中食少,心中事少,口中话少"……这些成语、谚语又都在告诫我们在人际交往的言说中要慎言。老子的"知者不言",说的也正是这一条智慧。

有一次贾母和众人喝酒,行令时,黛玉情急之下说出了《牡丹亭》和《西厢记》中的诗句。宝钗当时听了出来,但是她并没有说出来,而是事后悄悄地提醒了黛玉。黛玉听了,"心下暗伏"。暗伏什么?林黛玉作为封建时代的大家闺秀,在这种场合说出了"不正经的闲书"中的诗句,是一种相当不得体的行为。如果宝钗当着贾母的面戳穿了她,那黛玉将会是怎样的尴尬和羞愧。由此,黛玉认识到,宝姐姐心里并没有藏奸,以往都是自己误会了她。在有些场合、有些人面前,"知者不言"就是智者。反之,有些人不顾场合和对象,知无不言,言无不尽,那就是傻蛋。

《红楼梦》第九十六回"瞒消息凤姐设奇谋,泄机关颦儿迷本性",国学大师王国维说这是《红楼梦》中"最壮美者之一例",我每每读到"泄机关颦儿迷本性"总是心里堵得慌。我们一起再来听听这个故事片段。

一天,黛玉早饭后带着紫鹃到贾母这边来,路上忽然想起忘了带手绢,就叫紫鹃回去拿,自己慢慢地走着等她。刚走到沁芳桥那边山石背后,就是以前同宝玉一起葬花的地方,忽听一个人呜呜咽咽在那里哭。到了跟前,一看是个浓眉大眼的丫头。黛玉心里好笑:"这种蠢货有什么情种。"后来知道这是贾母屋里的丫头,叫"傻大姐",说是因为说错了一句话被大丫头珍珠姐姐打了。傻大姐流着眼泪让林黛玉给评评这个理。黛玉问:"你姐姐为什么打你?你说错了什么话了?"傻大姐说:"为什么呢,就是为我们宝二爷娶宝姑娘的事情。"黛玉听了这一句,如同一个疾雷,心头乱跳,问:"宝二爷娶宝姑娘,她为什么打你呢?"傻大姐说："我们老太太和太太二奶奶商量了，因为我们老爷要起身，说就赶着往姨太太商量把宝姑娘娶过来罢。头一宗，给宝二爷冲什么喜，第二宗——"说到这里，又瞅着黛玉笑了一笑，才说道："赶着办了，还要给林姑娘说婆家呢。"黛玉已经听呆了。那个傻大姐却只管说着自己挨打的事，还说："林姑娘，你说我这话害着珍珠姐姐什么了吗？她走过来就打了我一个嘴巴，说我混说，不遵上头的话，要撵我出去，我知道上头为什么不叫言语呢，你们又没告诉我，就打我。"

黛玉这时候心里竟是油儿酱儿糖儿醋儿倒在一处的一般，甜苦酸咸，竟说不上什么滋味来了。停了一会儿，颤巍巍地说道："你别混说了。你再混说，叫人听见又要打你了。你去罢。"说着，自己移身要回潇湘馆去。那身子竟有千百斤重的，两只脚却像踩着棉花一般，早已软了。黛玉走到离潇湘馆不远，就身子往前一栽，哇的一声，一口血直吐出来。结果，没过几天，便一命呜呼了。

宝玉要娶宝姑娘的事情，除了瞒着宝玉和黛玉，荣府上上下下估计都是知道的。黛玉身边的丫头紫鹃知道，别的丫头也知道，但是他们知道这事要是说给黛玉听，会要了黛玉的命，所以都不说，这是"知者不言"。但是，唯独有一个丫头不知道其中的道理，她说了出去，这就叫"混说话"，就得挨打；挨了打还是不知所以然，还要当着不该说的人去说不该说的事，这就是没脑子，所以她就叫"傻大姐"！

所以，在人际交往中，要学会慎言。如何慎言？没把握的事，谨慎地说；没发生的事，不要胡说；做不到的事，别乱说；伤害人的事，不能说；讨厌的事，有选择地说；开心的事，看场合说；伤心的事，不要见人就说；别人的事，千万小心别混说。

学员培训感言选录

王亚聪：要会听、要会说、要会交流；学会聆听，聆听是一种美德，聆听是一种责任；想出道理来，说出味道来，谈出技巧来；把握语言的分寸和说话人的心理；相互之间要学会交流，注重沟通。

施波：在轻松愉悦间与"国学"再一次亲密接触，从众多的名言警句中又一次感受到了老祖宗们的智慧，在叹服于先人才智的同时，也提升了自己待人处事的态度、方法、眼界。

颜锦：在我们这个多元化的社会中，人际关系的融洽、和谐尤为重要。今后，我要多学习，让国学经典中的智慧之光，引领我走出迷茫，使自己的人生轻松而洒脱。

倾听善听:人际交往的聆听智慧

徐卫东:"说"是一种艺术,能说会道的叫有"口才",教师在课堂上口若悬河,滔滔不绝,我们便认为这个教师素质高。事实上,不仅仅是"说","听"也是对教师的基本要求,"聆听""善听"也是一门重要的教育艺术。不知道大家是否读过小说《窗边的小豆豆》,这本书被很多国家推荐为教师、家长、学生的必读书。小说给我印象最深的是这样一个故事。

小豆豆被退学来到巴学园,校长小林宗作先生把椅子拉到小豆豆面前,面对小豆豆坐下来,说:"好,随便给老师说点什么吧!把你心里想说的话,全都讲出来。"小豆豆本以为是问什么回答什么的,现在听到校长说"讲什么都可以",便立刻兴致勃勃地讲了起来。什么学校的燕子巢、家里名叫洛克的狗、原来班主任老师长得很漂亮——可爱的孩子都不知道自己已经被这位漂亮的班主任开除了。小豆豆颠三倒四、滔滔不绝地讲了许多,甚至把"总爱嗫拉嗫拉地抽鼻涕"都说了出来,校长一会儿笑,一会儿点头,一会儿又说:"还有呢?"因此小豆豆更高兴了,便一个劲地讲了下去。当小豆豆因绞尽脑汁仍找不到有什么可说的而伤心时,校长摸着她的头说:"好,就这样吧! 你就是这个学校的学生啦!"

你们猜猜,一个校长听一个小学一年级的孩子絮絮叨叨讲了多少时间?整整一个上午,四个小时。在这么长的时间里,校长先生不但"一次呵欠没打,也没有露出一次不耐烦的样子,而且像小豆豆那样,把身子向前探出来,专注地听着小豆豆的话"。小豆豆长这么大还从来没有人用这么长的时间来听自己讲话,这不由得让她感到"自己有生以来第一次碰上了真正可亲的人",感觉

"非常安心、非常温暖，心情好极了"，"若是能和这个人永远在一起也不错呀！"这就是小豆豆第一次见到校长的感想。

学员1：我也读过这本小说，也很感慨校长倾听小豆豆四个小时。扪心自问，我们有这个耐心去听学生讲四个小时吗？一小时有吗？半小时有吗？……我们一直抱怨"现在的孩子越来越难教育""不知道现在的孩子在想些什么"。现在想想，其实，不是孩子不想和老师、家长交流、沟通，而是因为没有人愿意去听他们内心的话。我们经常教育孩子要善于倾听，其实，我们首先要学会倾听！

徐卫东：说得好！要让别人来倾听你，你自己首先要学会倾听！卡耐基有句名言："聆听是沟通的各项能力中最重要的能力。有效的沟通从真正的聆听开始。"仔细想想，在与人交往中，会听确实比会说更为重要，因为只有听清对方言谈的真实含义，才能真正地去了解对方，有针对性地进行交流。小林宗作校长四个小时的倾听，听出了小豆豆的热情、活泼、开朗、聪明、俏皮、自信，所以就毫不犹豫地录取了她。

有关倾听、善听的故事太多了。人教版新课程实验教材小学六年级的语文课文《伯牙绝弦》，讲的是俞伯牙和钟子期的千古绝唱。伯牙和子期，一个善鼓，一个善听，而且善听者深得奥妙，能从琴声中知其表达的志趣与内涵，由解琴、解音而推衍为解人、解心，这就十分难得。

中学语文课文《邹忌讽齐王纳谏》，讲的是善听则明的道理。战国时齐国大臣邹忌身高八尺，而且长得很帅，妻子、小妾、客人都说他比齐国美男子徐公还要美，而实际上邹忌比徐公差远了。好在邹忌是一个著名的政治家，他没有听到赞美就飘飘然，而是认真思考，发现之所以说他比徐公美，是因为妻子偏爱他，小妾畏惧他，客人有求于他，洞悉了溢美之词背后的利益关系的驱动力。不仅如此，邹忌还从这件事想到了整个国家，于是通过自己的经历劝谏齐王广开言路。齐威王也是一个很善于聆听的人，并颁布了劝谏的具体措施。一年之后齐国政治修明，没用一兵一卒就使敌国畏服，纷纷来齐朝见。

商朝的最后一位国君纣王则是一个极不善聆听的人。宰相比干诚恳劝谏，纣王非但不听从，还杀了他。国家其他重臣也去劝谏，几乎都落得与比干同样的下场。于是商朝逐渐衰落，为周所灭。如果纣王如齐威王般善于纳谏，有错就改，还会亡国吗？

动听的话有可能是虚假的，刺耳的话或许就是忠言。是否善于聆听，对个人、群体乃至国家都至关重要。

《水浒传》第八回"林冲棒打洪教头"写得很精彩，从会不会听话的角度去阅读，也很有意思。

林冲被高俅陷害，发配沧州，途中被喜欢结交天下英雄好汉的柴进接到庄园，热情款待。正喝得高兴，只见庄客来报："教师来也。"这所谓的教师，其实是柴进庄上刚来不久的洪教头。既然都是枪棒教头，柴进就让一起来坐。尽管林冲起身看到那个洪教头，歪戴着一顶头巾，挺着脯子，样子很傲慢，但林冲还是赶紧躬身作揖，说："林冲谨参。"为什么？林冲听庄客称那人为教师，就猜想一定是柴进的师父了，所以要以礼相待，这不仅是对洪教头有礼貌，也是对庄主柴进的礼貌。这是一个人应有的教养。在我眼里，林冲是梁山好汉中最有修养的一个，最懂得尊重人的一个。可那个洪教头对林冲的施礼全不理睬，也不还礼。柴进的难堪是可想而知的，于是赶紧把林冲介绍给洪教头，说："这位便是东京八十万禁军枪棒教头林武师林冲的便是，就请相见。"

考考你们，从柴进这句介绍林冲的话里，你能听出些什么信息来？

学员2：这句话有点长，有点啰嗦。一连串的修饰语，表达出柴进对林冲的敬佩仰慕之情。

徐卫东：你善听哈。有人说，这句"便是……的便是"，重复累赘，是作者写的一个病句。但我宁愿相信，这是作者的有意设计。因为当时柴进恨不得把自己知道的有关林冲的信息都一股脑儿介绍出来，而且，急切地想肯定强调这些信息的真实性，以致话说得有点啰嗦和混乱。林冲从这番美言中，听出了柴进对自己的尊重，当然自己也要给柴进尊重，所以听柴进讲"就请相见"，于是又起身看着洪教头就拜。可是那洪教头却听不懂柴进的话，依然傲慢地不还礼。柴进看了，心中很不高兴！林冲拜了两拜，起身让洪教头坐。洪教头亦不相让，便去上首坐了。柴进看了，又不欢喜。为什么？柴进本来这么郑重地介绍，目的是希望自己的郑重态度能引起洪教头的郑重，希望洪教头能对林冲以礼相待，可结果害得彬彬有礼的林冲连自己的座位都没了。唉，都是教头，这差距怎么就这么大呢？

（笑声一片）

柴进只得更为郑重地对洪教头说："这位非比其他的，乃是八十万禁军教头，师父如何轻慢？""乃是"，真的是，确确实实就是，比前面的"便是"语意更为肯定，最后再用一个反诘句作结，肯定语气是何等强烈。无奈洪教头听话能力实在太弱，修养实在太差，不但不对林冲表示起码的礼貌，还在说什么，因为知道柴进喜欢练习枪棒，所以流配军人都自称是枪棒教师，来庄上骗酒食钱米。

甚至反问柴进:"大官人如何忒认真?"这不是自己脑残反骂柴进脑残吗? 洪教头不会听话,也不会说话,好在人家柴大官人有涵养,再次提示他:"凡人不可易相,休小觑他。"没想到这"休小觑他"反而激怒了洪教头,跳起身来说:"我不信他,他敢和我使一棒看,我便道他是真教头。"柴进大笑着说:"也好! 也好! 林武师,你心下如何?"林冲说:"小人却是不敢。"难不成林冲真的是畏惧洪教头的武艺吗? 不是的。林冲的不敢,不是怕打不赢,而是担心"这洪教头必是柴大官人师父,不争我一棒打翻了他,须不好看"。而洪教头从林冲的话中听出来的却是:"那人必是不会,心中先怯了。"因此越发挑逗,要与林冲较量一番。柴进倒是听懂了林冲的话,就说:"此位洪教头也到此不多时,此间又无对手。林武师休得要推辞,小可也正要看二位教头的本事。"柴进这话的意思,你们听懂了吧?

学员 3:柴进是想告诉林冲:"这个人才来没多久,不是我的师父,我与他也没什么交情的,你只管和他打好了,不用顾忌我的面子。"

徐卫东:嗯,林冲也听懂了这话里的意思,而且,还可能听出了柴进内心的潜台词:"这小子这么目中无人,不懂礼数,烦请林教头好好教训他一下,让他知道什么叫天外有天,人外有人,让他懂得什么叫作谦逊和尊重。"因此,林冲放心了,那就打呗。柴进是何等聪明,林冲又是何等明白,二人心照不宣。只有洪教头这个傻帽,仍然没有听出柴进话里话外明显的倾向性与暗示性来,还在那里对林冲气势汹汹地叫喊:"来,来,来! 和你使一棒看!"于是,电视连续剧中,林冲和洪教头你来我往,飞上窜下,一番打斗,煞是好看。但是,在小说中是这样写的:

> 洪教头喝一声:"来,来,来!"便使棒盖将入来。林冲望后一退,洪教头赶入一步,提起棒,又复一棒下来。林冲看他脚步已乱了,便把棒从地下一跳,洪教头措手不及,就那一跳里,和身一转,那棒直扫着洪教头臁儿骨上,撇了棒,扑地倒了。

林冲就这么轻松简单,一棒把洪教头给打趴下了,因为洪教头的枪棒水平原本就和林冲的不在一个档次上。但林冲善于听话,善于"处下",最终赢得柴进和读者的更多敬重。而洪教头却因不会听话,狂妄无比,所以只能是自取其辱,为人不齿。

俗话说:锣鼓听声,说话听音。在某些场合,说话者由于某种原因,其说话的真实意思隐藏在话语的背后,如果只听出说话者的表面意思,就会误解说话者的本意,从而给交际带来麻烦,甚至造成悲剧。梁山伯和祝英台的悲剧,就给了我们这样的警示。

《梁山伯与祝英台》与《白蛇传》《孟姜女》《牛郎织女》并称中国古代四大民间传说。其中,梁祝传说是最具魅力的口头传承艺术,也是唯一在世界上产生广泛影响的中国民间传说,被称为东方的"罗密欧与朱丽叶"。"梁祝文化"也是我们宁波的一张名片,梁祝故事早为我们所熟知。从古到今,有无数人对梁山伯与祝英台的爱情悲剧感怀不已。那么,究竟是什么造成了梁山伯与祝英台的悲剧哪?

学员4:一般认为是"父母之命,媒妁之言"的封建礼教及婚姻包办制度造成了梁山伯与祝英台的悲剧。如果没有封建礼教及婚姻包办制度,祝英台就无须女扮男装才能去读书,也无须一定要回家等着梁山伯来提亲,祝员外也不会自作主张就把女儿嫁给马文才。这样,梁祝悲剧也就不会发生了。因此,梁祝悲剧就是社会悲剧。

学员5:梁祝悲剧也是命运悲剧。从梁祝故事来看,祝家并没有如何去高攀马家,祝员外也没有阻碍梁山伯来家与祝英台相见,而且马家还允许祝英台在迎娶途中祭奠梁山伯,没有什么仗势欺人的地方。所以,如果梁山伯和祝英台这两个宁折不弯的青年男女没有"同窗三载",如果梁山伯能早一点知道祝英台是女扮男装,如果梁山伯能准时去祝家提亲或者马家能晚几天去祝家提亲,那么,这场爱情婚姻悲剧可能就不会发生。从这个角度讲,梁祝悲剧的发生具有很大的偶然性,那岂不是命运在弄人吗?

学员6:我比较同意有些专家这样的观点:当时梁山伯与祝英台相遇时的年龄大约在11~12岁,祝英台可能尚未发育,至少尚未完全发育,梁山伯则可能更不成熟,甚至可能还没有进入青春期,不然,两人"同窗三载"朝夕相处,甚至"同床而睡""抵足而眠",梁山伯早应该察觉到祝英台是个女孩子了,甚至两人已经"生米煮成熟饭",那么,他们的悲剧也许就不会发生了。

(引来一片笑声)

徐卫东:世界上公认有三大悲剧:性格悲剧、社会悲剧和命运悲剧。一个人,具有其中的一种悲剧就已经够惨的了,你们不会说梁山伯和祝英台是集三大悲剧于一身吧?那可就是个彻头彻尾的大悲剧了。但不管怎么说,有一点我是很有同感的,那就是梁祝故事并没有着力表现祝家的贪财附势和马家的仗势欺人,相反,给我的印象是祝家和马家在那个时代算是很开明的,至少他们对祝英台是非常迁就的。不然,怎么可能允许独生女儿女扮男装孤身远赴男子学校去读书?怎么可能在迎娶途中允许新娘子或媳妇去她初恋情人的坟上哭拜祭奠？这事换在今天,自认为开明的我们,扪心自问:"我能允许吗?"前些天有报道,春节里有位老人病危,救护车来了,但邻居都不允许病人的担架经过他们家门口,最后老人因延误抢救而去世了。悲哀!

（学员点头表示同意）

如果你们对此同意的话,那么我们不妨换个角度去看看,梁山伯榆木疙瘩般不会开窍、不会听话,是不是直接造成了梁祝悲剧呢?

祝英台女扮男装,和梁山伯同窗三年,暗恋上了这位善良憨厚的梁兄,而梁山伯却一直不知祝英台的真实身份。三年后,英台学成回家,山伯十八里相送。我们这里很多女老师可能都喜欢听越剧《梁祝》中的《十八相送》,甚至还能唱上几句。不知你们是什么感受,反正我听着就对梁山伯来气。我选一些唱词你们听听:

> 祝英台(唱):梁兄若是爱牡丹,与我一同把家还。我家有枝好牡丹,梁兄要摘也不难。
>
> 梁山伯(唱):你家牡丹虽然好,可惜是路远迢迢怎来攀!
>
> 祝英台(唱):青青荷叶清水塘,鸳鸯成对又成双。梁兄啊!英台若是女红妆,梁兄愿不愿配鸳鸯?
>
> 梁山伯(唱):配鸳鸯,配鸳鸯,可惜你,英台不是女红妆!
>
> （前面到了一条河,漂来一对大白鹅）
>
> 祝英台(唱):雄的就在前面走,雌的后面叫哥哥。
>
> 梁山伯(唱):未曾看见鹅开口,哪有雌鹅叫雄鹅!
>
> 祝英台(唱):你不见雌鹅对你微微笑,她笑你梁兄真像呆头鹅!
>
> 梁山伯(唱):既然我是呆头鹅,从此莫叫我梁哥哥。
>
> （在一口井前,祝英台要梁山伯一同照影）
>
> 祝英台(唱):你看井底两个影,一男一女笑盈盈。
>
> 梁山伯(唱):愚兄明明是男子汉,你不该将我比女人!
>
> 幕后(合唱):过一井来又一堂,前面到了观音堂。
>
> 梁山伯(唱):观音堂,观音堂,送子观音坐上方。
>
> 祝英台(唱):观音大士媒来做,来来来,我与你双双来拜堂。（拉梁山伯同跪）
>
> 梁山伯(唱):贤弟越说越荒唐,两个男子怎拜堂?
>
> 祝英台(唱):只可惜对牛弹琴牛不懂,可叹梁兄笨如牛。

一路上,祝英台抓住每一个能够引发爱情联想的场景,或比喻,或暗示,或简直是直白表露，但可气的是，梁山伯就是一个大笨牛，对牛弹琴牛不懂。最后，实在没有办法，英台只好说自己有个同年同月同胞生、长得一模一样的小九妹，要许配给梁山伯，并以二八、三七、四六日暗示梁山伯十日后来家中提亲。从祝英台再三叮嘱来看，她对自己的父母是了解的，只要梁山伯能在规定的日子前来提亲，自己的这门婚事应该是没什么问题的。这次更可气的是，梁山伯不仅没能听出小九妹就是祝英台，还误把 10 天理解为 30 天。30 天后，当梁山伯来到祝家提亲时，祝员外已将祝英台许配给当地马员外的公子，并已定下迎亲的日期。梁祝相见，悲感交加，但已无法改变现实。离开祝家后，梁山伯即一病不起，含恨辞世。我想，这"恨"里应该包含了对他自己不会听话的悔恨吧。

祝英台闻此噩耗后痛不欲生，祝夫人在劝英台时说了这样一句话："偏偏那梁山伯又不早点来。"是啊，要是梁山伯能听懂祝英台的话，能早点来，或许有情人就成眷属了。

当然，如果祝英台能够清楚地认识梁山伯，知道他憨厚老实，是个榆木疙瘩，听话能力超弱，弦外之音对他就是对牛弹琴，根据梁山伯的特点去选择明白无误地袒露自己心意的说话方式，那么，这场悲剧也有可能避免。

可现实就是这么残酷：不会说话，祝英台痛失梁山伯；不会听话，梁山伯痛失祝英台。梁山伯祝英台，千古绝唱唱到今，希望我们都能从中吸取教训，从而使我们的表达和聆听更加有效，使我们的生活和工作更加美好。

学员培训感言选录

高建：这次参加了国学素养提升培训，受益匪浅。徐老师精彩的讲解和示范给我留下了深刻的印象。回校后，我向校长进行了汇报，校长建议我邀请徐老师到我们学校来给全校的老师进行一次培训。

王惠娟：徐老师主讲国学培训班印象：一进教室，学员座位有创意；四天培训，老师教学有个性；尝试诵读，课堂气氛很愉悦；知识竞答，题目多样有新意。

周小燕：徐老师课前准备充分，对学员负责；上课态度认真，对学员严格。短短 32 学时的学习，使我对国学兴趣大增，感谢徐老师，感谢宁波教育学院。

附录一 "十三经"简介

"十三经"是儒家文化的基本著作,这13种儒家文献取得"经"的地位,经过了一个相当长的时期。在汉朝,以《诗》《书》《易》《礼》(指《仪礼》)及《春秋》为"五经",官方颇为重视,立于学官。唐朝把《诗》《书》《易》《周礼》《仪礼》《礼记》与《春秋》三传(《春秋左氏传》《春秋公羊传》《春秋穀梁传》)合称"九经",也立于学官,并用以取士。唐文宗刻石经,除"九经"外,把《论语》《尔雅》《孝经》列入经部,宋朝又把《孟子》列入。至此,儒家的13部文献确立了它们的经典地位。清乾隆时期,镌刻"十三经"经文于石,阮元又合刻《十三经注疏》,从此,"十三经"之称及其在儒学典籍中的尊崇地位更加深入人心。

《诗经》

《诗经》是我国最早的诗歌总集,收录了西周初年至春秋中叶大约500多年的诗歌305篇。《诗经》在先秦叫作《诗》或《诗三百》,汉武帝"罢黜百家,独尊儒术",把《诗》立为儒家经典,尊称为《诗经》。

《诗经》分为风、雅、颂三个部分。其中"风"包括了15个地方的民歌,即"十五国风",共160篇;"雅"分为"大雅"和"小雅",是正统的宫廷乐歌,共105篇;"颂"是祭祀乐歌,用于宫廷宗庙祭祀祖先,祈祷和赞颂神明,共40篇。《诗经》广泛地反映了当时社会生活的各个方面,内容涉及政治、经济、伦理、天文、地理、外交、风俗、文艺各个方面,被誉为古代社会的人生百科全书。

《诗经》的表现手法有"赋""比""兴"三类。"赋"是直陈其事,描述一件事情的经过;"比"是用一件事物比喻另一件事物;"兴"是先言他物,再兴起联想。《诗经》以四言为主,常用重章叠句,起着充分抒情达意的作用,有一种回旋跌宕的艺术效果。《诗经》现实主义的创作精神对后世产生深远的影响。

《尚书》

《尚书》又称《书》《书经》,儒家经典之一。《尚书》即"上古史书"的意思,主要记载了上古帝王有关政事和治国的言论,也保存了古代经济、地理及社会性质等方面的珍贵史料,是我国最早的一部历史文献汇编,也是世界古代著名的历史典籍之一。

自汉以来,《尚书》有今古文之分。今文是秦始皇焚书后由汉初经师所保存、用当时通行文字隶书写定的,称为《今文尚书》;另有相传汉武帝时发现的用战国时文字写成的《古文尚书》,后失传。今存《尚书》58篇,除33篇为今古文《尚书》所共有,其余都是东晋人所伪造,断不可信。

《尚书》不但是研究我国古代历史、文学、哲学的重要文献资料,而且是中国古代散文成形的标志。书中诰、训、谟、誓、命、典六种文体,实为我国古代早期散文的最早形态,为后世散文的发展奠定了基础。

《周易》

我国古代一部指导人们认识和利用自然规律和社会发展规律的哲学典籍,简称《易》,司马迁把它列为"群经之首"和"大道之源"。

作为占筮之书,《周易》分《经》和《传》两部分。《经》的基本构成因素是"—"与"——"两个符号,"—"为阳,"——"为阴。用这两个符号,连叠三层,组成八卦。此八卦又互相重叠,演成六十四卦。每卦包括卦画、标题、卦辞、爻辞四部分。卦辞较简单,一般说明本卦的性质;爻辞是各卦内容的主要部分,说明此爻在本卦中的性质。卦辞与爻辞是经文,称为《易经》,后人对卦辞和爻辞进行说明、解释,甚至加以发挥的文字叫作传文,称为《易传》。《易传》共七种十篇:《彖》上下篇、《象》上下篇、《系辞》上下篇及《文言》《说卦》《序卦》《杂卦》,统称"十翼",意谓《经》之羽翼。

《易经》产生于何时,《易传》为何人所作,至今仍无定论。《汉书·艺文志》提出"人更三圣,世历三古"之说,认为伏羲画八卦,周文王演六十四卦,孔子作《易传》以解经。

《周礼》

《周礼》是中国最早和最完整的官制记录,也是世界古代一部最完整的官制记录。其中还记载有田制、兵制、学制、刑法、祀典等,因此也可谓是一部中国古代关于政治经济制度的著作。

《周礼》传说为周公所作,实则出于战国。全书包括天官、地官、春官、夏官、秋官、冬官等六篇,故本名《周官》,又称《周官经》。这六篇中冬官早佚,汉人补以《考工记》。《周礼》的主要内容是构想了我国古代的一个理想王国,其中闪烁着古代空想社会主义思想的光辉。

《仪礼》

《仪礼》原名《礼》,系记载古代礼制的著作。汉人以其所讲为士所必习的礼节,称为《士礼》;晋人认为其所讲的并非礼的意义,而是具体的礼节形式,故称之为《仪礼》。

《仪礼》今本通行 17 篇,主要记载古代贵族(包括国君、诸侯、卿、大夫、士)从成人、结婚到丧葬的各种礼节,以及其交往、燕飨、朝聘、乡射、大射等各种政治和社会活动中的礼仪规范。历朝礼典的制定,大多以《仪礼》为重要依据,对后世社会生活影响至深。

《仪记》

《礼记》是中国古代一部重要的典章制度书籍,也是一部重要的仁义道德教科书,其第一篇就开宗明义,指出:"道德仁义,非礼不成。教训正俗,非礼不备。分争辩讼,非礼不决。君臣、上下、父子、兄弟,非礼不定。宦学事师,非礼不亲。班朝治军,涖官行法,非礼威严不行。祷祠祭祀,供给鬼神,非礼不成不庄。"

《礼记》共 20 卷 49 篇,是研究中国古代社会情况、典章制度和儒家思想的重要著作。它阐述的思想,包括社会、政治、伦理、哲学、宗教等各个方面,其中《大学》《中庸》《礼运》等篇有较丰富的哲学思想。

《礼记》一书的编订者是西汉礼学家戴德和他的侄子戴圣。戴德选编的 85 篇本叫《大戴礼记》,在后来的流传过程中若断若续,到唐代只剩下了 39 篇。戴圣选编的 49 篇本叫《小戴礼记》,即我们今天见到的《礼记》。东汉末年,著名学者郑玄为《小戴礼记》作了出色的注解。

《左传》

《左传》是我国第一部记事详备的编年体史学名著,共 30 卷。旧说它与《公羊传》《穀梁传》同为解释《春秋》的三传之一,故称《春秋左氏传》或《左氏春秋》。实质上,《左传》是一部独立撰写的史书。《左传》的作者,司马迁和班固都说是左丘明,现在一般人认为是战国初年之人。它起于鲁隐公元年(前 722 年),终于鲁悼公四年(前 464),比《春秋》多出 17 年。

《左传》也是一部优秀的散文典范。其文洋洋大观，无论叙事、写人、记言，都有不少新的成就。它的散文艺术已趋于成熟、完善，达到了它那个时代的最高水平，标志着史家之文的发展进入了一个新阶段。

《公羊传》

《公羊传》又称《春秋公羊传》《公羊春秋》，儒家经典之一。上起鲁隐公元年，止于鲁哀公十四年，与《春秋》起讫时间相同。相传其作者为子夏的弟子，战国时齐人公羊高。起初只是口说流传，西汉景帝时，传至玄孙公羊寿，由公羊寿与胡母生（子都）一起将《春秋公羊传》"著于竹帛"。

《公羊传》的主要精神是宣扬儒家思想中拨乱反正、大义灭亲，对乱臣贼子要无情镇压的一面，为强化中央专制集权和"大一统"服务。《公羊传》尤为今文经学派所推崇，是今文经学的重要典籍，历代今文经学家都常用它作为议论政治的工具。它也是研究战国、秦、汉间儒家思想的重要资料。

《穀梁传》

《穀梁传》亦称《春秋穀梁传》《穀梁春秋》，为儒家经典之一。起于鲁隐公元年，终于鲁哀公十四年。体裁与《公羊传》相似。其作者相传是子夏的弟子、战国时鲁人穀梁赤（赤或作喜、嘉、俶、寘）。起初也为口头传授，至西汉时才成书。

《穀梁传》着重宣扬儒家思想，重礼义教化和宗法情谊，为缓和统治集团的内部矛盾，稳定封建统治的长远利益服务，因而也受到统治阶级的极大重视。它是我们研究秦汉间及西汉初年儒家思想的重要资料。

《论语》

《论语》记载了孔子及其弟子的言行，它是孔子死后由孔子门人及再传弟子辑录而成。全书 20 篇，集中体现了孔子的政治主张、伦理思想、道德观念及教育原则等，其政治思想核心是"仁""礼""义"。

《论语》首创语录之体。书中所录，大都是简短的语言片段，文字简朴，意蕴深刻，有许多至理名言，是儒家经典著作。今注本有杨伯峻《论语译注》。

《孟子》

《孟子》是记录了孟子的语言、政治观点和政治行动的儒家经典著作，由孟子及其弟子共同编写而成,共有7篇传世,属语录体散文集。

《孟子》学说出发点为性善论,提出"仁政""王道",主张德治。文章以长于雄辩著称,文辞铺张扬厉,笔锋咄咄逼人。还善用比喻,语言流畅,寓意深刻,对后代的散文有较大的影响。

《孝经》

《孝经》中国古代儒家的伦理学著作。有人说是孔子自作,但南宋时已有人怀疑是出于后人附会。清代纪昀在《四库全书总目》中指出,该书是孔子"七十子之徒之遗言",成书于秦汉之际。

全书共分18章,以孔子与其门人曾参谈话的形式,对孝的含义、作用等问题加以阐述,比较集中地阐发了儒家的伦理思想。它肯定"孝"是上天所定的规范,指出孝是诸德之本。《孝经》在中国伦理思想中,首次将孝亲与忠君联系起来,认为"忠"是"孝"的发展和扩大,并把"孝"的社会作用绝对化、神秘化,认为"孝悌之至"就能够"通于神明,光于四海,无所不通"。《孝经》对实行"孝"的要求和方法也作了系统而烦琐的规定,主张把"孝"贯串于人的一切行为之中。《孝经》在中国社会流传极广,影响至巨。

《尔雅》

《尔雅》是我国最早的一部解释词义的专著,也是第一部按照词义系统和事物分类来编纂的词典。被认为是中国训诂学的开山之作,在训诂学、音韵学、词源学、方言学、古文字学方面都有着重要影响。

《尔雅》的意思是接近、符合雅言,即以雅正之言解释古语词、方言词,使之近于规范。全书收词语4300多个,分为2091个条目。这些条目按类别分为"释诂""释言""释训""释亲""释宫""释器""释乐""释天""释地""释丘""释山""释水""释草""释木""释虫""释鱼""释鸟""释兽""释畜"等19篇。古人作《尔雅》,一方面在于"正名命物";另一方面在于解释六义,即《诗》《书》《礼》《乐》《易》《春秋》,即用于解经。

《尔雅》的作者为谁,历来说法不一。有的认为是孔子门人所作,有的认为是周公所作,经后人增益而成。后人大都认为《尔雅》初稿成于战国末年,经过代代相传,各有增益,在西汉时被整理加工初有定稿。唐朝以后将它列入"经部",成为儒家经典之一。

附录二 "二十四史"简介

"二十四史"是我国一部规模巨大、卷帙浩繁的史学丛书,也是世界图书史上的巨著。它记叙了从传说中的黄帝(前 2550)到明崇祯十七年(1644),长达4000 多年,包括氏族公社制、奴隶制、封建制几个时期的我国历史。它包括《史记》《汉书》《后汉书》《三国志》《晋书》《宋书》《南齐书》《梁书》《陈书》《魏书》《北齐书》《周书》《隋书》《南史》《北史》《旧唐书》《新唐书》《旧五代史》《新五代史》《宋史》《辽史》《金史》《元史》和《明史》,共计 3249 卷,约 4000 万字,用统一的本纪、列传的纪传体编写。"二十四史"内容非常丰富,记载了历代经济、政治、文化艺术和科学技术等各方面的事迹,被历来的朝代纳为正统的史书,故又称"正史"。

《史记》

汉·司马迁著,130 卷。

《史记》叙述了从传说中的黄帝到汉武帝元狩元年(前 122)3000 年左右的历史。它是我国第一部纪传体通史,全书有本纪(帝王的传记,按年月编排重要史实,列在全书前面,起总纲全书的作用。)12 篇、表(用表格形式编排史实的篇章)10 篇、书(记事的篇章)8 篇、世家(诸侯的传记)30 篇、列传(一般人物的传记)70 篇,共约 52.65 万字。所谓"究天人之际,通古今之变",它翔实地记录了上古时期举凡政治、经济、军事、文化等各个方面的发展状况。

《史记》原有残缺,流传至今的本子中,有些篇章是西汉元帝、成帝时的褚少孙补写的,今本《史记》中"褚先生曰"就是他的补作。

历代有很多人注释《史记》,其中以南北朝刘宋裴骃的《史记集解》、唐朝司马贞的《史记索隐》、唐朝张守节的《史记正义》为代表作。

《汉书》

东汉·班固著,100 卷。

《汉书》又称《前汉书》，是我国第一部纪传体断代史。它沿用《史记》的体例而略有变更：改"书"为"志"，改"列传"为"传"，改"本纪"为"纪"，无"世家"。这些变化，被后来的一些史书沿袭下来。全书包括纪12篇，表8篇，志10篇，传70篇，共80万字，记载了从汉高帝刘邦元年（前206），到王莽地皇四年（23），共230年历史，是继《史记》之后我国古代又一部重要史书。

《汉书》有一部分是班固的妹妹班昭和马续补写的。对《汉书》的注释，以唐朝颜师古的新注为代表，清朝王先谦又著有《汉书补注》。

《后汉书》

南朝宋·范晔著，120卷。

《后汉书》包括本纪10卷、列传80卷、志30卷。它主要记载了从东汉光武帝刘秀到献帝刘协近200年的历史。在"类传"，即把同一类的人物放在一起作传这方面，《后汉书》新创了《党锢传》《宦者传》《文苑传》《独行传》《方术传》《逸民传》《列女传》等。《列女传》又在纪传体史书中开创了为妇女立传的先例。

纪、传的作者是南朝刘宋的范晔，志是晋朝的司马彪所著。现在流传的《后汉书》，纪、传是唐朝的李贤注释的，志是梁朝的刘昭注释的。

《三国志》

西晋·陈寿著，65卷。

《三国志》包括《魏书》30卷、《蜀书》15卷、《吴书》20卷，是一部主要记载魏、蜀、吴三国鼎立时期的纪传体国别史，详细记载了从魏文帝黄初元年（220）到晋武帝太康元年（280）60年的历史。《三国志》不仅是一部史学巨著，更是一部文学巨著。陈寿在尊重史实的基础上，以简练、优美的语言绘制了一幅幅三国人物肖像图，人物塑造得非常生动，受到后人推崇。

南朝刘宋裴松之对《三国志》所作的注释，对正文内容进行了补缺、备异、纠谬、评论。就史料价值来说，裴松之的注文和《三国志》的正文同样为人们所重视。

《三国志》没有表和志，清代以来不少学者为之补撰，虽然材料基本上不出原书和裴注，但经过分类排比，眉目清醒，有关地理、职官的表志，尤为有用。这类补表、补志绝大多数收在《二十五史补编》和《后汉书三国志补表三十种》中。

《晋书》

唐·房玄龄等著,130 卷。

《晋书》包括帝纪 10 卷、志 20 卷、列传 70 卷、载记 30 卷,记载了从司马懿开始到晋恭帝元熙二年(420)为止,包括西晋和东晋的历史,并用"载记"的形式兼述了十六国割据政权的兴亡。

《晋书》是由唐太宗李世民诏令房玄龄、褚遂良、许敬宗为监修,组织令狐德棻、李淳风等人编写的,可以说是集体编写而成的。

《晋书》在取材方面,不十分注意史料的甄别取舍,喜欢采用小说笔记里的奇闻轶事,《搜神录》《幽明录》中一些荒诞不经之谈也加以收录,有损于它的史料价值。另外,书中有记事前后矛盾和疏漏遗脱的地方。《晋书》的执笔人,大多数擅长诗词文赋,撰史过程中,有片面追求词藻华丽的倾向。

《宋书》

南朝梁·沈约著,100 卷。

《宋书》是一部纪传体断代史书,记述南朝刘宋王朝自刘裕建基至刘準首尾 60 年的史实。全书含本纪 10 卷、志 30 卷、列传 60 卷。今本个别列传有残缺,少数列传是后人用唐高峻《小史》《南史》所补。八志原排在列传之后,后人移于纪、传之间,并把律历志中律与历两部分分割开。

《宋书》以资料丰富而著称于史林,为研究刘宋一代历史的基本史料。

《南齐书》

南朝梁·萧子显著,59 卷。

《南齐书》记述南朝萧齐王朝自齐高帝建元元年(479)至齐和帝中兴二年(502),共 23 年史事,是现存关于南齐最早的纪传体断代史。原名《齐书》,至宋代为区别于李百药所著《北齐书》,改称为《南齐书》。全书 60 卷,现存 59 卷,包含帝纪 8 卷,志 11 卷,列传 40 卷。佚失的一卷为《自序》,大约是含有作书义例和目录的序录。

《梁书》

唐·姚思廉著,56 卷。

《梁书》主要记述了萧齐末年的政治和萧梁皇朝(502—557)56 年的史事。

包含帝纪 6 卷、列传 50 卷，无表，无志。其中有 26 卷的后论署为"陈吏部尚书姚察曰"，说明这些卷是出于姚察之手，这几乎占了《梁书》的半数。姚思廉撰《梁书》，除了继承他父亲姚察的遗稿以外，还参考、吸取了梁、陈、隋历朝史家编撰梁史的成果。

《陈书》

唐·姚思廉著，36 卷。

《陈书》是南朝陈的纪传体断代史著作，包括帝纪 6 卷、列传 30 卷，无表，无志。记载了自陈武帝陈霸先即位至陈后主陈叔宝被隋文帝灭国首尾 33 年间的史事，由姚察及其子姚思廉两代人撰写。《陈书》内容比不上《梁书》那样充实，本纪和列传都过于简略。

《魏书》

北齐·魏收著，124 卷。

《魏书》是纪传体北魏史，也是我国封建社会历代"正史"中第一部专记少数民族政权史事的著作。记载了鲜卑拓跋部早期至 550 年东魏被北齐取代这一阶段的历史，其中帝纪 12 卷，列传 92 卷，志 20 卷。因有些本纪、列传和志篇幅过长，又分为上、下，或上、中、下三卷，实共 130 卷。虽然当时受命撰写的有多人，实际是由魏收独立完成。

《魏书》在流传过程中亡佚甚多，本纪缺 2 卷，列传缺 22 卷，此外又有 3 卷残缺不全，分别由后人取其他史书补足。

《北齐书》

唐·李百药著，50 卷。

《北齐书》属纪传体断代史，含本纪 8 卷，列传 42 卷，记载上起北魏分裂前 10 年左右，接续北魏分裂、东魏立国、北齐取代东魏，下迄北齐亡国，前后约 50 余年史实，而以记北齐历史为主。

《北齐书》原名《齐书》，为区别于南朝梁萧子显所撰的《齐书》，始改称为《北齐书》。该书在流传过程中残缺严重，现在只有 17 卷保持原貌，其他都是后人用《北史》等著作增补。

《周书》

唐·令狐德棻等著，50 卷。

《周书》包含本纪 8 卷,列传 42 卷。唐令狐德棻主编,参加编写的有岑文本和崔仁师。

《周书》虽以"周"题名,但实际上记述了从 534 年东、西魏分裂到杨坚代周为止 48 年的西魏、北周的历史。内容兼顾了同时代的东魏、北齐、梁与陈等四朝的重大史事,对于帝位更迭、重大动乱皆详加载明,反映了当时中国历史发展的大势及纷繁的历史事件。

《隋书》

唐·魏征等著,85 卷。

《隋书》是唐代官修正史的代表作,全书贯串了以史为鉴的思想。它的纪传部分有本纪 5 卷、列传 50 卷,记载隋朝 38 年的历史,由魏征主编,成书于唐太宗贞观十年(636);志的部分有 10 个门类 30 卷,记载的是整个南北朝时期的典章制度史,又称《五代史志》,由长孙无忌、于志宁等人修成于高宗显庆年间。

《南史》

唐·李延寿著,80 卷。

《南史》是合南朝宋、齐、梁、陈四代历史为一编的纪传体史书,记事起自南朝宋武帝刘裕永初元年(420),止于陈后主陈叔宝祯明三年(589),记述南朝四代 170 年的历史。《南史》有本纪 10 卷、列传 70 卷,无表,无志。

《南史》以《宋书》《南齐书》《梁书》《陈书》为本,删繁就简,重新编纂,成为史林新著。

《北史》

唐·李延寿著,100 卷。

《北史》是汇合并删节记载北朝历史的《魏书》《北齐书》《周书》而编成的纪传体史书。全书含本纪 12 卷、列传 88 卷,记述从北魏登国元年(386)到隋义宁二年(618),魏、齐(包括东魏)、周(包括西魏)、隋 4 个封建政权共 233 年的历史。

《北史》与《南史》为姊妹篇。

《旧唐书》

后晋·刘昫等著,200 卷。

《旧唐书》,原名《唐书》,宋代欧阳修、宋祁等编写的《新唐书》问世后,才改称《旧唐书》。它是现存最早的系统记载唐朝历史的纪传体史书，含帝纪 20 卷、志 30 卷、列传 150 卷，记载了唐朝自高祖武德元年（618）至哀帝天祐四年（907）共 290 年的历史。

《旧唐书》，由后晋时的刘昫负责监修，张昭远、贾纬等人撰写。

《新唐书》

宋·欧阳修、宋祁著，225 卷。

《新唐书》是一部记载唐朝历史的纪传体断代史，包括本纪 10 卷、志 50 卷、表 15 卷、列传 150 卷。

因为宋代大体上继承了唐代的制度，为了总结唐代的典章制度供宋王朝参考，《新唐书》对志特别重视，新增了《旧唐书》所没有的《仪卫志》《选举志》和《兵志》。其中《兵志》《选举志》系统论述唐代府兵等军事制度和科举制度，这是我国正史体裁史书的一大创举，为以后《宋史》等所沿袭。

自司马迁创纪、表、志、传体史书后，魏晋至五代，修史者志、表缺略，至《新唐书》又恢复了这种体例的完整性。以后各朝史书，多循此制，这也是《新唐书》在我国史学史上的一大功劳。

《旧五代史》

宋·薛居正等著，150 卷。

《旧五代史》，原名《五代史》，也称《梁唐晋汉周书》，后人为区别于欧阳修的《新五代史》，便习称《旧五代史》。全书含本纪 61 卷、列传 77 卷、志 12 卷。

907 年，朱温夺取了唐朝的最高统治权，建立了后梁，以后相继出现了后唐、后晋、后汉、后周、吴、南唐、吴越、楚、闽、南汉、前蜀、后蜀、南平、北汉等史称"五代十国"的割据政权。《旧五代史》就记载了"五代十国"（907—960）这 54 年的历史。此书据五代的实录等写成，所保存文献非常丰富，因此纪传多首尾完备，事实较详，为研究五代史提供了重要的原始资料。

《新五代史》

宋·欧阳修著，74 卷。

《新五代史》，原名《五代史记》，是唐代设馆修史以后唯一的私修正史。全书包括本纪 12 卷、列传 45 卷、考（对天文、地理、职官进行考察的篇章）3 卷、世家及世家年谱 11 卷、四夷附录 3 卷。其中，列传最有特色。它采用类传的形式，设立

《家人传》《臣传》《死节传》《死事传》《一行传》《唐六臣传》《义儿传》《伶官传》《宦者传》《杂传》等名目。每类传目,内寓特定含义,用以贯彻作者的"褒贬"义例。

在编排体例上,推翻《旧五代史》一朝一史的基本格局,取法《南史》《北史》,打破朝代界线,把五朝的人事综合统编在一起,按时间顺序排列。

就整体而论,《新五代史》的史料价值比《旧五代史》要略逊一筹,这是欧阳修在删繁就简时,将不少具体资料也一同删去所造成的。至于他对旧"志"部分的大事砍削,人为造成史料空白,更是不足为训。但《新五代史》后出,采用了实录以外的笔记、小说等多种材料,在删削的同时也新增了一些史料,尤其是对十国部分的补充。两部《五代史》各有短长,可以互为补充,不应偏废。

《宋史》

元·脱脱等著,496 卷。

《宋史》撰修于元朝末年,全书有本纪 47 卷,志 162 卷,表 32 卷,列传 255卷,记载了宋朝赵匡胤建隆元年(960)至赵昺祥兴二年(1279)共 300 多年的历史。全书约 500 万字,是二十四史中篇幅最庞大的一部官修史书。

《宋史》是在原宋《国史》的基础上删削而成的。两宋时期,史官组织完备,雕版印刷术广泛应用,书籍流传和保存都较为便利,积累了大量史料。这就为元修《宋史》提供了良好的基础。但是由于《宋史》修撰者匆匆急就,在史料的裁剪、史实的考订、文字的修饰、全书体例等方面存在不少缺点,这使它在二十四史中有繁芜杂乱之称。但是它卷帙浩繁,叙事详尽,是保存宋代官方和私家史料最有系统的一部书。

《辽史》

元·脱脱等著,116 卷。

《辽史》撰成于元代,全书包括本纪 30 卷、志 32 卷、表 8 卷、列传 45 卷、国语解 1 卷。本书较系统地记载了契丹贵族在我国北方建立的辽政权 200 多年的历史,并兼载辽立国以前契丹的状况,以及辽灭亡后耶律大石所建西辽的概况,是研究辽和契丹、西辽的重要史籍。

一般人认为,元修《辽史》失之简略,但不应否定它特有的长处。《辽史》的志、表多有特色,其中一些志、表是其他正史所没有的。

《金史》

元·脱脱等著,135 卷。

《金史》撰成于元代，全书包括本纪 19 卷、志 39 卷、表 4 卷、列传 73 卷，主要记载了女真贵族在我国北方建立的金政权 120 年的历史，是反映女真族所建金朝的兴衰始末的重要史籍。

《元史》

明·宋濂等著，210 卷。

《元史》是系统记载元朝兴亡过程的一部纪传体史书，包括本纪 47 卷、志 58 卷、表 8 卷、列传 97 卷。主要记载了元太祖成吉思汗元年（1206）至顺帝至正二十八年（1368），约 160 余年的历史。《元史》是明太祖朱元璋下诏，以李善长为监修，宋濂、王祎为总裁编撰而成的。

清代著名学者钱大昕说："古今史成之速，未有如《元史》者；而文之陋劣，亦无如《元史》者。"《元史》问世后，很多学者对它表示了不满。对于《元史》的批评，主要认为它的编纂工作过于草率，没有认真地融会贯通，基本上都是利用已有的文献资料，略加删削修改而成。但是，尽管存在这样那样的问题，《元史》仍是我们今天了解、研究元代历史的极其珍贵的文献。它是最早的全面、系统记述元代历史的著作。

《明史》

清·张廷玉等著，332 卷。

《明史》包括本纪 24 卷、志 75 卷、表 13 卷、列传 220 卷。主要记载了明朝朱元璋洪武元年（1368）至朱由检崇祯十七年（1644）共 200 多年的历史。

清朝顺治二年（1645）设立明史馆，纂修明史，因国家初创，诸事丛杂，未能全面开展。康熙四年（1665），重开明史馆，因纂修《清世祖实录》而停止。康熙十八年（1679），以徐元文为监修，万斯同等人参加编写，中间经张玉书、王鸿绪继续编撰而成《明史稿》。后来直到乾隆四年（1739），才由张廷玉在《明史稿》的基础上修订改编而成。从第一次开馆至最后定稿刊刻，前后经过 90 多年，是官修史书历时最长的一部。

在"二十四史"中，《明史》以编纂得体、材料翔实、叙事稳妥、行文简洁为史家所称道，是一部水平较高的史书。这反映出编者对史料的考订、对史料的运用、对史事的贯通、对语言的驾驭能力都达到较高的水平。